Web数据库、XML数据、空间数据语义近似查询技术

孟祥福　张霄雁　唐延欢　著

電子工業出版社
Publishing House of Electronics Industry
北京·BEIJING

内容简介

本书结合当前数据库查询领域的研究热点和最新研究成果，较为全面和系统地介绍了 Web 数据库、XML 数据、空间数据语义近似查询技术。本书内容分三部分，共 9 章，第一部分是 Web 数据库柔性查询、结果排序与分类、关键字查询推荐方法，主要内容包括：Web 数据库基础理论和相关技术、Web 数据库自适应查询松弛方法、Web 数据库多查询结果排序方法、Web 数据库多查询结果分类方法、Web 数据库关键字查询推荐方法。第二部分是 XML 数据近似查询方法，主要内容包括：XML 基础理论和查询技术、XML 数据近似查询方法。第三部分是空间关键字查询和兴趣点聚类分析方法，主要内容包括：空间关键字查询方法、空间兴趣点聚类分析方法。

本书可作为高等学校计算机专业、数据分析专业本科生和研究生提升研究能力的参考资料，也可供相关领域的研究人员学习和参考。

图书在版编目（CIP）数据

Web 数据库、XML 数据、空间数据语义近似查询技术/孟祥福，张霄雁，唐延欢著. —北京：电子工业出版社，2018.6

ISBN 978-7-121-34458-9

Ⅰ. ①W… Ⅱ. ①孟… ②张… ③唐… Ⅲ. ①数据检索－高等学校－教材 Ⅳ. ①G254.926

中国版本图书馆 CIP 数据核字（2018）第 125599 号

策划编辑：王羽佳
责任编辑：张　京
印　　刷：北京京师印务有限公司
装　　订：北京京师印务有限公司
出版发行：电子工业出版社
　　　　　北京市海淀区万寿路 173 信箱　邮编：100036
开　　本：787×1092　1/16　印张：10.5　字数：269 千字
版　　次：2018 年 6 月第 1 版
印　　次：2018 年 6 月第 1 次印刷
定　　价：59.00 元

凡所购买电子工业出版社图书有缺损问题，请向购买书店调换。若书店售缺，请与本社发行部联系，联系及邮购电话：（010）88254888，88258888。

质量投诉请发邮件至 zlts@phei.com.cn，盗版侵权举报请发邮件至 dbqq@phei.com.cn。

本书咨询联系方式：（010）88254535，wyj@phei.com.cn。

前　言

随着 World Wide Web 的迅速膨胀和 Internet 的普遍应用，Web 上出现了越来越多面向不同应用领域的在线数据库，如购物（如淘宝、京东）、房产（如链家网、雅虎房产）、二手车交易（如瓜子网、人人车、雅虎汽车）、股票（如新浪财经、VantageWire）、旅游（如携程、艺龙）、图书（如亚马逊、当当）等，这些领域的数据库的一个共同特点是允许大量外部用户通过 PC 或移动设备等对其进行访问。这种类型数据库的数量及其蕴含的信息量都呈快速增长的态势，它们的用户群也逐渐从相关熟悉领域知识的专业人员扩大到需要即时满足的普通用户。为了便于普通用户与数据库之间的交互，这种类型的数据库通常提供一种简单易用、基于 Web 表单形式的查询接口，用户通过数据库提供的查询接口指定查询要求（即查询条件）。这些 Web 中只能通过查询接口访问的在线数据库称为**Web 数据库，其后台数据库通常是关系数据库**。现有的 Web 数据库查询处理模式通常假定用户明确自己的查询意图并且仅支持严格查询匹配，但随着 Web 数据库规模和复杂性的增加，要求大量普通用户了解 Web 数据库的结构和内容已不现实。这种情况下，即使用户使用明确的查询条件，Web 数据库仍有可能返回过少甚至**空查询结果**，此时大多数（特别是需要即时满足的）普通用户希望 Web 数据库系统能够自动放松初始查询条件，提供语义上近似匹配的查询结果。而查询松弛后，用户又可能会面临**多查询结果问题**，此时用户希望 Web 数据库系统能够对查询结果自动进行排序或分类，以避免信息过载。另外，由于 Web 数据库中存储了大量文本数据，因此像谷歌和百度那样使用关键字查询的 Web 数据库更为方便，现有的关键字查询技术主要利用全文索引的搜索方式从形式上匹配关键字，然而数据库中有些条目在内容上可能与关键字十分相关但形式上不匹配，目前的关键字查询技术无法检索到这些信息，这就是需要解决的**关键字语义查询问题**。

另外，随着 XML 成为 Web 上信息表示与交换的标准及其在众多领域的广泛应用，如何对 XML 文档进行高效的查询和处理变得愈加重要。XML 数据的两种重要查询模式是 XPath 和 XQuery，其本质是对 XML 数据单元之间的结构关系和内容进行精确匹配，返回的查询结果也必须严格满足所提出的查询条件。然而，在实际应用中，大量的普通用户对 XML 文档结构和内容并不了解，所提出的查询要求往往是对其查询意图的部分描述或近似描述，因此需要解决 **XML 数据的语义近似查询问题**。

近年来，随着移动互联网的普遍应用，Web 上有超过 1/5 的查询都与位置相关（如百度地图、美团等），这些查询同时包含了位置和文本查询要求，也就是空间数据查询。空间数据查询同样面临语义近似查询问题，如用户查询某个位置附近的“肯德基”，那么为其提供该位置附近的“麦当劳”，这在很大程度上也与用户的查询语义相关。此外，空间数据的聚类分析在诸多领域，如城市规划、市场营销、社区发现等都有着重要的应用价值。现有方法通常根据空间对象（兴趣点，point of interest）在位置上的相近性进行聚类，而实际上空间对象的相关性不仅体现在位置方面，更重要的是它们之间的社会联系，**因此需要综合考虑如**

何根据空间对象在位置上的相近性和社会关系上的紧密度进行聚类分析。

通过上述分析可见，大量需要即时满足的普通用户在查询 Web 数据库、XML 数据和空间数据获取信息时，希望查询系统能够提供灵活智能的方式为其提供语义相关的信息。当前，Web 数据库、XML 数据、空间数据查询处理模式无论是在查询形式方面还是在查询处理与分析方面，都难以满足当前用户的智能化、个性化查询分析需求，这方面的研究工作已经引起国内外研究者的广泛重视。

本书针对当前 Web 数据库查询中亟待解决的空查询结果、多查询结果、关键字语义查询推荐、XML 数据的查询松弛问题、空间数据查询与兴趣点聚类分析问题进行讨论，结合关系数据、XML 数据和空间数据等数据模型，按照查询松弛、松弛查询下的多查询结果排序与分类、关键字语义查询推荐、XML 数据近似查询、空间关键字查询与兴趣点聚类分析的顺序，阐述一套行之有效的 Web 数据库、XML 数据和空间数据语义近似查询的解决方案并提供具体实现技术。

本书内容分三大部分，共 9 章，第一部分是 Web 数据库柔性查询、结果排序与分类、关键字查询推荐方法，主要内容包括：Web 数据库基础理论和相关技术、Web 数据库自适应查询松弛方法、Web 数据库多查询结果排序方法、Web 数据库多查询结果分类方法、Web 数据库关键字查询推荐方法；第二部分是 XML 数据近似查询方法，主要内容包括：XML 基础理论和查询技术、XML 数据近似查询方法；第三部分是空间关键字查询和兴趣点聚类分析方法，主要内容包括：空间关键字查询方法、空间兴趣点聚类分析方法。

本书的撰写参考了大量近年的国内外相关技术资料，吸取了许多专家和同人的宝贵经验，在此深表谢意。

由于 Web 数据库、XML 数据、空间数据查询技术发展迅速，加之作者学识有限，书中难免有误漏之处，望广大读者批评指正。

作　者

2018 年 6 月

目　录

第一部分

第二部分

第三部分

第一部分

- 第 1 章　Web 数据库基础理论和相关技术
- 第 2 章　Web 数据库自适应查询松弛方法
- 第 3 章　Web 数据库多查询结果排序方法
- 第 4 章　Web 数据库多查询结果分类方法
- 第 5 章　Web 数据库关键字查询推荐方法

第 1 章　Web 数据库基础理论和相关技术

内容关键词

- Web 数据库
- Deep Web
- 关系数据模型
- 关联规则、直方图、Top-*k* 排序、决策树分类

1.1　Web 数据库

随着 World Wide Web 的迅速膨胀，网络上出现了越来越多面向不同应用领域的数据库，如购物（淘宝、京东）、房产（链家网、雅虎房产）、二手车（瓜子网、人人车、雅虎汽车）、股票（新浪财经、VantageWire）、旅游（携程、艺龙、Foursquare）、图书数据库（亚马逊、当当）等，这些数据库的一个共同特点是允许大量外部用户对其进行访问。随着 Internet 的普遍应用，这种类型数据库的数量及其蕴含的信息量都呈快速增长的态势，它们的用户群也逐渐从熟悉领域知识的专业人员扩大到需要即时满足的普通用户。为便于普通用户与数据库之间交互，这种类型数据库通常提供一种简单易用的、基于 Web 表单的查询接口（见图 1.1）。用户通过查询接口指定查询要求（即查询条件），然后查询条件被自动地转换成标准的查询语句提交给查询接口的后台数据库（underlying database）系统执行。这些 Web 中在线可用的、只能通过基于 Web 表单形式（Web form based）的查询接口访问的、存储海量信息的数据库称为 Web 数据库或 WDB[1, 2]。

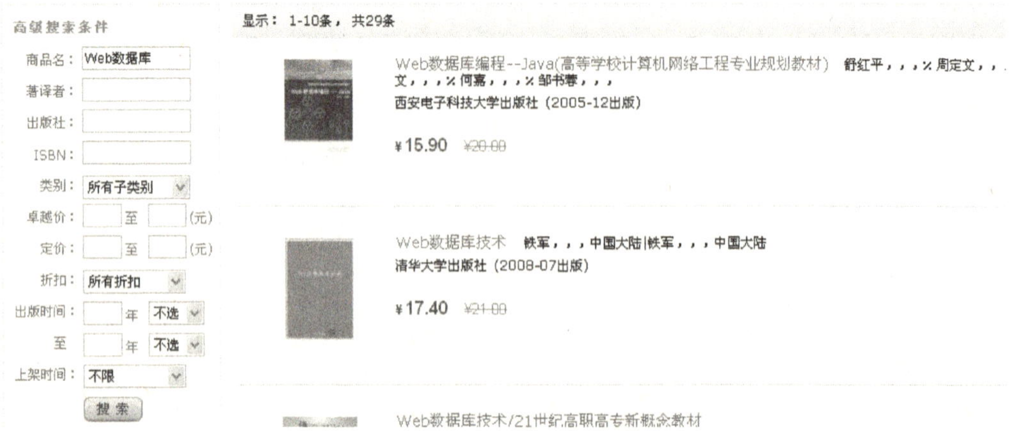

图 1.1　Web 数据库查询接口和查询结果页面示例（Amazon.cn）

Web 数据库中的内容只有在被查询时才会由 Web 服务器动态生成页面，并把结果返回给用户（见图 1.2）。由此可见，查询接口是外部访问 Web 数据库的门户，是从 Web 数据库中获取数据的主要途径[2, 3]。

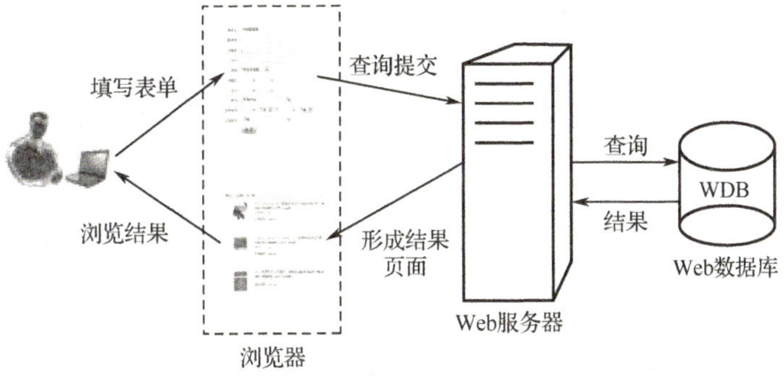

图 1.2　Web 数据库查询处理模式

查询接口支持 Web 数据库中若干属性上的查询，通过对其中若干属性的赋值形成一个对该查询接口所代表的 Web 数据库的查询。以图 1.1 所示的中文亚马逊图书 Web 数据库（Amazon.cn）提供的查询接口为例，用户可以通过该查询接口根据书名、作者、价格等方面的信息查询需要的图书。应当指出的是，查询接口虽然易于使用，但降低了查询的表达能力。例如，用户必须以精确的形式在查询接口表单中某个属性所对应的文本框（或下拉列表框）中填写（或选择）查询值，该值与其对应的属性及二者之间的关系构成一个基本查询条件（如商品名=“Web 数据库”），多个基本查询条件之间由“and”连接，构成一个合取查询，即满足该查询的查询结果必须同时满足其中每个基本查询条件。这种查询方式很可能导致不理想的查询结果，因为用户必须以精确的、合取的形式表达他们的查询需求。在实际应用中，随着 Web 数据库规模和复杂性的增加，要求大量普通用户了解 Web 数据库的结构和内容已不现实，而现有的 Web 数据库查询处理模式又通常假定用户明确自己的查询意图并仅支持严格查询匹配，此时即使用户使用明确的查询条件，Web 数据库仍有可能返回过少甚至空查询结果。在这种情况下，大多数（特别是需要即时满足的）普通用户希望 Web 数据库系统能够自动放松初始查询条件来提供近似匹配的查询结果，此时查询条件应该是对查询结果的一个柔性限制，并不一定要求查询结果完全匹配。然而，查询松弛后，用户又可能面临多查询结果问题。在这种情况下，用户则希望 Web 数据库系统能够按照结果元组对用户需求和偏好的满足程度自动地对查询结果进行排序或分类以避免信息过载，从而使用户能够快速定位到其感兴趣的少量信息。另外，由于 Web 数据库中存储了大量文本数据，因此像谷歌和百度那样使用关键字查询 Web 数据库的查询技术已成为当前数据库查询领域研究的热点，现有的关键字查询技术主要利用全文索引的搜索方式从形式上匹配关键字，然而数据库中有些条目在内容上可能与关键字十分相关但形式上不匹配，目前的关键字查询技术无法检索到这些信息，因此需要解决关键字语义查询问题。

通过上述分析可见，随着 Internet 和移动网络的普遍应用及 Web 数据库的数量及其所蕴含信息量的迅速增长，Web 数据库的用户群也在发生着改变，大量需要即时满足的普通用户通过访问 Web 数据库获取信息，并期望 Web 数据库系统提供灵活、智能的方式让用户查询 Web 数据库。当前，Web 数据库查询处理模式无论是在查询形式还是在查询处理方面，都还难以满足当前普通用户对 Web 数据库系统提供智能化个性化查询服务的需求，因此使 Web 数据库系统支持更高级的智能化个性化查询已经变得十分必要，这方面的研究工作当前已经引起国内外研究者的广泛重视[1, 4, 5, 6]。

1.2 相关定义

1.2.1 Deep Web

Web 数据库与 Deep Web 密切相关，Deep Web 是指 Web 中不能被传统的搜索引擎索引到的那部分内容，其内容主要源自对 Web 数据库的查询而得到的动态页面[7]。近年来，随着 Web 相关技术的日益成熟和 Deep Web 所蕴含信息量的快速增长，对 Deep Web 数据集成的研究越来越受到人们的关注。Deep Web 数据集成类似于谷歌、百度等搜索引擎，目的是为用户提供一个统一的访问途径来自动地获取并集成自由分布在整个 Web 上的多个 Web 数据库中丰富的信息[2]。可见，Web 数据库是 Deep Web 数据集成的信息来源，它们之间的关系如图 1.3 所示。

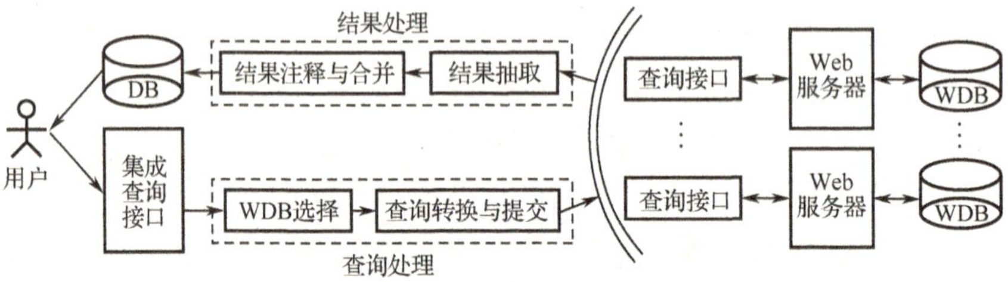

图 1.3　Web 数据库与 Deep Web 数据集成之间的关系

1.2.2 Web 数据库查询

查询接口是外部访问 Web 数据库的门户，是从 Web 数据库中获取数据的主要途径。目前，由 Web 查询接口产生的查询通常为合取查询（即基本查询条件之间由“and”连接）。由于大多数 Web 数据库的后台数据库采用关系数据模型，因此结合关系数据模型给出 Web 数据库查询的形式化定义：令 R 为 Web 数据库中一个包含 n 条元组$\{t_1,\cdots,t_n\}$的关系，其模式由 m 个分类型（Categorical）和数值型（Numerical）相混合的属性 $A=\{A_1,A_2,\cdots,A_m\}$构成，Q 为 R 上一个合取查询，形式为 $Q=\sigma\wedge_{i\in\{1,\cdots,k\}}(A_i\ \theta\ a_i)$，其中 $k\leqslant m$ 且 $\theta\in\{>,<,=,\geqslant,\leqslant,\text{between}\}$，如果 θ 是操作符“between”，则 a_i 用区间$[a_{i1}, a_{i2}]$表示，$A_i\ \theta\ a_i$ 的形式为“A_i between a_{i1} and a_{i2}”。

基本查询条件“$A_i\theta a_i$”中的属性 A_i 是属性集 A 中的属性，a_i 包含于属性 A_i 的值域当中。$X=\{X_1,X_2,\cdots,X_k\} \subseteq A$ 是被查询指定的属性集合，简称指定的属性集；$Y = A-X$ 是未被查询指定的属性集合，简称未指定的属性集。相应地，被查询指定的属性值简称为指定的属性值，未被查询指定的属性值简称为未指定的属性值。

为了方便叙述，这里规定了与 Web 数据库查询相关的术语说明（见表 1.1），本书第 2、3、4、5 章的内容都是以关系数据模型为基础阐述相关技术方法的，这些方法可直接或经过适当修改应用到后续的 XML 和空间数据查询方法中。

表 1.1　Web 数据库查询相关的术语说明

定　义	说　明
基本查询条件 （basic query condition）	一个查询指定在关系中某个属性上的原子条件 $A_i\theta a_i$ 称为基本查询条件，A_i 代表属性，$\theta\in\{>,<,=,\geq,\leq,\text{between}\}$，$a_i$ 代表查询值
查询条件 （query condition）	通过查询接口指定在 Web 数据库中多个（或至少一个）属性上的基本查询条件的合取构成一个查询条件，也称为查询（query）或查询要求，表示为 $Q = \sigma_{\wedge_{i\in\{1,\cdots,k\}}}(A_i\ \theta\ a_i)$，其中，$1\leq k\leq m$，$A_i\theta a_i$ 为一个基本查询条件。按照基本查询条件指定的查询范围不同，可将其分为等值查询条件和范围查询条件
等值查询条件 （equality query condition）	形如“$A_i=a_i$”的基本查询条件称为等值查询条件，其中 a_i 是用户指定在属性 A_i 上的一个查询值；如果一个查询仅由等值查询条件构成，则称该查询为等值查询，如 $Q=\sigma_{\wedge_{i\in\{1,\cdots,k\}}}(A_i = a_i)$
范围查询条件 （range query condition）	形如“A_i in $(a_{i1},\cdots,a_{ik})$”或“A_i between a_{i1} and a_{i2}”的基本查询条件称为范围查询条件，这类查询条件在某个属性上指定多个值或一个区间，由至少一个范围查询条件构成的查询称为范围查询

1.2.3　查询历史

Web 数据库查询历史（Query history）是指所有使用过该 Web 数据库系统的用户提出的查询记录集合，用 H 表示。查询历史可由后台数据库管理系统（DBMS）提供的查询日志功能收集。查询日志记录了用户与系统交互的整个过程，不同系统的日志记录格式略有不同，但一般都包括 Session ID、用户的访问时间、输入的查询条件、用户退出系统的时间等。需要说明的是，一个 Session 以用户连接到数据库开始，并以用户断开连接结束。在一个 Session 中，用户可能提出多条查询，假设同一 Session 中的查询是由同一个用户提出的。

由于需要从查询历史中获取用户偏好，而查询日志以字符串形式记载的查询历史不便于用户偏好的挖掘，因此对其进行规范化处理。对于查询历史中的一条查询记录，假设该查询为一个等值查询，其对应的关系模式为 $R(A_1,A_2,\cdots,A_m)$，且 R 中包含 n 条元组$\{t_1,t_2,\cdots,t_n\}$，则可将其分解为一个 m 维向量，其中，每个分量上的取值就是该查询指定在对应属性上的查询值。例如，如果该查询在属性 A_i 上指定了查询值 a_i，则对应属性 A_i 上的分量取值即为 a_i；如果该查询在属性 A_i 上没指定任何值，则对应属性 A_i 上的分量取值为空。注意，对于一个范围查询，如果该查询指定在属性 A_i 上的基本查询条件为范围查询条件，则将其转换成一个区间形式。例如，用(a_{i1}, a_{i2}, a_{i3})表示基本查询条件“A_i in (a_{i1}, a_{i2}, a_{i3})”，用$[0, a_i)$表示基本查询条件“$A_i < a_i$”。根据上述方法，查询历史中的所有查询记录分解后可构成一个二维表形式

（见表 1.2）。

表 1.2　查询历史举例

UID	QID	A_1	A_2	…	A_m
U_1	Q_1		$[0, a_{25}]$	…	
U_1	Q_2	(a_{11}, a_{13})	$[a_{22}, a_{25}]$	…	(a_{m1},a_{m2},a_{m3})
U_1	Q_3	a_{11}	$[a_{23}, a_{25}]$	…	a_{m1}
…	…	…	…	…	…
U_2	Q_1		$[a_{2k}, a_{2n}]$	…	a_{mn}
U_2	Q_2	a_{1k}	$(a_{2k+1}, a_{2n}]$	…	a_{mn}
…	…	…	…	…	…

在表 1.2 中，UID 代表 Session ID，QID 代表查询 ID，UID 与 QID 的组合能够唯一标识一条查询记录，表中的每条元组都代表一个查询。如果元组在某个属性上取值为空，则表示与其对应的查询在该属性上没指定任何基本查询条件；如果元组在某个属性上取值非空（这里假设取值为 a_i 或$[a_{i1}, a_{i2}]$），则表示与其对应的查询在该属性上指定的基本查询条件为 $A_i = a_i$ 或 A_i between a_{i1} and a_{i2}。

Web 数据库查询历史中的查询记录，有些具有代表性意义，有些是无意义的，而无意义的查询记录将影响整个查询历史的数据质量。本书后续介绍的查询方法在很大程度上依赖于查询历史（如查询历史将作为挖掘隐式用户偏好的数据源），因此查询历史的数据质量将直接影响所提方法的有效性。为了提高查询历史的数据质量，需要对查询历史进行修剪，以便保存那些具有代表性意义的查询记录。对查询历史的修剪基于如下两个原则：

- 导致空查询结果的查询是无意义的，从查询历史中移除这样的查询记录；
- 属于同一 Session 的查询通常是由同一个用户提出的，而且该用户通常会以一个宽泛的查询开始，然后通过观察查询结果再逐步完善以前的查询，直到返回满意的查询结果为止，即同一个用户的查询通常是渐进式的。所以，在同一 Session 中的查询，通常只有最后一个查询是重要且有意义的，因此仅保留查询历史在同一 Session 中的最后一条查询。

修剪后的查询历史形式为 $H=\{(U_1,Q_1),\cdots,(U_i,Q_i),\cdots,(U_k,Q_k)\}$，其中 U_i 代表 Session ID，Q_i 代表一条历史查询记录。

1.3　关系数据模型

关系数据模型是当前 Web 数据库使用的最重要的一种数据模型，关系数据库系统采用关系模型作为数据的组织方式。下面简单介绍关系数据模型和关系数据库基本理论[8]。

1.3.1　关系

（1）域（Domain）

定义 1.1　域是一组具有相同数据类型的值的集合。例如，实数、长度在 0～255 字节的字符串集合、{0, 0.2, 1}等，都可以是域。

（2）笛卡儿积（Cartesian product）

定义 1.2　给定一组域 $D_1, D_2, \cdots, D_n$，这些域中可以有相同的，$D_1, D_2, \cdots, D_n$ 的笛卡儿积为

$$D_1 \times D_2 \times \cdots \times D_n = \{(d_1, d_2, \cdots, d_n) \mid d_i \in D_i, i = 1, 2, \cdots, n\}$$

其中的每一个元素$(d_1, d_2, \cdots, d_n)$叫作一个 n 元组（n-tuple）或简称元组（Tuple）。

元组中的每一个值 d_i 叫作一个分量（Component）。

若 $D_i(i = 1, 2, \cdots, n)$为有限集，其基数（Cardinal number）为 $m_i(i = 1, 2, \cdots, n)$，则 $D_1 \times D_2 \times \cdots \times D_n$ 的基数 M 为：$M = \prod_{i=1}^{m} m_i$。

笛卡儿积可表示为一个二维表。表中的每行对应一个元组，表中的每列对应一个域。

（3）关系（Relation）

定义 1.3　$D_1 \times D_2 \times \cdots \times D_n$ 的子集叫作在域 $D_1, D_2, \cdots, D_n$ 上的关系，表示为

$$R\ (D_1, D_2, \cdots, D_n)$$

这里 R 表示关系的名字，n 是关系的目或度（Degree），关系中的每个元素是关系中的元组，通常用 t 表示。

关系是笛卡儿积的有限子集，可用一个二维表表示，表的每行对应一个元组，表的每列对应一个域，每列的名字称为属性（Attribute）。若关系中的某一属性组的值能唯一地表示一个元组，则称该属性组为候选码（Candidate key）。可以在候选码中选定一个作为主码（Primary key），主码的诸属性称为主属性（Primary attribute），不包含在任何候选码中的属性称为非码属性（Non-key attribute）。在最简单的情况下，候选码只包含一个属性。在最极端的情况下，关系模式的所有属性组都是这个关系模式的候选键，称为全码（All-key）。

关系数据模型中主要包括两种类型的属性，即分类型属性（Categorical attribute）和数值型属性（Numerical attribute），下面分别给出它们的定义。

定义 1.4　设 $A_1, A_2, \cdots, A_m$ 是关系模式 R 中的 m 个属性，$\mathrm{Dom}(A_1)$，$\mathrm{Dom}(A_2)$，…，$\mathrm{Dom}(A_m)$分别是对应于这些属性的值域。若值域 $\mathrm{Dom}(A_j)$是有限（Infinite）且无序的（Un-ordered），则称属性 A_j 是分类型属性；若值域 $\mathrm{Dom}(A_j)$是由数值构成的有限集合且值之间具有一个隐含的序，则称属性 A_j 是数值型属性[9]。

例如 Amazon 中文图书网站，其后台数据库中包含一个图书关系表 BookDB（商品名，定价，库存状态……），其中属性“商品名”是分类型属性，它的值域包含了所有图书的名称（如“数据结构”、“信息检索”等）；属性“定价”为数值型属性，它的值域包含了所有图书的价格（如“21”，“25”，“50”）。

1.3.2 关系模式

在关系数据库中，关系模式是对关系的描述。关系是指一张二维表，表的每一行为一个元组，每一列为一个属性。一个元组就是该关系所涉及的属性集的笛卡儿积的一个元素。关系是元组的集合，关系模式指出了这个元组集合的结构，即它由哪些属性构成，这些属性来自哪些域，以及属性与域之间的映像关系。

定义 1.5 关系的描述称为关系模式（Relation schema）。它可以形式化地表示为：$R(U, D, Dom, F)$，其中 R 为关系名，U 为组成该关系的属性集合，D 为属性组 U 中属性所来自的域，Dom 为属性向域的映像集合，F 为属性间数据的依赖关系集合。

关系是关系模式在某一时刻的状态或内容。关系模式是静态的、稳定的，而关系是动态的、不断变化的，因为关系操作在不断地更新着数据库中的数据。

1.3.3 关系数据库

在关系数据模型中，实体及实体间的联系都是用关系表示的。例如，导师实体、博士生实体、导师与博士生之间的一对多联系都可分别用一个关系表示。在一个给定的应用领域中，所有实体及实体之间联系的关系的集合构成一个关系数据库。关系数据库的型称为关系数据库模式，是对关系数据库的描述，它包括若干域的定义以及在这些域上定义的若干关系模式。关系数据库的值是这些关系模式在某一时刻对应的关系的集合，通常称为关系数据库，在关系数据库中（或以关系模式）存储的数据也称为结构化数据。

1.4 Web数据库查询相关技术

Web 数据库查询涉及的主要技术包括：关联规则挖掘（在查询历史中挖掘带偏好程度的上下文偏好）、直方图（统计原始数据和查询结果中的属性值分布情况）、Top-k 排序算法（对查询结果进行快速排序处理）及决策树分类（对查询结果进行分类处理）。下面简述这些技术的基本思想以便为下文使用提供基础。

1.4.1 关联规则挖掘

关联规则（Association rules）反映一个事物与其他事物之间的相互依存性和关联性，如果两个或者多个事物之间存在一定的关联关系，那么其中一个事物就能够通过其他事物预测到。典型的关联规则例子就是“90%的顾客在购买面包和黄油的同时也会购买牛奶”，其直观的意义是，顾客在购买某些东西的时候有多大的倾向也会购买另外一些东西。

（1）关联规则基本模型

设 $I = \{i_1, i_2, \cdots, i_m\}$ 为 m 个不同项目的集合，D 为事务数据库，D 中的一个事务 T 是一个项目子集（$T \subseteq I$）。每一个事务具有唯一的事务标识 TID。设 A 是一个由项目构成的集合，称为项集。事务 T 包含项集 A，当且仅当 $A \subseteq T$。如果项集 A 中包含 k 个项目，则称其为 k 项集。项集 A 在事务数据库 D 中出现的次数占 D 中总事务数的百分比叫作项集的支持度。如果项集的支持度超过用户给定的最小支持度阈值，就称该项集是频繁项集（Frequent itemsets）或大项集（Large itemsets）[10]。

关联规则是形如 $X \Rightarrow Y$ 的逻辑蕴含式，其中 $X \subset I$，$Y \subset I$，且 $X \cap Y = \varnothing$。如果以上面的例子为例，那么 X 中就包含了“面包”、“黄油”两个项目，Y 中包含了“牛奶”一个项目。下面给出关联规则的支持度和信任度的定义。

定义 1.6　支持度（Support）：事务数据库 D 中包含 $X \cup Y$ 的事务数占 D 中事务总数的百分比（记作 Sup），称为规则 $X \Rightarrow Y$ 在 D 中的支持度，即

$$\text{Sup} = \frac{\text{support}(X \cup Y)}{n} \times 100\% \tag{1.1}$$

式中，$\text{support}(X \cup Y)$ 为 D 中包含（或支持）$X \cup Y$ 的事务数，n 为 D 中的事务总数。

定义 1.7　信任度（Confidence）：事务数据库 D 中包含 X 的同时也包含 Y 的事务数占 D 中包含 X 的事务数的百分比（记作 Conf），称为规则 $X \Rightarrow Y$ 在 D 中的信任度，即

$$\text{Conf} = \frac{\text{Sup}(X \cup Y)}{\text{Sup}(X)} \times 100\% \tag{1.2}$$

式中，$\text{Sup}(X \cup Y)$ 为 $X \cup Y$ 的支持度，$\text{Sup}(X)$ 为 X 的支持度。

实际上，支持度是一个概率值，信任度是一个条件概率值，即

$$\text{Sup}(X \Rightarrow Y) = P(X \cup Y)$$

$$\text{Conf}(X \Rightarrow Y) = P(Y \mid X)$$

例如，在表 1.3 所示的商品交易数据库中找出所有最小支持度为 50%、最小信任度为 50%的关联规则，根据上述定义可得到如下两条关联规则。

Rule 1: $A \Rightarrow C$（支持度：50%，信任度：66.6%）。

Rule 2: $C \Rightarrow A$（支持度：50%，信任度：100%）。

表 1.3　商品交易数据库表

Transactions ID	Merchandises
2000	*A*, *B*, *C*
1000	*A*, *C*
4000	*A*, *D*
5000	*B*, *E*, *F*

关联规则的挖掘问题就是生成所有满足用户指定的最小支持度（minsup）和最小信任度（minconf）的关联规则，即这些关联规则的支持度和信任度分别不小于最小支持度和最小信任度。

定义 1.8　满足最小支持度和最小信任度的关联规则称为强关联规则（Strong association rules）。

关联规则具有如下两条基本性质。

性质 1.1　频繁项集的子集必为频繁项集。

性质 1.2　非频繁项集的超集一定是非频繁的。

（2）关联规则挖掘算法——Apriori 算法

依据上述关联规则的两条基本性质，Agrawal R. 等于 1994 年在文献[11]中提出了著名的 Apriori 算法。Apriori 算法将发现关联规则的过程分为两个步骤：一是通过迭代，检索出事务数据库中的所有频繁项集，即支持度不低于用户设定的阈值的项集；二是利用频繁项集构造出满足用户最小信任度的规则。

为了避免计算所有项集的支持度（实际上频繁项集只占很少一部分），Apriori 算法引入潜在频繁项集（Potentially large itemsets）的概念，也称候选 k 项集（Candidate k-itemsets）。若潜在频繁 k 项集的集合记为 C_k，频繁 k 项集的集合记为 L_k，m 个项目构成的 k 项集的集合为 C_m^k，则三者之间满足关系 $L_k \subseteq C_k \subseteq C_m^k$。构成潜在频繁项集所遵循的原则是“频繁项集的子集必为频繁项集”。Apriori 算法运用性质 1.1，通过已知的频繁项集构成长度更大的项集，并将其称为潜在频繁项集。潜在频繁 k 项集的集合 C_k 是指由那些可能成为频繁 k 项集的项集组成的集合。在挖掘关联规则过程中只需计算潜在频繁项集的支持度，而不必计算所有不同项集的支持度，因此在一定程度上减少了计算量。Apriori 算法描述如下：

算法 1.1　发现频繁项集算法——Apriori

输入： 事务数据库 D，最小支持度 minsup
输出： D 中的频繁项集 L
1. $L_1 \leftarrow D$ 中所有支持度不小于 minsup 的频繁项集；
2. **for** (k=2; $L_{k-1}\neq\varnothing$; k++) **do**
3. $C_k \leftarrow$ 根据 L_{k-1} 生成的所有潜在频繁项集；
4. **for** 每一个事务 $t\in D$ **do**
5. $C_t \leftarrow t$ 中包含的所有潜在频繁项集；
6. **for** 每一个潜在频繁项集 $c\in C_t$ **do**
7. 频繁项集 c 的计数器加 1；
8. **end for**
9. **end for**
10. $L_k = \{c\in C_k \mid \text{Sup}(c)\geqslant \text{minsup}\}$；
11. **end for**
12. **return** $L=\bigcup_k L_k$.

算法 1.1 首先扫描整个事务数据库 D，统计每个项目（Item）的支持数并计算其支持度，将支持度不小于最小支持度 minsup 的项目（频繁 1 项集）构成的集合存入 L_1 中（第 1 步）。然后用频繁 k-1 项集构成的 L_{k-1} 生成潜在频繁项集的集合 C_k，以便从中生成 L_k（第 2～3 步）。接下来对数据库进行扫描（第 4 步），对于数据库中的每一个事务，找出其中包含的所有潜在频繁项集，并为这些潜在频繁项集的计数器加 1（第 6～7 步）。最后将支持度不小于 minsup 的潜在频繁项集放入 L_k 中（第 10 步）。

1.4.2　直方图

一个关系表中通常包含了分类型属性和数值型属性。其中，分类型属性值之间是离散的，易于操作；而数值型属性值之间是连续的，需要采用有效方法对其进行离散化处理。直方图是处理数值型数据最常用的基本方法，该方法的基本思想是把关系表中一个数值型属性的值域划分为多个桶（Bucket），然后根据每个桶中维护的统计信息来估算属性的实际值和它们的频率（数据分布）[12]。

下面介绍直方图的基本概念。令 R 是一个模式为$(A_1, A_2,\cdots, A_m)$且包含 n 条元组$\{t_1, t_2,\cdots, t_n\}$的关系表，其中属性 A_i 的值域 $\mathrm{Dom}(A_i)$是 A_i 中所有可能取值的集合，$V(\subseteq \mathrm{Dom}(A_i))$是 A_i 在 R 中的实际取值集合，假设 $V = \{v_i \leqslant i \leqslant \mathrm{Dom}(A_i)\}$，这里当 $i < j$ 时，$v_i < v_j$，v_i 的步长 s_i 定义为 $s_i = v_{i+1} - v_i$（定义 $s_0 = v_1$，$s_D = 1$），v_i 的频率 f_i 定义为在属性 A_i 上取值为 v_i 的元组个数，v_i 的面积 a_i 定义为 $a_i = v_i \times f_i$，关系 R 上属性 A_i 的数据分布可以表示为$\{(v_1,f_1), (v_2,f_2), \cdots, (v_D,f_D)\}$。

在属性 A_i 上的直方图通过使用一定的划分规则把 A_i 中的数据分布划分为 $\beta(\geqslant 1)$个互不相交的子集，每个子集称为一个桶。对于直方图中的每个桶，需要存储以下信息：桶中元组的总个数（Total）、最大值（High）、最小值（Low）和桶中不同值的个数（Count）。影响直方图估算精度的一个重要因素是分桶规则，两种最常见的直方图是等宽（Equi-width）和等深（Equi-depth）直方图，等宽直方图中每个桶的划分区间相同，等深直方图中每个桶中的元组个数相同。

1.4.3　Top-*k* 排序

关系数据库中的 Top-*k* 查询结果是一个有序元组集合，该集合中的元组是按照它们与给定查询之间的匹配程度进行排序的。Top-*k* 查询结果并不包含所有与查询匹配的元组，而是仅包含这些元组中与给定查询最相关的前 k 个元组。实现 Top-*k* 排序的最直接方式就是计算数据库中所有元组的排序分数（即，元组与给定查询之间的匹配程度），然后返回前 k 个具有最高排序分数的元组。另外一种实现 Top-*k* 排序的有效技术是阈值（Threshold Algorithm, TA）算法[13]，后来的一些改进算法如 CA 等都是该算法的变种，因此这里主要介绍 TA 算法。

TA 算法包含两种数据访问方式：顺序访问（Sorted access）和随机访问（Random access）。顺序访问是指被访问对象预先按照评分标准（如数值大小）排列，然后按顺序逐个访问；而随机访问是指直接按对象标识符访问该对象。算法 1.2 描述了 TA 算法的执行过程。该算法从每个列表顶端开始，横向循环扫描多个列表，每个列表代表一个在相同对象集合上的不同排列。算法为未被发现对象的总体分数维护一个上界 T，该上界是每次横向扫描完成后在不同列表中最后发现的对象的分数之和（注意，在不同列表中发现的对象是不同的）。为获得某个对象的总体分数，当在一个列表中发现该对象时，需要在所有剩余列表中以随机访问方式查找该对象，该对象在所有不同列表中的分数之和就是其总体分数。Top-*k* 查询结果包含了所有总体分数不小于 T 的对象集合，因此，算法的停止条件是 k 个满足上述条件的对象被选出。

算法 1.2　TA 算法

输入： m 个数据源 $L = \{L_1,\cdots, L_m\}$，个数 k

输出： $\{(o, F(o)) \mid o \in A_k\}$

（1）从列表顶端开始，横向循环访问 m 个列表中的每个列表 L_i。在顺序访问下，当在某个列表中发现一个新对象 o 时，立即调用随机访问扫描每一个其他列表 L_i，从而得到该对象在 L_i 上的分数 $p_i(o)$。计算对象 o 的总体分数 $F(o) = F(p_1,\cdots, p_m)$，如果该分数是目前得到的 k 个最高分数之一，则记录对象 o 和它的总体分数 $F(o)$（随机处理相同的分数，所以在任意时候仅有 k 个对象和它们所对应的总体分数被记录）。

（2）令 $\bar{p}_i$ 是顺序访问过程中在每个列表 L_i 中最后发现的对象的分数，则定义阈值 $T = F(\bar{p}_1,\cdots, \bar{p}_m)$，当至少存在 k 个对象且它们的总体分数都不小于 T 时，算法停止。

（3）令 A_k 是包含 k 个被发现的具有最高分数的对象集合，则按 $F(o)$降序排列输出有序集合$\{(o, F(o)) \mid o \in A_k\}$。

例 1.1　考虑两个数据源 L_1 和 L_2，基于两个不同评分标准 p_1 和 p_2，它们在相同对象集合上形成了两个不同的排列。假设 p_1 和 p_2 产生的分数都在[0, 50]范围内，且每个数据源都支持对于各自列表的顺序访问和随机访问。假设 $F = p_1+p_2$ 为元组相关性打分函数，则图 1.4 描述了以打分函数 F 为排序标准的 TA 算法的前两步执行过程。

第一步，从列表顶端开始，横向循环访问每个列表中的对象，并以随机访问方式从其他列表中查找该对象所对应的分数，从而获得该对象在所有列表中的总体分数，第一次循环依次发现对象 5 和 3，通过随机访问得到它们的总体分数分别为 60 和 80。对于被发现的对象，按各自的总体分数将它们降序存储在缓存 Buffer 中；对于未被发现对象，它们的总体分数阈值 T 是通过在所有列表中最后被发现对象上应用 F 而计算得到的，阈值 T 的结果是 50+50=100。由于目前所有被发现对象的总体分数都小于 T，因此没有结果返回。第二步，阈值 T 降低为 75，此时对象 3 的总体分数大于 T，因此可以输出。当找出 k 个满足上述条件的对象或列表被全部遍历时，算法终止。

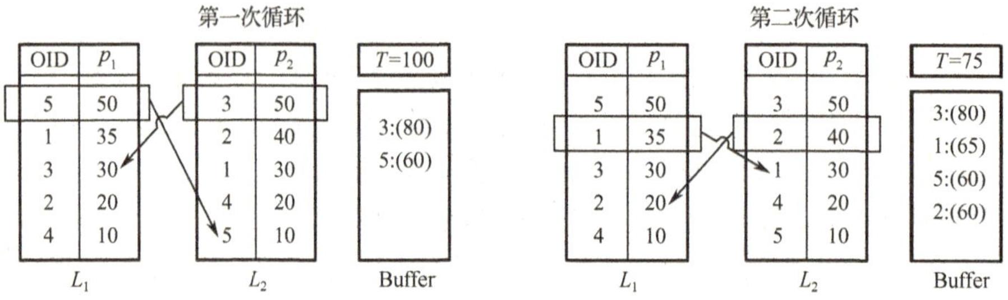

图 1.4　TA 算法的执行例子

1.4.4　决策树分类

在当前的数据挖掘分类算法中，执行效率和效果都较为出众的是决策树分类算法[14,15,16]。决策树分类算法采用自顶向下的递归方式，利用树的结构对训练样本进行分类。树最上面的结点是根结点，从根结点开始在每个结点上按照给定标准选择分类属性，然后按照相应属性的所有可能取值向下建立分支、划分训练样本，直到一个结点上的所有样本都被划分到同一个类，或者某一结点中的样本数量低于给定阈值时为止。这一过程最关键的操作是在树的结点上选择最佳分类属性，该属性可以将训练样本进行最好的划分，最佳分类属性可通过信息增益、基尼指数及基于距离的划分等方法选取。目前，常用的决策树算法有 ID3[14]、C4.5[15]和 CART[16]等，后续将利用修改的 C4.5 算法构建分类树。下面，以关系数据模型为背景简单介绍 C4.5 算法的基本原理。

给定关系 R，它包含 n 条元组，假设这 n 条元组分别对应 m 个类别$\{C_1,\cdots,C_m\}$，每个类别 C_i 包含 n_i 条元组，那么要对 R 进行分类所需要的信息量（即信息熵）定义为

$$E(n_1,\cdots,n_m) = -\sum_{i=1}^{m}\frac{n_i}{n}\log\frac{n_i}{n} \tag{1.3}$$

设一个属性 A 在 R 上有 n 个不同的取值$\{v_1,\cdots,v_n\}$，利用属性 A 可以将关系 R 划分为 n 个子集$\{S_1,\cdots,S_n\}$，其中 S_j 包含了 R 中属性 A 上取值为 v_j 的元组，若属性 A 被选为分类属性，

设 S_{ij} 为子集 S_j 中属于类别 C_i 的元组集合，那么利用属性 A 划分当前元组集合所需要的信息熵为

$$\begin{aligned} E(A) &= \sum_{j=1}^{n} \frac{S_{1j} + S_{2j} + \cdots + S_{mj}}{S} I(S_{1j} + S_{2j} + \cdots + S_{mj}) \\ &= \sum_{j=1}^{n}\sum_{i=1}^{m} \frac{S_{1j} + S_{2j} + \cdots + S_{mj}}{S} p_{ij} \log(p_{ij}) \end{aligned} \tag{1.4}$$

式中，$p_{ij} = \dfrac{S_{ij}}{|S_j|}$，即子集 S_j 中任一元组属于类别 C_i 的概率。这样利用属性 A 对当前分支结点进行相应元组集合划分所获得的信息增益是：

$$\text{IGain}(A) = I(S_1, S_2, \cdots, S_m) - E(A) \tag{1.5}$$

通过上述方法计算出各个属性的信息增益后，选取信息增益最大的属性作为当前子树的根结点，向下递归生成决策树。

1.5 实验测试集和评价指标

本节介绍 Web 数据库查询实验使用的测试集用例和查询效果的评价指标。

1.5.1 测试数据集

测试数据使用了来自三个不同应用领域的数据集，分别如下。

（1）二手车数据集

从 Yahoo!Autos 网站[17]随机抽取了 1 000 000 条二手车信息记录，合成关系表 CarDB（Make（厂商），Model（型号），Year（出厂日期），Color（颜色），Engine（引擎），Price（价格），Mileage（里程）），其中 Make、Model、Engine 和 Color 是分类型属性，Price、Mileage 和 Year 是数值型属性。

（2）房产数据集

从 Yahoo!Real Estate 网站[18]随机抽取了 237 620 条房产信息记录，合成关系表 HouseDB（City（城市），Price（价格），SqFt（面积），Bedrooms（卧室数），Bathrooms（浴室数），Schooldistrict（学区），View（景观），Neighborhood（邻区），Buildyear（建筑年份）），其中 City、Schooldistrict、View 和 Neighborhood 是分类型属性，Price、SqFt、Bedrooms、Bathrooms 和 Buildyear 是数值型属性。

（3）图书数据集

从 Amazon 中文图书网站[19]随机抽取 1 720 000 条图书信息记录，合成关系表 BookDB（商品名，译著者，出版社，定价，出版时间，ISBN，类别，折扣），其中商品名、译著者、出版社、ISBN 和类别是分类型属性，定价、出版时间和折扣是数值型属性。

表 1.4 给出了三个测试数据集的大小。

表 1.4　测试数据集大小

Dataset	Number of tuples	Dataset size (MB)
CarDB	1 000 000	123.05
HouseDB	237 620	33.75
BookDB	1 720 000	155.82

1.5.2　评价指标

关于 Web 数据库查询效果的评价目前还没有统一标准，因此参照了信息检索领域中的检索效果评价指标：准确率 *P*（Precision）和查全率 *R*（Recall）。

准确率：检索出的相关文档数占检出的文档总数的百分比。对于数据库查询来说，准确率是指查询结果中的相关元组数占查询结果中元组总数的百分比。准确率反映查询的准确性。

查全率：检索出的相关文档数占系统中相关文档总数的百分比。对于数据库查询来说，查全率是指查询结果中的相关元组数占数据库中相关元组总数的百分比。查全率反映查询的全面性。

在信息检索系统中，每进行一次检索，就把系统中所有的文档分为四部分，如图 1.5 所示。

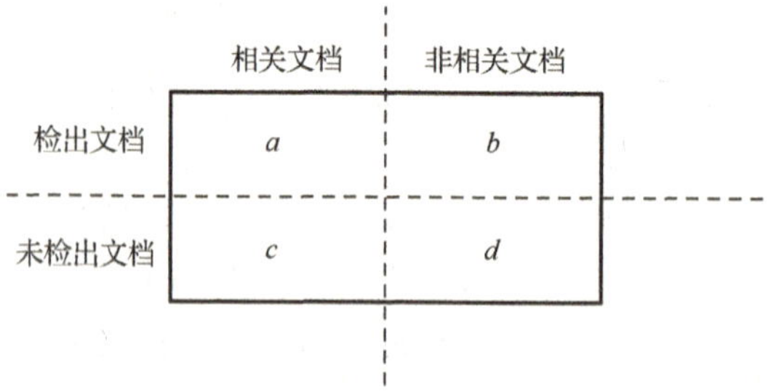

图 1.5　信息检索中的系统文档

其中，*a* 表示检索出的相关文档；*b* 表示检索出的非相关文档；*c* 表示未检索出的相关文档；*d* 表示未检索出的非相关文档；*a*+*b* 表示检索出的全部文档；*c*+*d* 表示未检索出的全部文档；*a*+*c* 表示与查询相关的全部文档；*b*+*d* 表示与查询不相关的全部文档；*a*+*b*+*c*+*d* 则表示检索系统中的所有文档。

由此，准确率和查全率的计算公式分别表示为如下。

准确率：
$$P=(a/(a+b))\times 100\% \tag{1.6}$$

查全率：
$$R=(a/(a+c))\times 100\% \tag{1.7}$$

评价信息检索系统的性能水平需要在一个检索系统中进行多次检索，每进行一次检索，都计算其准确率和查全率，并以此作为坐标值，在平面坐标图上标示出来。通过大量的检索，就可以得到检索系统的性能曲线，如图 1.6 所示。

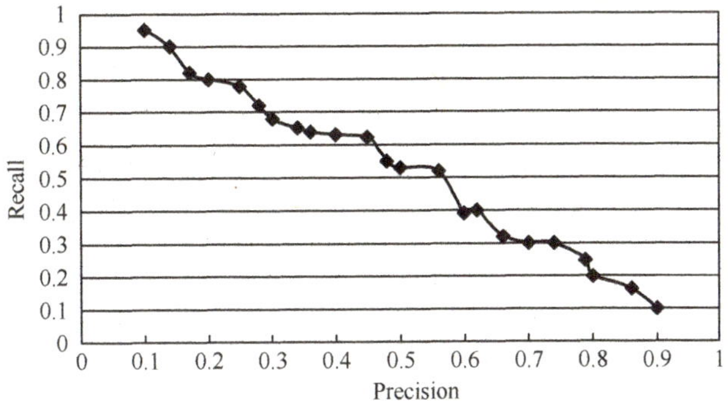

图 1.6　信息检索系统的性能曲线

在信息检索领域，大量的检索评价实验已表明，准确率和查全率之间存在着特定的关系：在一个信息检索系统中，当准确率和查全率达到一定程度以后，两者就会呈现出非线性的反变关系。换言之，在准确率不断提高的同时，查全率会持续下降；反之，在查全率不断提高的同时，准确率也会持续下降。因此，尽管一个好的检索系统应该同时具有较高的准确率和较高的查全率，但是实际的检索系统往往需要在两者之间做出一些折中，而不至于使其中一个指标过低。

1.6　本 章 小 结

本章给出了 Web 数据库的定义，阐述了 Web 数据库与 Deep Web 数据集成之间的关系，介绍了相关术语，描述了查询历史处理方法，简述了关系数据模型的基本理论及 Web 数据库查询的相关技术，最后给出了实验测试集用例和查询效果的评价指标。本章内容为后续各章节的研究提供了必要的基本理论和相关算法基础。后续第 2～5 章将分别从查询松弛、查询结果排序与分类和关键字查询推荐等方面阐述 Web 数据库的高级查询技术。

1.7　参 考 文 献

[1] Nambiar U and Kambhampati S. Answering imprecise queries over autonomous web databases [C], *Proceedings of the 22nd International Conference on Data Engineering*, 2006: 45-54.

[2] 刘伟，孟小峰，孟卫一. Deep Web 数据集成研究综述[J]. 计算机学报. 2007, 30(9): 1475-1489.

[3] Li Y N, Wang Y P, Jiang P, and Zhang Z S. Multi-objective optimization integration of query interfaces for the Deep Web based on attribute constraints [J]. *Data Knowledge and Engineering*, 2013, 86: 38-60.

[4] Meng X F, Zhang X Y, Tang Y H, and Bi C C. Adaptive query relaxation and top-k result

ranking over autonomous web databases [J]. *Knowledge and Information Systems*, 2017, 51(2): 395-433.

[5] Kantere V, Orfanoudakis G , Kementsietsidis A, and Sellis T K. Query relaxation across heterogeneous data sources [C]. *Proceedings of the ACM Conference on Information and Kowledge Management*, 2015: 473-482.

[6] Martinenghi D, Torlone R. Taxonomy-based relaxation of query answering in relational databases. *VLDB Journal*, 2014, 23(5): 747-769.

[7] 袁柳，李战怀，陈世亮. 基于本体的 Deep Web 数据标注[J]. 软件学报，2008, 19(2): 237-245.

[8] 萨师煊，王珊. 数据库系统概论[M]. 北京：高等教育出版社.

[9] Calders T, Goethals B, and Jaroszewicz S. Mining rank-correlated sets of numerical attributes [C]. *Proceedings of the 12th International Conference on Knowledge Discovery and Data Mining*, 2006: 96-105.

[10] Agrawal R, Imielinski T, and Swami A N. Mining association rules between sets of items in large databases [C]. *Proceedings of the 12th ACM SIGMOD International Conference on Management of Data*, 1993: 207-216.

[11] Agrawal R and Srikant R. Fast algorithms for mining association rules [C]. *Proceedings of the 20th International Conference on Very Large Data Bases*, 1994: 487-499.

[12] Piatetsky-Shapiro G and Connell C. Accurate estimation of the number of tuples satisfying a condition [C]. *Proceedings of the 1984 ACM SIGMOD International Conference on Management of Data*, 1984: 256-276.

[13] Fagin R. Fuzzy queries in multimedia database systems [C]. *Proceedings of the 17th Symposium on Principles of Database Systems*, 1998: 1-10.

[14] Quinlan J R. Induction of decision trees [J]. *Machine Learning*, 1986: 1(1): 81-106.

[15] Wuinlsn J R. *C4.5: programs for machine learning* [M]. San Francisco: Morgan Kaufmann Publishers: 1993.

[16] Breiman L, Friedman J, Stone C J, and Olshen R. *Classification and regression trees* [M]. Boca Raton: CRC Press: 1984.

[17] http://autos.yahoo.com.

[18] http://realestate.yahoo.com.

[19] http://www.amazon.cn/mn/advancedSearchInputApp?type=book.

第 2 章　Web 数据库自适应查询松弛方法

内容关键词

- 查询松弛
- 属性权重评估
- 语义相关度

2.1 引　　言

Web 数据库查询中，一方面，目前的 Web 数据库查询处理模式仅支持严格查询匹配并假定用户明确自己的查询意图，而实际上用户对 Web 数据库的结构和内容并不了解，这种情况下，即使用户使用明确的查询条件，Web 数据库仍有可能返回过少甚至空查询结果，此时大多数普通用户希望系统能够自动放松初始查询来提供近似匹配的查询结果；另一方面，普通用户的查询意图本身可能就是模糊的或不精确的，而现有的 Web 数据库查询处理模式又要求用户必须精确地表达查询需求，在这种情况下，系统返回的查询结果可能不够全面，此时用户希望系统能够自动为其提供更多与初始查询语义接近的相关信息。鉴于上述两方面需求，解决用户在 Web 数据库查询中面临的空查询结果问题，以及为他们提供更多语义相关的信息就显得尤为重要。查询松弛是解决上述问题的关键技术。为此，本章将从满足普通用户需求和偏好的角度入手，介绍基于语义相关度的 Web 数据库自适应查询松弛方法。

下面，用例子描述查询松弛的实际意义和解决方法的基本思想。

例 2.1　考虑 Yahoo!Autos 网站的二手车销售数据库，它包含一个关系表 CarDB（Make, Model, Price, Color, Engine, Year, Mileage），其中的每一条元组代表一条待售的二手车信息。基于 CarDB，用户可能提出如下查询：

$$Q\text{: -CarDB (Model = Camry} \wedge \text{Price} < 5000)$$

对于该查询，系统返回的查询结果为空（在 CarDB 中，虽然存在型号为“Camry”或价格低于$5000 的二手车，但不存在价格低于$5000 的“Camry”二手车，即查询 Q 中的两个基本查询条件之间不存在交集）。在这种情况下，为了给用户提供与初始查询相关的信息，需要对初始查询 Q 进行松弛处理。现有的查询松弛方法大都以相同的程度放松初始查询中的每一个基本查询条件[1-4]，而在实际应用中，提出该查询的用户可能更关注二手车的价格 Price（相对型号 Model 而言）。因为在 CarDB 中很少有价格低于$5000 的二手车，而 Model 为“Camry”的二手车相对较为普遍，所以根据信息检索中的 IDF 思想[5]（即，在一个文档集或语料库中，经常出现的关键词要比不经常出现的关键词传达较少的用户需求信息，因此应该被分配较小的权重）可推测出该用户更关心二手车的价格（即 Price）属性，相应地对指定在 Price 属性上的基本查询条件的放松程度也就应该小于指定在 Model 属性上的基本查询条件的放松程度，这样才能确保松弛后得到的查询结果与用户查询意图和偏好最为相关。由此可见，在放松初始查询过程中，应该考虑不同属性对于用户的重要性，越重要的属性，对指定在其上的基本查询条件的放松程度就应该越小。此外，对于查询松弛后得到的查询结果，还需按照它们对初始查询的满足程度进行排序。

例 2.2　基于 CarDB，当用户在其上提出查询"Q:-CarDB(Model = Camry ∧ Price between 10000 and 12000)"时，即使查询结果非空，用户实际上也并不一定局限于完全满足该查询的元组，价格为$9000~$12500 的二手车也可能是用户所接受的，此外用户还可能对 Model 为"Accord"的二手车感兴趣，因为这两种车子性能相近（"Camry"和"Accord"都是日系中档轿车，在价格、引擎、颜色和其他特征等各方面都很接近）。

对于上述查询，现有的 Web 数据库查询处理模式不能为用户返回价格接近$10000~$12000 或型号与"Camry"类似的二手车，因为这些值在用户的查询条件中没有指定，这样就导致用户不得不重复修改查询条件，直到获得他们想要的查询结果。而且，由于修改查询条件的盲目性，用户可能在得到满意的查询结果之前就放弃了查询。本章在笔者以前研究工作[6]的基础上，介绍了一种 Web 数据库自适应查询松弛方法，能够为用户返回与初始查询语义接近的相关元组，并按相关程度对结果元组进行排序，从而把用户从重复输入查询条件的工作中解放出来。同时查询松弛还能减少用户对系统的访问次数，从而在一定程度上减轻了系统的负担。

2.2　相关方法介绍

查询松弛是指在初始查询上去掉或放松某个（些）基本查询条件而得到一个涵盖范围更宽泛的查询的处理过程。最早利用查询松弛思想解决数据库空查询结果（或查询失败）问题的研究工作，是由 Kaplan 在 1982 年提出的 CO-OP 系统[7]。CO-OP 的基本思想是通过识别并去除失败查询（Failed query）中的错误假设来避免空查询结果问题。例如，考虑一个查询"查找在 Microsoft 公司月薪少于$15000 并且在 R&D 部门工作的所有员工"，该查询的结果为空。导致该查询失败的原因有两种可能情况：一种是 Microsoft 公司的 R&D 部门没有任何员工月薪低于$15000；另一种是 Microsoft 公司根本不存在 R&D 部门。前一种是由于基本查询条件之间存在矛盾而导致的空查询结果，而后一种是由于错误假设（假设 Microsoft 公司存在 R&D 部门）而导致的空查询结果。CO-OP 方法侧重于找出初始查询中存在的错误假设，它把初始查询转换成一个图形化的查询，并用连通子图代表查询中的假设。基于 CO-OP 思想，Motro 等人在 1990 年提出了 FLEX 系统[8]。FLEX 系统通过在失败查询上生成一个更为宽泛的查询集合使系统能够判断查询失败原因属于哪一种情况：如果是上述第一种情况，它将提供一个与初始查询相似的、非失败的查询（Non-failing query）；如果是上述第二种情况，它将识别并消除用户查询中的错误假设，即该系统以迭代方式逐步去除初始查询上的基本查询条件，从而实现对失败查询的高度容错。然而，CO-OP 和 FLEX 系统在识别一个假设时通常需要在整个数据库上执行大量查询，而且需要计算和测试的假设数量很多，因此计算代价太大是它们的不足。为了确保运行时间可接受，Motro 提出了限制搜索的启发式方法[9]，

Gaasterland 随后又提出了一个相关的方法[10]，该方法利用基于语义查询优化技术的启发式方法控制查询松弛处理的规模，Godfrey 等人于 1997 年在理论上证明了该类算法能在多项式时间内找到一个最大成功的子查询，但是找到所有或部分最小失败和最大成功子查询集合的计算复杂度是 NP-hard 问题[11]。

随着数据库在 Web 中的大规模应用，基于 Web 应用的数据库查询松弛技术近年来受到了研究者的关注。Muslea 等人于 2004 年提出了一种基于决策树算法的 Web 数据库查询松弛方法——LOQR[12]，该方法分成两个处理阶段：第一阶段，LOQR 利用 C4.5 算法在一个小型的、随机选取的原始数据子集上进行机器学习，从中提取出领域知识，进而得到决策规则集合，这些规则体现了一个属性值能否满足失败查询中的某个基本查询条件；第二阶段，LOQR 使用最近邻技术找到与失败查询最为相似的规则，然后使用该规则中的属性值修改失败查询。然而，在训练数据集很小的情况下，LOQR 方法的学习效果并不理想。为此，Muslea 等人于 2005 年又提出了一种基于贝叶斯网络的查询松弛方法——TOQR[4]，该方法与 LOQR 类似但弥补了 LOQR 的缺点，它能够在很小的训练样本上产生与失败查询类似的松弛查询。但应当指出的是，LOQR 和 TOQR 方法对于每一个到来的查询，都需要在每一个数据样本上执行非常复杂的数据挖掘算法，因此计算代价较高。

2.3　查询松弛的基本思想和定义

2.3.1　查询松弛的基本思想

查询松弛方法的基本思想是，对于一个给定在 Web 数据库上的初始查询 Q，通过放松 Q 上的限制而生成一个松弛查询 $\tilde{Q}$。具体来说，首先，评估初始查询 Q 指定属性的权重；然后，根据属性权重和初始查询的松弛阈值，计算对应每个基本查询条件的子松弛阈值，越不重要属性上的基本查询条件的子松弛阈值越低（即，该基本查询条件的放松程度越大）；进而，根据属性值之间的语义相关度和每个基本查询条件的子松弛阈值，把相关度高于子松弛阈值的属性值添加到每个基本查询条件所指定的查询范围中；最后，通过查询重写实现对基本查询条件的松弛处理，合取所有的松弛基本查询条件最终形成松弛查询 $\tilde{Q}$。基于信息检索中的 IDF 思想，属性权重评估的直觉是，对于查询 Q 中的每一个基本查询条件，如果数据库表中存在很多能够满足该条件的元组，则说明该条件的选择性弱，那么对于用户来说，该条件所对应属性的重要程度就低；反之，如果数据库表中只有很少能够满足该条件的元组，则说明该条件的选择性强，那么对于用户来说，该条件所对应属性的重要程度就高。

2.3.2　查询松弛的定义

定义 2.1　查询松弛：令 R 为 Web 数据库中一个包含 n 条元组$\{t_1,\cdots,t_n\}$的关系，其模式由 m 个分类型和数值型相混合的属性 $A=\{A_1, A_2,\cdots, A_m\}$构成，$Q$ 为 R 上的一个合取查询，形式为 $Q=\sigma_{\wedge_{i\in\{1,\cdots,k\}}C_i}$，其中 $2\leqslant k\leqslant m$，C_i 的形式为 $A_i\theta a_i$，$\theta\in\{>, <, =, \geqslant, \leqslant, \text{between}\}$，如果 θ 是操作符 between，则 a_i 用区间$[a_{i1}, a_{i2}]$表示且 $A_i\theta a_i$ 的形式为“A_i between a_{i1} and a_{i2}”。基本查

询条件“$A_i\theta a_i$”中的每个属性 A_i 都是属性集 A 中的属性，a_i 包含于属性 A_i 的值域当中。通过放松初始查询 Q，可形成一个相对于初始查询 Q 的松弛查询 $\tilde{Q}$。通过在 R 上执行 $\tilde{Q}$，使得查询结果中的任一元组对初始查询 Q 的满足程度都高于指定的松弛阈值 $T_{\text{sim}}\in(0, 1]$，表示为：

$$\tilde{Q}(R)=\{t \mid t\in R,\ \text{Satisfaction}(t, Q)>T_{\text{sim}}\} \tag{2.1}$$

式中，$\tilde{Q}(R)$是 R 中满足松弛查询 $\tilde{Q}$ 的查询结果集，T_{sim} 由系统或用户给定。

2.4　查询指定属性的权重分配

不同用户具有不同的偏好，对于不同用户来说属性权重也是不尽相同的。基于引言部分所述的属性权重评估直觉，下面将根据用户初始查询中指定的属性值在数据库表中的分布情况来分配查询指定属性的权重。

2.4.1　分类型属性权重评估

IDF（Inverse Document Frequency，逆文档频率）是信息检索中一种常用的关键词（Keyword）权重评估技术。它利用统计方法评估一个关键词在整个文档集（或语料库）中的重要性，关键词的重要性随着它在文档集中出现的频率成反比下降。IDF 的主要思想是：在一个文档集或语料库中，经常出现的关键词要比不经常出现的关键词传达较少的用户需求信息，因此应该被分配较小的权重。它的公式定义为 $\log(n/F(w))$，其中 n 是语料库中的文档总数，$F(w)$是 n 个文档中包含关键词 w 的文档个数。

如果关系 R 中仅包含分类型属性，则每条元组可看作一个文档，R 中每一个不同的<属性，值>对都作为一个关键词，因此可使用 IDF 方法量化对应分类型属性 A_i 的属性值 v 在 R 中的权重。根据上述 IDF 思想，属性值 v 的 IDF 权重定义为：

$$IDF_i(v)=\log(n/F_i(v)) \tag{2.2}$$

式中，n 代表 R 中的元组数，$F_i(v)$代表 R 中满足条件“$A_i=v$”的元组数。

由于<属性，值>对可看作等值查询条件“A_i=v”，即属性值 v 是用户指定在分类型属性 A_i 上的查询值，因此可把式（2.2）所示的属性值 v 的 IDF 权重作为其对应属性 A_i 的权重，它体现了用户对该属性的重视（或偏好）程度。值得注意的是，如果 R 中不存在满足查询条件“A_i=v”的元组（即 $F_i(v)=0$），则说明该查询条件是错误假设，那么消除该查询条件。

2.4.2　数值型属性权重评估

数值型值具有一定的连续性，如“9999”与“10000”在数值上是非常接近的，如果按照分类型值处理，则它们将被认为是两个截然不同的值，从而可能产生与实际情况不符的 IDF 权重。因此，当查询条件指定的值为数值型值时，不能直接应用 IDF 方法对其权重进行评估。针对这一问题，基于核密度估计方法，对传统的 IDF 方法进行了改进，使其能够适用于数值型值的权重评估。下面简单介绍核密度估计方法。

定义 2.2　设 $x_1, x_2,\cdots, x_n$ 为取值于 R 的独立同分布随机变量，其所服从的分布密度函数

为 $f(x)$，$x\in R$，定义函数：

$$\widehat{f}_h(x)=\frac{1}{nh}\sum_{i=1}^{n}K\left(\frac{x_i-x}{h}\right),\quad x\in R \tag{2.3}$$

式（2.3）称为密度函数 $f(x)$的核密度估计，$K()$为核函数；h 为预先给定的正数，通常称为带宽（bandwidth）或光滑系数[13]。由上述定义可知，分布密度函数 f 的核密度估计 $\widehat{f}$ 不仅与给定的样本点集合有关，还与核函数的选择及带宽参数的选择有关。其中，带宽参数 h 控制了在求点 h 处的近似密度时不同距离的样本点对点密度的影响程度。如果 f 分布是正态的，则带宽 $h=1.06\sigma n^{-1/5}$。

下面讨论基于核密度估计方法的数值型值的 IDF 权重评估方法。令$\{v_1, v_2,\cdots, v_n\}$为关系 R 中数值型属性 A_i 上所有取值的集合，对于其中的一个数值型值 v，$IDF_i(v)$定义为

$$IDF_i(v)=\log\left(\frac{n}{\sum\limits_{j=1}^{n}\mathrm{e}^{-\frac{1}{2}\left(\frac{v_j-v}{h}\right)^2}}\right) \tag{2.4}$$

式中，$h=1.06\,\sigma\, n^{-1/5}$（在实际应用中，属性值域中的值通常服从正态分布），σ是关系 R 中该属性上所有值的标准差，n 为 R 中的元组总数，v_j 代表 R 中属性 A_i 值域上的一个属性值。式（2.4）中的分母代表了对于值 v 的“出现频率”概念在数值方面的扩展，即对于值 v 的“贡献”之和来自于关系 R 中该属性上所有其他的属性值 v_j。这些“贡献”服从高斯分布，所以 v_j 与 v 的差距越大，v_j 对 v 的贡献就越小。

从式（2.4）可以看出，如果关系 R 中在数值型属性 A_i 上的每个属性值都与 v 相差很多，则说明 v 处的数据分布稀疏，那么 $IDF(v)$就较大，因此值 v 也就比较重要；如果关系 R 中在数值型属性 A_i 上的每个属性值都与 v 比较接近，则说明 v 处的数据分布比较稠密，那么 $IDF(v)$就较小，因此值 v 的重要性也就较低。很明显，这与传统的 IDF 思想是一致的。

同上，由于属性值 v 是用户指定在数值型属性 A_i 上的查询值，因此可把式（2.4）所示的属性值 v 的 IDF 权重作为其对应属性 A_i 的权重。注意，如果 R 中没有任何元组满足查询条件“$A_i=v$”，则说明该查询条件是错误假设，那么消除该查询条件。

应当指定的是，如果查询条件的形式为范围查询条件“A_i IN V_i”，其中，V_i 是多个分类型值的集合（如果 A_i 是分类型属性），或者是一个数值区间$[v_{\min}, v_{\max}]$（如果 A_i 是数值型属性），那么 $IDF(V_i)$定义为 V_i 中的值所对应的 IDF 权重中的最小值，即

$$IDF_i(v)=\min_{v\in V_i} IDF(v) \tag{2.5}$$

在实际应用中，一个查询通常会同时在多个属性上指定基本查询条件，因此需要对多个指定属性的权重进行归一化处理。具体方法是，用每个指定属性的 IDF 权重除以所有指定属性的 IDF 权重之和，即属性 A_i 的权重 w_i 可由下式计算：

$$w_i=\frac{IDF_i(v)}{\sum\limits_{j=1}^{k}IDF_j(v)} \tag{2.6}$$

式中，k 代表查询指定的属性个数，$IDF_i(v)$代表属性 A_i 的 IDF 权重。

至此，利用上述方法，可根据用户查询中指定的值在数据库表中的分布情况，自适应地评估查询指定属性的权重。为了加快在线查询处理速度，可在预处理阶段计算出所有不同分类型值的 IDF 权重，并将其存储在属性值 IDF 权重表中，其结构为（AttName（属性），AttVal（属性值），vIDFWeight（IDF 权重）），并在 AttName 和 AttVal 上建立索引以便于检索。对于数值型属性，由于不同的数值型值很多且具有连续性，因此不能预计算所有数值型值的 IDF 权重。对此，可以采用一些优化策略。例如，在预处理阶段计算出查询历史中经常指定的数值型值（或数值区间）的 IDF 权重，将它们存放在属性值 IDF 权重表中；或者通过直方图划分技术，将数值上相接近的数值划分到一个区间并用一个 IDF 权重表示，这样当查询指定的值落在该区间时，就可以用该区间的 IDF 权重替代当前查询值的 IDF 权重，从而减少在线查询处理时间。

2.4.3 实例分析

下面用例子分析查询指定属性权重分配方法的合理性，即在当前用户查询条件下，算法能否有效获取用户在不同指定属性上的偏好。表 2.1 给出了 CarDB 上对应于不同查询条件的属性权重分配结果。考虑查询“Q:-CarDB(Price<5000∧Model=Camry∧Year=2009)”，该查询隐含的意思是购买者关注价格较便宜且较新的二手车，正如所期望的，属性 Price 和 Year 被分配了较大的权重（在 CarDB 中，Model 为“Camry”的二手车比较常见，而 Price 低于$5000 的二手车很少，并且出厂日期为“2009”年的也相对较少），属性 Model 被分配了较小的权重。相反，考虑查询“Q:-CarDB(Model=BMW 330∧Price between 12k and 15k)”，由于 12k～15k 是一个常见的价格区间并且在 CarDB 中有大多数二手车的价格在该范围内，这说明购买者具有一定的购买能力，而 CarDB 中 Model 为“BMW 330”的二手车不常见，因此与基本查询条件“Price between 13k and 15k”相比，基本查询条件“Model = BMW 330”的选择性更强。由此可以推测，购买者实际上更多地关注二手车的 Model 属性，从表 2.1 中可以看出，属性 Model 被分配了较大权重，而属性 Price 将不再分配较大权重。

表 2.1　查询指定属性的权重分配实例

Queries / Attributes	Price < 5000 ∧ Model = Camry ∧ Year = 2009	Model = BMW 330 ∧ Price between 13k and 15k
Price	0.45	0.22
Model	0.21	0.78
Year	0.34	—

2.5　属性值之间的语义相关度评估

本节分别描述分类型属性值之间和数值型属性值之间的语义相关度评估方法，属性值之间的语义相关度为查询松弛重写提供了知识支持。

2.5.1　分类型属性值之间的语义相关度评估

对于一个分类型属性值，关系表中其他属性上所有与之关联的多个<属性，值>对可视为对该值特征的描述，一个<属性，值>对由一个属性和它对应的值构成，如“Model = Camry”。

关联是指两个不同属性上的值出现在同一个元组中。例如，在 CarDB 中，给定一个元组 t={Toyota, Camry, 25k, Black, 2.4L, 2008, 80k}，则<属性，值>对“Model = Camry”与<属性，值>对“Make=Toyota”、“Price=25k”、“Color=Black”、“Engine=2.4L”、“Year=2008”和“Mileage=80k”之间是关联的。对应于同一属性上的两个<属性，值>对之间的相似性，可通过计算关系表中所有与这两个<属性，值>对关联的<属性，值>对集合之间的相似性来衡量。

一个<属性，值>对可视为指定在关系表中单个属性上的一个等值查询条件，通过执行该查询可得到所有满足该<属性，值>对的元组集合，该集合用语义表表示。语义表是一个两栏结构，由属性（Attributes）和包（Bags）两列构成。例如，表 2.2 和表 2.3 分别显示了 CarDB 上对应于<属性，值>对“Model = Camry”和“Model = Accord”的语义表。

表 2.2　CarDB 上对应于“Model=Camry”的语义表

Attributes	Bags
Make	Toyota: 128
Price	5k～15k: 36; 15k～20k: 42; 20k～30k: 50
Color	Black: 23; Silver: 35; Gray: 31; White: 39
Engine	2.0L: 55; 2.2L: 32; 2.4L: 41
Year	2009: 26; 2008: 47; 2006: 25; 2005: 30
Mileage	10k～20k: 46; 20k～30k: 35; 30k～45k: 47

表 2.3　CarDB 上对应于“Model = Accord”的语义表

Attributes	Bags
Make	Honda: 116
Price	5k～15k: 30; 15k～20k: 38; 20k～30k: 48
Color	Black: 21; Silver: 27; Gray: 33; White: 35
Engine	2.0L: 49; 2.2L:32; 2.4L: 35
Year	2009: 20; 2008: 51; 2006: 18; 2005: 27
Mileage	10k～20k: 42; 20k～30k: 38; 30k～45k: 36

对应于某个<属性，值>对的语义表，包含了关系表中除该属性之外的其他属性及其对应的一组关键字的集合。对于分类型属性，每一个不同的属性值就是一个关键字；对于数值型属性，通常将其值域划分成若干数值区间，其中每个数值区间都作为一个关键字。为使关键字具有语义功能，用关键字和它在关系表中对应的元组个数（即，<关键字：对应的元组个数>）代表关键字的语义，并将对应于同一属性的所有<关键字：对应的元组个数>称为包（Bags）。例如，在表 2.2 中，属性 Price 上的包为“5k～15k:36; 15k～20k:42;…”，包中的关键字分别是“5k～15k”、“15k～20k”等，其中关键字“5k～15k”对应的值为 36，这表明

CarDB 中有 36 辆 Camry 车的价格在“5k～15k”之间。

下面讨论如何为关系 R 中的数值型属性划分数值区间。为使每个区间包含的元组数大致相同，采用了等深直方图划分方法，实现算法描述如下（算法 2.1）：

算法 2.1　数值型属性的数值区间划分算法

输入： 数值型属性 A_i 和它的取值范围，关系 R 和 R 中的元组个数 $|R|$，数值区间个数 n
输出： n 个数值区间的上界集合 $U=\{u_1,\cdots,u_n\}$
1. 令 U 为一个大小为 n 的数组，用于存储每个数值区间的上界；
2. 令属性 A_i 在 R 上的取值范围为 $[a_{\text{low}}, a_{\text{up}})$；
3. 设置 $\lambda=|R|/n$；
4. 令数值区间下界 low = a_{low}，数值区间上界 up = a_{up}；
5. **do**
6. 　　用查询条件“low≤A_i< up”查询 R 并记录结果元组个数 c；
7. 　　**if** ($c\leqslant\lambda$) **then**
8. 　　　　记录 up 的值并将其按序存入 U 中；
9. 　　　　设置 low = up, up = a_{up}；
10. 　　**else**
11. 　　　　设置 up = low + (up−low)/2；
12. **while** (low < a_{up})
13. **return** U.

算法 2.1 首先确定每个数值区间所包含的元组数阈值λ，该值为关系 R 中的元组数与设定的数值区间数之比（第 3 步），并设置最初的数值区间下界 low 和数值区间上界 up 的值分别为属性 A_i 取值范围中的最小值和最大值（第 4 步）；然后，用查询条件“low≤A_i<up”查询 R 并记录结果元组个数 c（第 6 步），如果 c 小于等于阈值λ，记录 up 的值并将其存入数组 U 中，否则，缩小查询范围重新查询 R，如此反复直到 c 小于阈值λ，这样每个数值区间中的元组数都会不超过阈值λ（第 7～12 步）；最后，返回数值区间的上界集合 U。利用该算法，可为 R 中每个数值型属性划分数值区间，并将其作为构建语义表过程中相应的数值型属性划分标准。

在此基础上，讨论如何为一个<属性，值>对构建相应的语义表。令 T 代表关系 R 中所有包含该<属性，值>对的元组集合。语义表中的属性与包之间是 1 对 1 的关系，每个包都包含若干个<关键字：对应的元组个数>。如果包对应的是一个分类型属性，那么对于该属性中的每个值，包中都有一个相应的<关键字：对应的元组个数>表示该值在 T 中的个数；如果包对应的是一个数值型属性，那么对于该属性中的每个数值区间，包中都有一个相应的<关键字：对应的元组个数>表示该区间在 T 中所包含的元组个数。语义表构建算法描述如下（算法 2.2）：

算法 2.2　语义表构建算法

输入： 关系 R 中的属性集合 A，T 和 T 中的元组个数 $|T|$，对应于每个数值型属性的数值区间上界集合 U
输出： 语义表 ST
1. **for** 每一个属性 $A_i\in A$ **do**
2. 　　**if** (A_i 是分类型属性) **then**
3. 　　　　**for** 每一个属性值 $a_{ij}\in \text{Dom}_T(A_i)$ **do**

续表

```
            用查询条件“Ai = aij”查询 T 并记录结果元组个数 c；
            添加(aij, c)到包 Bagsi 中；
        end for
    if (Ai 是数值型属性且其在 T 上的取值范围为[alow, aup]) then
        for j = n-1,…,0 do
            if (U[j]≤alow)
                设置数值区间下界 low = U[j]；
              break；
        end for
        设置数值区间上界 up = U[j+1]；
        do
            用查询条件“low≤Ai < up”查询 T 并记录结果元组个数 c；
            添加(low, up, c)到包 Bagsi 中；
            j++；
            设置 low = up, up = U[j+1]；
        while (up≥aup)
    ST ←<Ai, Bagsi>；
end for
return ST.
```

通过使用算法 2.2，可为关系 R 中任一<属性，值>对生成一个相应的语义表。由于语义表中包含了对应于每个属性的包，而且每个包中又包含一组<关键字：对应的元组个数>，因此可用 Jaccard 系数计算两个不同语义表中相对应的两个包之间的语义相关度，计算方法如下。

（1）找出两个包中所有相同的关键字，用 Jaccard 公式计算每对相同关键字之间的相关度。注意，两个包中相同关键字所对应的元组个数是不同的，如表 2.2 和表 2.3 中，在对应“Price”属性的两个包中，关键字“5k～15k”所对应的元组个数分别为 36 和 30。Jaccard 系数计算公式为：

$$\mathrm{J}(A,B)=\frac{A\cap B}{A\cup B} \tag{2.7}$$

（2）对于两个语义表之间相对应的包，计算它们当中所有相同关键字之间的语义相关度并求和。例如，利用 Jaccard 系数计算出的对应“Price”属性上的值为：30/36+38/42+48/50 = 2.698。

（3）规范化求和的结果，即用第（2）步的结果除以两个包中所有不同关键字的个数。例如，对第（2）步的求和结果进行规范化后得到：2.698/3 = 0.899。

在此基础上，合并两个语义表中所有对应包之间的语义相关度，就可以获得两个语义表之间的语义相关度（也是这两个语义表所对应的分类型值之间的语义相关度）。应当指出的是，在评估两个不同分类型值之间语义相关度的过程中，语义表中每个属性的重要程度是不同的。例如，对于两个不同型号（Model）的二手车，在决定二者的相关度时，它们的价格（Price）对于大多数人来说可能要比出厂日期（Year）显得更重要。因此，两个不同分类型值之间的语义相关度，应该是两个语义表中相对应包之间的相关度乘以相应的属性权重再求和，假设每个语义表包含 m 个属性，则有

$$\mathrm{VSim}(v_1,\ v_2)\ =\ \sum_{i=1}^{m}\mathrm{Sim}(S_1.\mathrm{Bags}_i, S_2.\mathrm{Bags}_i)\times W(A_i) \tag{2.8}$$

式中，v_1 和 v_2 是同一属性上的两个不同分类型值；S_1 和 S_2 分别是对应分类型值 v_1 和 v_2 的两个语义表；Bags_i 是语义表中属性 A_i 对应的包；$W(A_i)$是属性 A_i 的权重($\sum_{i=1}^{m}W(A_i)=1$)。

例如，在 CarDB 上，对于分类型值“Camry”和“Accord”，利用上述方法（为了方便，这里仅考虑等权重情况）计算得到的两者之间的语义相关度为

$$(0+0.899+0.88+0.915+0.828+0.867)/6 = 0.73$$

利用上述方法，可计算出关系 R 中同一属性上所有不同分类型属性值对之间的相关度矩阵。由于 $\mathrm{Sim}(v_1, v_2) = \mathrm{Sim}(v_2, v_1)$，因此该矩阵是对称的，只需计算上半矩阵。相关度矩阵的创建算法描述如下（算法 2.3）：

算法 2.3　分类型属性值之间的相关度矩阵创建算法

输入：分类型属性值个数 n，属性个数 m，属性的包 Bags，属性权重 W

输出：相关度矩阵 Matrix

```
Matrix ← ∅;
for i = 1,…, n−1 do
   iBags = getAttributeBags(i);
   for j = i+1,…, n do
      jBags = getAttributeBags(j);
      for k = 1,…, m do
         Sim[k] = Sim(iBags[k], jBags[k]);
      end for
      SimDegree = ∑_{k=1}^{m} Sim[k] × W[k];
      Matrix[i][j] = SimDegree;
      Matrix[j][i] = Matrix[i][j];
   end for
end for
return Matrix.
```

把在关系 R 中计算出的所有不同分类型属性值对之间的语义相关度存储在结构为（AttName（属性），AttValPair（属性值对），Simlarity（相关度））的分类型值相关度表中，并在 AttName 和 AttValPair 上建立索引以便于检索。

2.5.2　数值型属性值之间的语义相关度评估

对于数值型属性，可以借鉴模糊集理论的基本方法评估数值型值之间的语义相关度。根据模糊集理论，给定一个数值 Y，在数值上接近 Y 的数构成了一个模糊集合，用“close to Y”表示。根据文献[14]，它的隶属函数在论域 U 上定义为

$$m_{\text{close to }Y}(u)=\frac{1}{1+\left(\dfrac{u-Y}{\beta}\right)^2} \tag{2.9}$$

式中，u 为论域 U 上的一个元素；$m_{\text{close to }Y}(u)$代表元素 u 隶属于 Y(close to Y)的程度；β为一个调节值，β越大，对于同一个 u 来说，u 隶属于 Y(close to Y)的程度越大。

模糊集“close to Y”的隶属函数如图 2.1 所示。

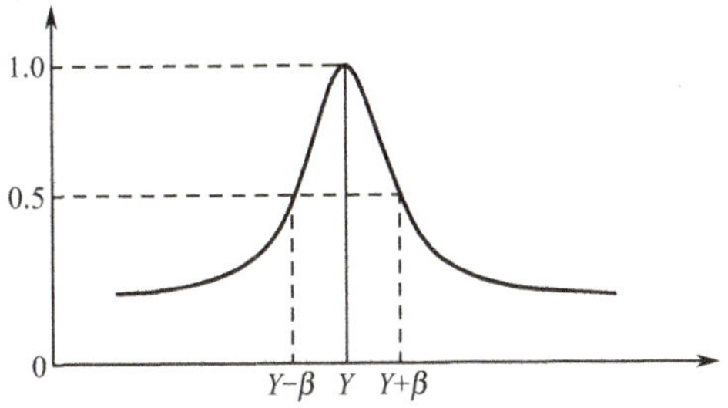

图 2.1 模糊集“close to Y”的隶属函数

基于该思想，令 A_i 为关系 R 中的一个数值型属性，其值域为$\{v_1, v_2,\cdots, v_n\}$，根据上述“close to Y”的隶属函数，两个数值型值 v 和 q 之间的语义相关度可由下式计算：

$$\mathrm{NSim}(v,q)=\frac{1}{1+\left(\dfrac{v-q}{\beta}\right)^2} \tag{2.10}$$

式中，q 代表查询条件指定的值；v 代表属性 A_i 中的任一属性值；β值可由领域专家设定，将其设定为值 h，h=1.06 $\sigma n^{-1/5}$（这里的 h 与 2.4.2 节中的 h 相同，其中σ是关系 R 中数值型属性 A_i 上所有值的标准差，n 为 R 中的元组总数）。从式（2.10）可以看出，v 与 q 在数值上越接近，则 NSim(v, q)的值越接近 1。

根据上式，在给定一个子松弛阈值（第 2.6 节将讨论基本查询条件的子松弛阈值求法）的前提下，就可以计算出满足该子松弛阈值的 v 所对应的最小值 $v_{\min}$ 和最大值 $v_{\max}$。例如，假设查询 Q 在属性 A_i 上指定的基本查询条件为“A_i=q”，令ψ_i 为该基本查询条件的子松弛阈值，则根据式（2.10）可得松弛后的查询区间为

$$\left[q-h\sqrt{\frac{1-\psi_i}{\psi_i}},\qquad q+h\sqrt{\frac{1-\psi_i}{\psi_i}}\right] \tag{2.11}$$

值得注意的是，若基本查询条件中的 q 为一个数值区间$[q_1, q_2]$，则松弛后的查询区间为

$$\left[q_1-h\sqrt{\frac{1-\psi_i}{\psi_i}},\qquad q_2+h\sqrt{\frac{1-\psi_i}{\psi_i}}\right] \tag{2.12}$$

2.6 查询松弛重写算法和查询结果排序方法

根据属性权重、属性值之间的语义相关度和松弛阈值，可将初始查询重写为一个范围更为宽泛的松弛查询，而且执行松弛查询后很可能产生多个查询结果。因此，本节主要讨论查询松弛重写算法和松弛查询下的结果排序方法。

2.6.1 查询松弛重写算法

在关系 R 上给定一个合取查询 $Q=\sigma_{\wedge_{i\in\{1,\cdots,k\}}C_i}$，令 w_i 代表基本查询条件 C_i 所对应属性 A_i

的权重，k 代表查询 Q 指定的属性个数，T_{sim} 代表给定在 Q 上的松弛阈值。根据属性权重和松弛阈值，可由下式计算出查询 Q 中每个基本查询条件 C_i 的子松弛阈值 ψ_i，即

$$\begin{cases} \dfrac{w_1}{\psi_1}=,\cdots,=\dfrac{w_k}{\psi_k} \\ T_{\text{sim}}=\displaystyle\sum_{i=1}^{k} w_i \cdot \psi_i \end{cases} \tag{2.13}$$

注意，如果某个基本查询条件的子松弛阈值大于 1，则将其置为 1。根据式（2.13）可知，属性权重越大，指定在其上的基本查询条件的子松弛阈值越高，该基本查询条件的放松程度相应地就越小。需要说明的是，式（2.13）中虽然含有 k 个变量，但实质上其中的 k–1 个变量都可由 k 个变量中的某个变量表示，因此只要根据公式求出该变量的值，其他变量的值就容易求出。例如，给定查询指定了 3 个属性，假设利用式（2.6）得到这三个属性的权重分别为 0.5，0.3 和 0.2，设它们对应的子松弛阈值分别为 ψ_1，ψ_2 和 ψ_3，这样式（2.13）中的第一个子式就可表示为

$$\frac{0.5}{\psi_1}=\frac{0.3}{\psi_2}=\frac{0.2}{\psi_3}$$

则 ψ_2 和 ψ_3 都可以用含 ψ_1 的式子表示，即 $\psi_2=0.3\psi_1/0.5$，$\psi_3=0.2\psi_1/0.5$，把这些量代入式（2.13）中的第二个子式就可求出 ψ_1 的值，进而可求出 ψ_2 和 ψ_3 的值。

根据初始查询 Q、松弛阈值 T_{sim}、属性权重 W 及分类型属性值相关度表 KB，可形成如下的查询松弛重写算法（算法 2.4）：

算法 2.4 查询松弛重写算法

输入： 初始查询 Q，松弛阈值 T_{sim}，属性权重 $W(w_1, w_2,\cdots, w_k)$，分类型属性值相关度表 KB
输出： 松弛查询 $\tilde{Q}$

do
　根据 W 和 T_{sim} 计算 Q 中每一个基本查询条件 C_i 的子松弛阈值 ψ_i；
　for 每一个基本查询条件 $C_i \in Q$ **do**
　　$\tilde{C}_i \leftarrow C_i$；
　　if (C_i 对应的属性 A_i 是一个分类型属性) **then**
　　　for 每一个 $v \in \text{Dom}(A_i)$ **do**
　　　　if (VSim(a_i, v) > ψ_i) **then** /*a_i 是 C_i 指定的查询值*/
　　　　　添加 v 到 $\tilde{C}_i$ 的查询范围中；
　　if (C_i 对应的属性 A_i 是一个数值型属性) **then**
　　　用 $\left[q-h\sqrt{\dfrac{1-\psi_i}{\psi_i}},\ q+h\sqrt{\dfrac{1-\psi_i}{\psi_i}}\right]$ 替换 $\tilde{C}_i$ 的查询范围；
　　$\tilde{Q} \leftarrow \tilde{Q} \cup \tilde{C}_i$；
　end for
　$\tilde{Q}(R) \leftarrow$ 在 R 上执行松弛查询 $\tilde{Q}$ 得到的查询结果；
　$T_{\text{sim}} \leftarrow T_{\text{sim}}-0.1$；
while ($\tilde{Q}(R) \neq \varnothing$)
return $\tilde{Q}(R)$.

算法 2.4 首先根据松弛阈值 T_{sim} 和属性权重 W 计算出 Q 中每个基本查询条件 C_i 的子松弛

阈值ψ_i（第 2 步）；然后，对于每一个基本查询条件 C_i，从对应属性 A_i 的值域中获取与 C_i 指定的值相关度高于ψ_i的属性值，并将其加入到 C_i 的查询范围中，从而形成松弛的基本查询条件$\tilde{C}_i$（第 3～10 步），合取所有的$\tilde{C}_i$最终形成松弛查询$\tilde{Q}$（第 11 步）；在关系 R 上执行松弛查询$\tilde{Q}$，获取并判断查询结果返回情况，如果在给定的松弛阈值 T_{sim} 下查询结果仍然为空，则系统以步长 0.1 递减方式自动调整阈值（第 13～14 步），然后重新计算每个基本查询条件的子松弛阈值并进行查询松弛重写，该过程直到查询结果非空为止。

2.6.2　查询结果排序方法

在 Web 数据库上执行松弛查询$\tilde{Q}$后，很可能产生大量的查询结果。如果能够按照元组对初始查询和用户偏好的满足程度对查询结果进行排序，将会把用户从对比分析任务中解脱出来，因此对松弛查询下的查询结果进行排序有着重要意义。下面，给出一种按元组对初始查询满足程度的查询结果排序的方法，元组 t 对初始查询 Q 的满足程度用下式评估：

$$\text{Satisfaction}(t,Q)=\sum_{i=1}^{k} w_i \times \begin{cases} \text{VSim}(t.A_i,Q.A_i), & \text{if Domain}(A_i)=\text{Categorical} \\ \text{NSim}(t.A_i,Q.A_i), & \text{if Domain}(A_i)=\text{Numerical} \end{cases} \tag{2.14}$$

式中，k 代表查询 Q 指定的属性个数，w_i 代表属性 A_i 的权重，VSim($t.A_i$, $Q.A_i$)代表查询 Q 在分类型属性 A_i 上指定的值与元组 t 在 A_i 上的取值之间的语义相关度，NSim($t.A_i$, $Q.A_i$)代表查询 Q 在数值型属性 A_i 上指定的值与元组 t 在 A_i 上的取值之间的语义相关度。注意，式（2.1）定义的元组 t 对初始查询 Q 的满足程度 Satisfaction(t, Q)与式（2.14）一致。

2.7　效果与性能实验评价

本节通过实验来验证上述方法的效果和性能，对实验结果进行讨论，并与现有方法进行对比。

2.7.1　实验环境

数据集：采用第 1 章所述的二手车数据集 CarDB 和房产数据集 HouseDB。

对比算法：将提出的查询松弛和结果排序（Query Relaxation & Results Ranking, QRRR）方法与文献[15]提出的 AIMQ 方法进行对比。虽然两者解决的问题不同，但 AIMQ 将不精确查询紧缩成精确查询后，需要将满足精确查询的每条结果元组作为一个查询并进行松弛处理，然后得到与精确查询近似匹配的有序查询结果。因此，将 QRRR 与 AIMQ 的查询松弛效果进行比较。下面简要描述 AIMQ 的查询松弛和结果排序方法的基本思想。

给定一个不精确查询，AIMQ 首先将其紧缩成一个精确查询，然后把数据库表中满足该精确查询的每一条元组作为一个查询。接着，AIMQ 对这些查询进行松弛处理，它利用近似函数依赖（Approximate Functions Dependencies，AFDs）和近似关键字（Approaxiamte Keys，AKs）在预提取的数据集上评估属性权重，并依次从最不重要的属性上去除基本查询条件。最后，AIMQ 在数据库上执行这些松弛查询，获得相关度高于给定阈值的查询结果。对于查询结果的排序，AIMQ 以结果元组 t 与不精确查询 Q 之间的相关度为排序依据。

QRRR 与 AIMQ 的不同之处在于如下几方面。

（1）在属性权重分配方面，AIMQ 在预提取的数据集上利用近似函数依赖和近似关键字确定的属性权重是固定不变的，不能随着用户偏好和查询要求的变化而变化。实际上，不同用户对同一属性的重视程度是不同的，而且同一用户在不同查询条件下，对同一属性的重视程度也是不同的。QRRR 能够随着查询要求和用户偏好的变化为同一属性分配不同的权重，因此该方法具有自适应性。

（2）在适用性方面，当初始查询结果为空时，由于没有元组作为查询松弛的对象，因而 AIMQ 方法将会失效。相比之下，QRRR 方法既能解决空查询结果问题，又能在查询结果非空的情况下提供更多语义相关的信息。

另外，还采用随机算法（RANDOM algorithm）获取相关结果并随机排序，该算法为 QRRR 和 AIMQ 之间的比较提供了一个基准。

2.7.2 IDF 权重评估算法测试

该实验目的是在不同领域和大小的数据集上，测试 IDF 权重评估算法的合理性和稳定性。在 HouseDB 和 CarDB 数据集上，利用 IDF 权重评估算法分别在 1M、2M 和 4M 大小的数据量上计算不同属性值的 IDF 权重。表 2.4 给出了 CarDB 和 HouseDB 上不同属性值的 IDF 权重计算结果。从表中可以看出，在数据集中经常出现的属性值被分配了较小的权重（如“Color = Black”），而在数据集中很少出现的值被分配了较大的权重（如“Make=Buick”）。而且，数值型属性值的 IDF 权重与其本身大小及其所在数据区域的数据分布情况相关，如“Price=12 000”，CarDB 中 Price 属性上与该值大小相近的数值较多，因此它的 IDF 权重相对较小。而对于“Price=30 000”，CarDB 中 Price 属性上与该值大小相近的数值很少，因此它的 IDF 权重相对较大。还可看出，数据集中一些常见的分类型属性值和数值型属性值的 IDF 权重之间相差不大，这说明数值型属性值的 IDF 权重评估算法是合理的。由此可见，对于分类型属性值和数值型属性值，IDF 权重评估算法是合理的。此外，我们还注意到，在不同大小（1M、2M 和 4M）的数据集上，每个属性值的 IDF 权重相差不大，因此该算法是稳定的。

表 2.4　CarDB 和 HouseDB 上不同属性值的 IDF 权重

Attributes	Values	1M	2M	4M
Make (CarDB)	Toyota	2.197	2.3	2.197
	BMW	2.77	2.64	2.89
	Buick	4.65	4.96	4.92
Color (CarDB)	Gray	2.708	2.708	2.708
	Black	1.61	1.59	1.57
	Silver	1.79	1.95	1.88
Price (CarDB)	5 000	2.37	2.41	2.33
	12 000	1.58	1.59	1.54
	30 000	2.68	2.62	2.59

续表

Attributes	Values	1M	2M	4M
City (HouseDB)	Seattle	2.89	2.83	2.77
	Kirkland	3.55	3.71	3.64
	Bellevue	3.09	3.15	3.21
View (HouseDB)	Lakeview	3.55	3.76	3.68
	Oceanview	5.71	5.66	5.75
	Greenbelt	2.79	2.88	2.95
Price (HouseDB)	300 000	1.47	1.41	1.45
	600 000	2.61	2.75	2.81
	900 000	3.22	3.19	3.17

2.7.3　语义相关度评估算法测试

该实验目的是在不同领域和大小的数据集上，测试分类型属性值之间的语义相关度评估算法的执行时间、合理性和稳定性。

（1）语义相关度评估算法的执行时间

在 HouseDB 和 CarDB 数据集上，分别使用 2M 和 4M 大小的数据量计算相关度评估算法的执行时间。分类型属性值之间的语义相关度计算所需时间仅依赖于从数据库表中提取的<属性，值>对个数，时间复杂度为 $O(mk^2)$，其中，m 代表分类型属性的个数，k 代表每个分类型属性所包含的不同属性值个数的平均值。表 2.5 和表 2.6 分别给出了在 2M 的 HouseDB 数据集和 4M 的 CarDB 数据集上，对应于不同分类型属性的语义表生成时间和不同分类型属性值之间的语义相关度计算时间。

表 2.5　HouseDB 上的语义表生成和相关度计算时间

Attributes	Distinct categorical values	Semantic table generation time (s)	Similarity computation (min)
City	35	3	1.28
Schooldistrict	287	17	89.23
View	58	4	2.97
Neighborhood	76	6	7.08
Totaled	456	30	100.56

表 2.6　CarDB 上的语义表生成和相关度计算时间

Attributes	Distinct categorical values	Semantic table generation time (s)	Similarity computation (min)
Make	43	4	1.66
Model	328	19	114.96
Color	23	3	0.635
Year	24	3	0.565
Engine	52	4	2.31
Totaled	470	33	120.13

由于 HouseDB 和 CarDB 中所包含的不同分类型属性值个数很多，因此相关度评估算法的执行时间较长。经过反复测试，发现相关度评估算法执行时间与数据集大小并无直接关系，而是与不同分类型属性值的个数有关。这一点从表 2.5 和表 2.6 可以看出，在不同分类型属性值个数相差不多的情况下，在 2M 和 4M 大小的数据集上进行相关度计算所需时间相差并不大。注意，不同分类型属性值之间的语义相关度是在离线阶段周期性计算的，因此不会影响在线查询处理速度。

（2）相关度评估算法的合理性和稳定性

基于 HouseDB 和 CarDB，表 2.7 给出了在不同大小的数据集（1M、2M 和 4M）上，与分类型属性值“Make=Ford”、“Model=Camry”和“View=Greenbelt”分别相似的前 3 个属性值。

表 2.7　不同大小数据集上的语义相关度计算结果

Categorical values	Similarity values	1M	2M	4M
Make = Ford (CarDB)	Honda	0.59	0.61	0.61
	Toyota	0.47	0.47	0.5
	Nissan	0.45	0.45	0.47
Model = Camry (CarDB)	Accord	0.7	0.71	0.72
	Civic	0.57	0.6	0.62
	Altima	0.56	0.57	0.6
View = Greenbelt (HouseDB)	Greenwood	0.68	0.69	0.7
	Park	0.59	0.62	0.62
	Water	0.41	0.42	0.42

从表 2.7 可以看出，该算法得到的分类型属性值之间的语义相关度是合理的。例如，对于“Ford”，属性值“Honda”，“Toyota”和“Nissan”与其相似。在现实中，这 4 种车也是相似的，因为它们在价格、引擎、排量和其他特征等各方面都很接近。此外，我们还注意到，虽然在 1M 和 2M 的数据集上获得的语义相关度低于从 4M 的数据集上获得的语义相关度，但是两者相差不大。因此，该算法是稳定的。

2.7.4　查询松弛和结果排序方法的效果测试

该实验以用户调查方式测试查询松弛和结果排序方法的效果。实验环节邀请了 15 位测试者（分别是大学教师、公务员、企业管理者、公司职员和学生），每位测试者根据自己的需求和偏好，对 CarDB 和 HouseDB 分别提出各 1 条测试查询（见表 2.8）。对于 CarDB，每条查询平均指定了 3.2 个属性；对于 HouseDB，每条查询平均指定了 3.4 个属性。每条查询都将得到空或少量（不超过 10 条）查询结果。

表 2.8　HouseDB 和 CarDB 上的用户测试查询

ID	Test queries over HouseDB	Test queries over CarDB
Q1	Price< 300 000 ∧ Schooldistrict = Central seattle ∧ View = Greenbelt	Model = Accord ∧ Price < 10 000 ∧ Year > 2006

续表

ID	Test queries over HouseDB	Test queries over CarDB
Q2	City = Kirkland ∧ Price ≤ 300 000 ∧ SqFt > 100 ∧ Buildyear > 2005	Make = Toyota ∧ Year > 2007 ∧ Engine = 2.2L
Q3	Price ≤ 250 000 ∧ SqFt between 80 and 120 ∧ Bedrooms = 3	Make = Ford ∧ Engine = 3.0L ∧ Price < 15 000
Q4	City = Redmond ∧ Buildyear >2008 ∧ Price < 350 000	Price < 12 000 ∧ Engine = 5.0L ∧ Mileage between 20 000 and 30 000
Q5	City = Kirkland ∧ View > Oceanview ∧ Price < 500 000	Make = Ferrari ∧ Color = Red ∧ Price < 30 000 ∧ Engine = 5.0L
Q6	Price between 400 000 and 500 000 ∧ Schooldistrict = Highline ∧ View = Greenbelt	Make = BMW ∧ Model = 730 ∧ Price between 35 000 and 40 000
Q7	City = Bellevue ∧ Bedrooms = 4 ∧ Buildyear > 2005 ∧ Price between 200 000 and 250 000	Model = Accord ∧ Price between 5 000 and 10 000 ∧ Engine = 2.0L
Q8	City = Seattle ∧ Bedrooms = 2 ∧ Price < 180 000 ∧ View = Greenbelt	Model = Camry ∧ Year > 2007 ∧ Price < 10 000
Q9	Price between 500 000 and 700 000 ∧ Schooldistrict = Central seattle ∧ SqFt > 200	Year > 2005 ∧ Mileage < 20 000 ∧ Price < 5 000
Q10	City = Redmond ∧ View = mountain ∧ Price < 350 000 ∧ SqFt between 100 and 150	Price between 20 000 and 25 000 ∧ Mileage < 30 000 ∧ Year > 2008
Q11	Neighborhood = Bainbridge Island ∧ SqFt between 120 and 150 ∧ View = Greenwood	Make = Honda ∧ Model = CR-V ∧ Price < 15 000 ∧ Year > 2008
Q12	SqFt between 150 and 200 ∧ Bedrooms > 6 ∧ Price between 400 000 and 500 000	Make = Benz ∧ Price between 35 000 and 40 000 ∧ Engine = 3.5L
Q13	City = Kirkland ∧ View = Waterview ∧ Price between 450 000 and 500 000	Make = Audi ∧ Model = A6L ∧ Price < 20 000 ∧ Year >2008
Q14	SqFt > 200 ∧ Bathrooms > 3 ∧ Price between 500 000 and 600 000 and Buildyear > 2006	Make = Nissan ∧ Price between 5000 and 8000 ∧ Color = Black
Q15	City = Bellevue ∧ View = Street ∧ Price < 20 000 ∧ SqFt > 100	Year > 2006 ∧ Price < 5000 ∧ Color = Silver

由于要求测试者从整个数据集中查找所有与查询相关的元组是不现实的，因此采用如下策略：对于 HouseDB 和 CarDB 上的每个测试查询 Q_i，生成一个相应的数据集 H_i，H_i 中包含了 30 条与该查询相关的和不相关的适当元组组合（这些元组组合是通过 RANDOM、AIMQ 和 QRRR 方法分别获得的前 10 条结果元组去掉重复并添加少量随机选择的元组组合成的）。然后，将所有测试查询和对应的数据集提供给每个测试者，他们的任务就是从数据集 H_i 中标出与测试查询 Q_i 最相关的 10 条元组。在此基础上测试查询松弛和结果排序方法的效果。

（1）查询松弛方法的查全率测试

采用查全率（Recall）作为查询松弛效果的评价标准。如第 1 章所述，查全率是指查询结果中的相关元组数与数据集中的相关元组总数之比，表示为

$$\text{Recall} = \frac{\#\text{relevant tuples in query results}}{\#\text{relevant tuples in dataset}} \tag{2.15}$$

基于 CarDB 和 HouseDB，图 2.2 分别给出了 QRRR、AIMQ 和 RANDOM 方法在查全率方面的对比（QRRR 和 AIMQ 的松弛阈值 T_{sim} 都设置为 0.6）。可以看出，QRRR 的查全率始终高于 AIMQ 和 RANDOM。对于 CarDB 数据集，QRRR 的平均查全率为 0.92，而 AIMQ 的

平均查全率为 0.77；对于 HouseDB 数据集，QRRR 的平均查全率为 0.88，而 AIMQ 的平均查全率为 0.74。这是因为 AIMQ 在预提取的数据集上利用近似函数依赖关系和近似关键字确定的属性重要程度是一成不变的，不能随着查询要求和用户偏好的变化而变化。实际上，由于用户偏好不同，不同用户对同一属性的重视程度是不同的，而且即使是同一用户在不同的查询上下文条件下，对同一属性的重视程度也是不同的。相比之下，QRRR 的属性权重分配能够自适应不同的查询要求和用户偏好，而且利用提出的属性值之间的语义相关度评估方法得到的分类型属性值之间和数值型属性值之间的语义相关度也是符合实际的，所以 QRRR 方法在查全率方面优于 AIMQ 方法。

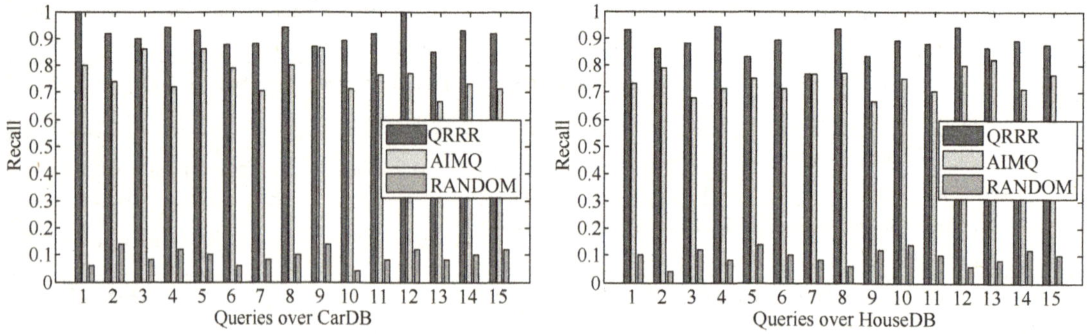

图 2.2　QRRR、AIMQ 和 RANDOM 方法分别在 CarDB 和 HouseDB 上的查全率对比（$T_{sim} = 0.6$）

更为详细地，在 CarDB 和 HouseDB 数据集上分别测试了 QRRR 和 AIMQ 两种方法在不同松弛阈值下的查全率，如图 2.3 和图 2.4 所示。

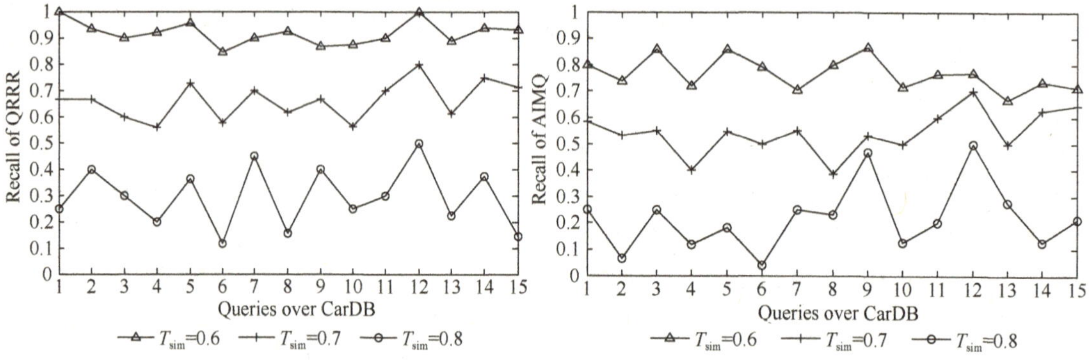

图 2.3　CarDB 上 QRRR 和 AIMQ 方法在不同松弛阈值下的查全率

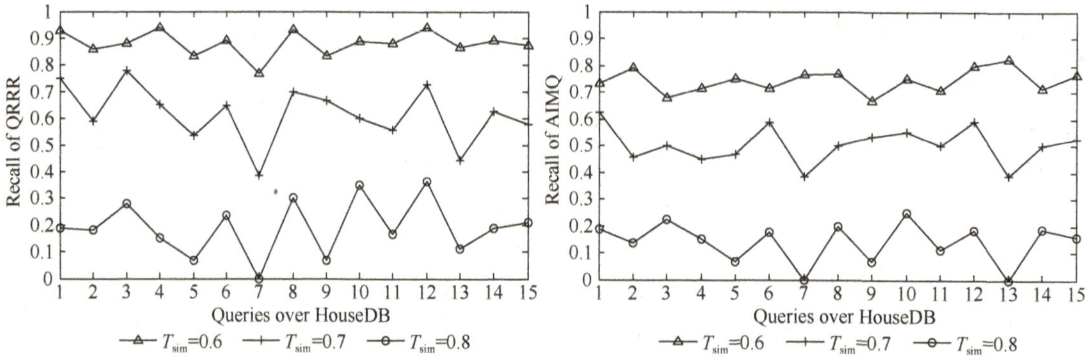

图 2.4　HouseDB 上 QRRR 和 AIMQ 方法在不同松弛阈值下的查全率

从图 2.3 和 2.4 可以看出，松弛阈值越低，QRRR 和 AIMQ 的查全率越高。此外，该实验的目的主要是为了说明以下两点：一是在不同的松弛阈值下，QRRR 的查全率都要高于 AIMQ；二是当松弛阈值接近 0.6 时，QRRR 方法的整体查全率趋于稳定，并且平均查全率分别达到 0.9（对于 CarDB）和 0.88（对于 HouseDB）以上，从而为松弛阈值的设定提供了一个参考值。

（2）结果排序方法的准确率测试

该实验的目的是测试松弛查询下查询结果排序方法的准确率。沿用上述实验设置，在此基础上考察由每种方法返回的前 10 条元组与测试者标注的 10 条元组之间的重叠程度，用准确率（Precision）评价这种重叠程度。

准确率与第 1 章定义类似，但这里采用一种更直观的表达形式，即

$$\text{Precision} = \frac{|\text{Top-10 tuples} \cap \text{relevant tuples}|}{10} \tag{2.16}$$

式中，|Top-10 tuples∩relevant tuples |代表排序结果的前 10 条元组与用户标记的 10 条元组之间相同的元组个数。Precision 的值介于 0～1 之间，值越大表明两个集合之间相同的元组数越多，排序方法的准确率就越高。QRRR 在 CarDB 和 HouseDB 上的排序准确率如表 2.9 所示。

表 2.9 QRRR 在 CarDB 和 HouseDB 上的排序准确率

Queries	Precision (CarDB)	Precision (HouseDB)
Q1	0.68	0.62
Q2	0.56	0.58
Q3	0.64	0.54
Q4	0.66	0.68
Q5	0.56	0.48
Q6	0.52	0.54
Q7	0.58	0.46
Q8	0.66	0.68
Q9	0.54	0.56
Q10	0.56	0.62
Q11	0.66	0.52
Q12	0.72	0.68
Q13	0.58	0.62
Q14	0.64	0.72
Q15	0.68	0.58
Averaged	0.62	0.59

从表 2.9 可知，QRRR 方法的排序准确率并不高，在 CarDB 和 HouseDB 上的平均准确率分别为 0.62 和 0.59。换句话说，虽然 QRRR 方法具有较高的查全率，但其查询结果的排序效果并不理想。通过观察查询结果发现，导致准确率不高的原因是一些被用户标记为相关的

元组被排到了前 10 条元组之后，这说明本章的排序方法仅以结果元组对初始查询的满足程度为排序标准还不能很好地满足用户偏好，而实际上用户对于结果元组的相关性评估通常要综合考虑多个属性（包括查询指定的属性和查询未指定的属性）。因此，本书将在后面讨论一种更为有效的松弛查询下的多查询结果排序方法。

2.7.5 响应时间测试

查询松弛处理过程主要包含离线预处理和在线查询处理两部分。离线预处理部分包括两个模块：分类型属性值之间的语义相关度评估模块和属性值 IDF 权重计算模块。

在线查询处理部分包括三个模块：查询松弛重写模块、元组对初始查询的满足程度计算模块和查询结果排序模块。查询松弛重写模块的时间复杂度为 $O(k)$，其中 k 代表查询指定的属性个数；元组对初始查询的满足程度计算模块的时间复杂度为 $O(n)$，其中 n 代表查询结果元组数；查询结果排序模块的时间复杂度为 $O(n\log n)$，其中 n 代表查询结果元组数。所以，在线查询处理阶段的总体时间复杂度为 $O(n\log n)$。

图 2.5 给出了在 CarDB 和 HouseDB 数据集上，查询指定了不同属性个数下的查询松弛重写算法的执行时间（取 10 次查询松弛重写执行时间的平均值）。测试查询是随机选取的，每个测试查询都同时在分类型属性和数值型属性上指定了基本查询条件。

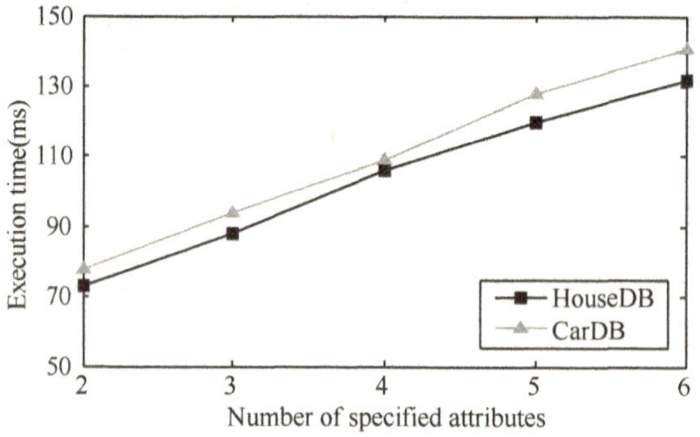

图 2.5　查询指定了不同属性个数下的查询松弛重写算法执行时间

图 2.5 显示，查询松弛重写算法的执行时间随着查询指定属性个数的增多而逐渐增加。这是因为当查询指定属性个数增加时，算法需要查找相关数据库表（如属性值 IDF 权重表和分类型属性值相关度表）和计算数值型属性值之间语义相关度的工作量就会增加，因此查询松弛重写所需时间也就相应地有所增长。此外，我们还发现，当松弛阈值发生变化时，查询松弛重写算法的执行时间并无明显变化，原因是松弛阈值的变化仅影响查询条件的放松程度，而几乎不影响查询松弛重写算法对相关数据库表的访问代价。

图 2.6 给出了在 CarDB 和 HouseDB 数据集上，QRRR 方法在不同查询结果元组数下的查询响应时间。从图中可以看出，QRRR 的查询响应时间随着查询结果元组数的增加几乎呈线性增长趋势，这是因为很大一部分工作量（如 IDF 权重计算和属性值之间的语义相关度评估等）已经在预处理阶段完成了。

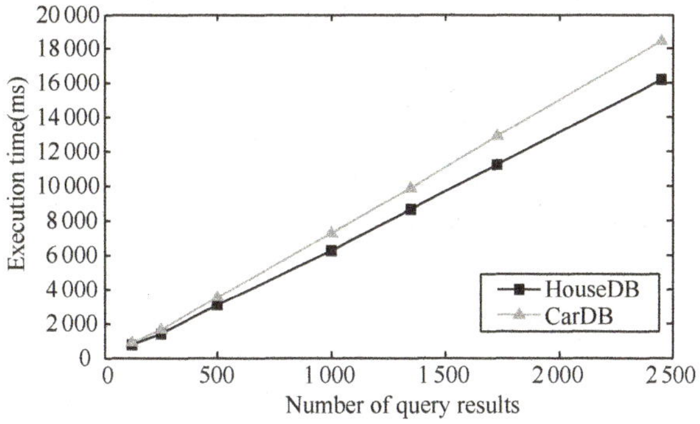

图 2.6 QRRR 在不同查询结果元组数下的查询响应时间

2.8 本 章 小 结

本章针对 Web 数据库空（或少量）查询结果问题，介绍了一种领域和用户独立的自适应查询松弛和结果排序方法——QRRR。该方法首先根据初始查询条件和原始数据分布推测当前用户偏好，据此分配查询指定属性的权重；然后，根据属性值的特征信息，分别对分类型属性值之间和数值型属性值之间的语义相关度进行评估；进而，根据松弛阈值、属性权重和属性值之间的语义相关度，对初始查询进行松弛处理；最后，通过在数据库上执行松弛查询得到近似匹配的查询结果，并将查询结果按其对初始查询的满足程度进行排序。在两个不同应用领域的数据集上进行测试的结果表明，属性权重和属性值之间的语义相关度评估方法性能稳定、评估结果合理。小规模的用户调查结果表明，QRRR 方法具有较高的查全率，返回的相关查询结果能够较好地满足当前用户的需求和偏好。

应当指出的是，在实际应用中，由于用户对查询结果元组的相关性评估通常要综合考虑多个属性（包括查询指定的属性和查询未指定的属性），因此对于松弛查询下的查询结果排序，仅以元组对初始查询的满足程度为排序标准，其排序效果还不够理想。而且，Web 数据库的查询松弛还可能导致多查询结果问题，实际上用户仅对前 k 个最为相关的查询结果感兴趣。因此，对于松弛查询下的多查询结果排序，应当充分考虑用户对结果元组中每个属性上取值的偏好程度及排序算法的执行效率。这也是本书第 3 章要介绍的主要内容，即如何根据用户需求和偏好对松弛查询下的多查询结果进行排序处理并快速返回前 k 个结果元组。

2.9 参 考 文 献

[1] Bosc P, HadjAli A, Pivert O. Empty versus overabundant answers to flexible relational queries. Fuzzy Sets and Systems, 2008, 159(12): 1450-1467.

[2] Mottin D, Marascu A, Roy S B, Das G. IQR: an interactive query relaxation system for the empty-answer problem. Proceedings of the ACM SIGMOD Conference, 2014, 1095-1098.

[3] Shi R X, Wang H Z, Wang Y, Li J Z. Similarity search combining query relaxation and diversification. Proceedings of the DASFAA Conference, 2017, 65-84.

[4] Muslea I and Lee T J. Online query relaxation via Bayesian causal structures discovery. Proceedings of the 20th Artificial Intelligence Conference. Pittsburgh, USA, 2005: 831-836.

[5] Baeza-Yates R and Ribeiro-Neto B. Modern InformationRetrieval, New York: ACM Press, 1999.

[6] Meng X F, Ma Z M, and Yan L. Answering approximate queries over autonomous web databases. Proceedings of the 18th International World Wide Web Conference. Madrid, Spain, 2009: 1021-1030.

[7] Kaplan S. Cooperative aspects of database interactions. Artificial Intelligence, 1982, 19(2): 65-87.

[8] Motro A. Flex: a tolerant and cooperative user interface databases. IEEE Transactions on Knowledge and Data Engineering, 1990, 2(2): 231-246.

[9] Motro A. Seave: a mechanism for verifying user presupositions in query system. ACM Transactions on Information Systems, 1986, 4(4): 312-330.

[10] Gaasterland T. Cooperative answering through controlled query relaxation. IEEE Expert, 1997, 12(5): 48-59.

[11] Godfrey P. Minimization in cooperative response to failing database queries. International Journal of Cooperative Information Systems, 1997, 6(2): 95-149.

[12] Muslea I. Machine learning for online query relaxation. Proceedings of the 10th International Conference on Knowledge Discovery and Data Mining. Chicago, USA, 2004: 246-255.

[13] Silverman B W. Density estimation. London: Chapman and Hall, 1986.

[14] Chen S M and Jong W T. Fuzzy query translation for relational database systems. IEEE Transcations Systems, Man Cyb-Part B: Cybernetics, 1997, 27(4): 714-721.

[15] Nambiar U and Kambhampati S. Answering imprecise queries over autonomous web databases. Proceedings of the 22nd International Conference on Data Engineering, 2006: 45-54.

第 3 章　Web 数据库多查询结果排序方法

内容关键词

- 上下文偏好
- 查询结果排序
- Top-k 排序

3.1　引　　言

对于 Web 数据库空查询结果问题，第 2 章已经介绍了自适应查询松弛方法。而松弛查询后，用户可能面临多查询结果的问题。对于多查询结果问题，研究者提出了两类解决方案，一类是对查询结果排序[1-5]，另一类是对查询结果分类[6, 7]。对于由查询松弛而导致的多查询结果问题，文献[8]和文献[9]提出的方法是把结果元组按其对初始查询的满足程度进行排序。然而，在实际应用中，用户对查询结果元组的相关性评估通常需要综合考虑多个属性（包括查询指定的属性和查询未指定的属性），而不仅仅依据结果元组在查询指定属性上的取值对初始查询的满足程度。此外，用户还希望系统能够从众多查询结果中快速返回前 k 个最为相关的结果元组。因此，对于松弛查询下多查询结果的排序处理，应该充分考虑用户对结果元组中每个属性上取值的偏好程度及排序算法的执行效率。文献[3-5]提出的排序方法虽然利用了用户偏好（主要通过分析用户查询条件和挖掘查询历史来获取隐式用户偏好，并据此对查询结果进行排序），但这些方法并没有考虑用户产生偏好的上下文条件。实际上，用户偏好与上下文条件密切相关，用户的偏好及其程度在不同的上下文条件下通常有所不同。本章介绍一种带偏好程度的上下文偏好模型，形式为$\{i_1 \succ i_2, d \mid X\}$，表示在上下文条件 X 下，项 i_1 与 i_2 相比，用户偏好项 i_1 的程度为 $d(0.5 \leqslant d \leqslant 1)$，用户偏好项 i_2 的程度则为 $1-d$。为了叙述方便，下文将带偏好程度的上下文偏好简称为“上下文偏好”。下面给出一个上下文偏好的例子。

例 3.1　考虑 Yahoo!Autos Web 站点的二手汽车销售数据库，它包含一个关系表 CarDB(Make, Model, Price, Color, Engine, Year, Mileage)。CarDB 中的每条元组都代表一个待售的二手车。对于 CarDB，假设有如下上下文偏好：

{Model = Accord ≻ Model = Camry, 0.6 | Price between 13 000 and 15 000}
{Model = Camry ≻ Model = Accord, 0.8 | Price between 10 000 and 12 000}

上述偏好指出，在“价格为 13 000～15 000 美元”的情况下，Accord 与 Camry 相比，人们更偏好 Accord（偏好程度为 0.6）；相反，在“价格为 10 000～12 000 美元”的情况下，Accord 与 Camry 相比，人们更偏好 Camry（偏好程度为 0.8）。该例说明在不同的上下文条件下，人们对某个对象的偏好及其程度是不同的，因此对象的排序与产生偏好的上下文条件是密切相关的。

对于一个大型 Web 数据库来说，其中往往存在大量的上下文偏好，并且偏好之间可能存在环路和矛盾。在这种情况下，对于查询结果的排序处理，一方面需要协调上下文偏好之间的矛盾，另一方面还要考虑如何在大量偏好共存的情况下保证排序的执行效率，基于上下文偏好的多查询结果排序因此成为一项具有挑战性的研究课题。本章将利用上下文偏好对松弛查询下的多查询结果进行排序。具体来说，对于 Web 数据库中一个给定的关系 R 和一个松弛查询 $\tilde{Q}$ 及上下文偏好集合$\mathcal{P}$，依据$\mathcal{P}$中的知识对松弛查询下的多个查询结果进行排序，排序处理过程分为两个阶段：①离线处理阶段，利用关联规则挖掘算法在查询历史中挖掘用户的上下文偏好，这些偏好用来创建元组排列，并且只保存其中少数的代表性排列，每个代表性排列都对应一个上下文集合；②在线处理阶段，对于松弛查询 $\tilde{Q}$，利用这些代表性排列并根据对应上下文与松弛查询 $\tilde{Q}$ 之间的相关度，为当前查询快速提供 Top-k 个结果元组。

3.2 上下文偏好

3.2.1 定性偏好与定量偏好

在关系数据模型中，存在两种偏好表示方法：一种是定性的方法[2]，元组之间的偏好关系直接以二元偏好关系表示；另一种是定量的方法[10]，元组之间的偏好关系通过对元组打分间接体现。

（1）定性偏好

在现实世界中，一种常见的定性偏好表达形式为：“比起 B 来，更偏好 A”，这种偏好模型最常用，并且人们也很容易把这种形式的偏好映射为偏序关系。

1）偏序关系。

给定一个集合 A 和 A 上的二元关系 r，如果 r 满足如下性质，则称 r 为 A 上的偏序关系[11]。

- 自反性：任意 $x \in A$，都有 $<x, x> \in r$。
- 反对称性：任意 $x, y \in A$，如果 $<x, y> \in r$ 且 $<y, x> \in r$，则 $x = y$。
- 传递性：任意 $x, y, z \in A$，如果 $<x, y> \in r$ 且 $<y, z> \in r$，则 $<x, z> \in r$。

如果 r 是 A 上的偏序关系，且 x, y 满足 $<x, y> \in r$ 或 $<y, x> \in r$，则称 x, y 可比较；反之，如果 $<x, y> \notin r$ 且 $<y, x> \notin r$，则称 x, y 不可比较。

2）偏好关系。

基于偏序关系，文献[12]给出的偏好关系定义为：给定关系模式 R $(A_1,\cdots,A_m)$，令 $\mathrm{Dom}(A_i)$ 是属性 A_i 的值域，如果关系 $\succ$ 满足

$$\succ \prod_{i=1}^{m} \mathrm{Dom}(A_i) \prod_{i=1}^{m} \mathrm{Dom}(A_i)$$

则定义 $\succ$ 为 R 上的偏好关系。偏好关系 $\succ$ 是同一关系表中元组之间的一个二元偏序关系，$t_1 \succ t_2$ 表示元组 t_1 与 t_2 相比，元组 t_1 更受用户偏好，或者说元组 t_1 优于 t_2。由于对同一元组的偏好关系没有实际意义，所以在偏好表示中使用的偏序关系不能具有自反性，而应该具有反

自反性，即同一个元组之间不能具有偏好关系。

偏好关系 $\succ$ 具有如下基本性质。

1）反自反性：$\forall x.\ x \nsucc x$。

2）反对称性：$\forall x, y.\ x \succ y \Rightarrow y \nsucc x$。

3）传递性：$\forall x, y, z.\ (x \succ y \wedge y \succ z) \Rightarrow x \succ z$。

4）负传递性：$\forall x, y, z.\ (x \nsucc y \wedge y \nsucc z) \Rightarrow x \nsucc z$。

5）连通性：$\forall x, y.\ x \succ y \wedge y \succ x \Rightarrow x = y$。

如果偏好关系 $\succ$ 满足反自反性、反对称性和传递性，那么它就是严格的偏序关系；如果它在严格偏序关系的基础上还满足连通性，那么它就是一个全序关系。

偏好关系 $\succ$ 上所有可比较的元组又称相关元组的集合，定义为

$$\text{range}(\succ) = \{x \in \text{Dom}(A) \mid \exists y \in \text{Dom}(A) : (x, y) \in \succ \text{ or } (y, x) \in \succ\}$$

（2）定量偏好

偏好的定量表示方法是使用一个打分函数给关系中每一个属性值分配一个数值，表示用户对该属性值的偏好程度。在文献[13]所提的定量偏好模型中，用户可通过为关系中的每个属性值关联一个数值对 $<d_T(u), d_F(u)>$ 表达其原子偏好，$d_T(u)$ 和 $d_F(u)$ 分别是介于[0, 1]和[-1, 0]之间的一个数值，其中 $d_T(u)$ 表示用户偏好该属性值的程度，$d_T(u)$ 的值越大表示对该属性值偏好的程度越大（对于最偏好的属性值，$d_T(u)=1$）；$d_F(u)$ 表示不偏好该属性值的程度，$d_F(u)$ 的值越小表示不偏好该属性值的程度越大（对于最不满意的属性值，$d_F(u)= -1$）；$d_T(u)=d_F(u) = 0$ 表示用户对该属性值既不喜欢也不讨厌。通过综合元组中不同属性值上的偏好程度，可反映出不同元组之间的偏好关系。打分函数通常利用统计方法在大量查询历史中进行挖掘而获得。

应当指出的是，定性方法使用二元偏好关系表达的偏好关系不能体现出偏好程度，而定量方法使用打分函数表达的偏好关系虽然能体现偏好程度，但现实中一些复杂的偏好关系又很难通过打分函数获取。因此，基于上述定性和定量偏好表示方法，本章介绍一种带偏好程度的上下文偏好模型，该模型既能表达偏好关系，又能体现偏好程度。

3.2.2 上下文偏好定义

定义 3.1　带偏好程度的上下文偏好：给定一个模式为 $(A_1,\cdots, A_m)$ 的关系 R，它包含 n 条元组 $\{t_1,\cdots, t_n\}$，令 $\text{Dom}(A_i)$ 为属性 A_i 的值域，$\succ$ 为 R 上的偏好关系，则

$$\{A_i = a_{i_1} \succ A_i = a_{i_2}, d \mid X\} \tag{3.1}$$

称为 R 上的上下文偏好，其中，$X = \wedge_{j \in l}(A_j \theta a_j)$，$a_{i_1}, a_{i_2} \in \text{Dom}(A_i)$，$l \subseteq \{1,\cdots, k\}$，$\theta \in \{>, <, =, \geqslant, \leqslant, \text{between}\}$，$a_j \in \text{Dom}(A_j)$，$d$ 代表偏好程度（项 a_{i_1} 与 a_{i_2} 相比，用户偏好项 a_{i_1} 的程度为 d，其中 $0.5 \leqslant d \leqslant 1$，上下文偏好可通过在查询历史中使用关联规则挖掘获取）。式（3.1）的左半部分指定了偏好选择和程度，右半部分指定了产生偏好的上下文条件。

3.2.3 上下文偏好获取

上下文偏好通过在 Web 数据库查询历史中使用关联规则挖掘算法获得。查询历史是以往用户提交过的查询记录的集合，可看成一个关系表，其中包含了多条历史查询记录，每条

历史查询记录都是其中的一条“元组”。上下文偏好的获取方法如下。

如果 Conf($X\Rightarrow a$)>Conf($X\Rightarrow b$)，其中 Conf($X\Rightarrow a$)是关联规则 $X\Rightarrow a$ 在查询历史关系表中的信任度，则

$$\mathrm{Conf}(X\Rightarrow a)=\frac{\mathrm{Sup}(X\cup a)}{\mathrm{Sup}(X)}$$

$$d=\frac{\mathrm{Conf}(X\Rightarrow a)}{\mathrm{Conf}(X\Rightarrow a)+\mathrm{Conf}(X\Rightarrow b)} \tag{3.2}$$

式中，Conf($X\Rightarrow a$)和 Conf($X\Rightarrow b$)分别代表属性值 a 和 b 与上下文 X 在查询历史关系表中共同出现的概率，可用式（3.2）计算出偏好程度 d。该方法的基本思想是，当属性值 a 与上下文 X 在查询历史关系表中共同出现的概率高于属性值 b 与上下文 X 在查询历史关系表中共同出现的概率时，就说明在上下文 X 下，属性值 a 比 b 更受偏好。注意，在关联规则挖掘过程中，对于数值型属性的划分使用等深直方图方法，划分得到的每个数值区间都被看作一个分类型属性值。

3.2.4 上下文偏好处理

例 3.2 考虑关系表 CarDB，假设 CarDB 中包含了表 3.1 所示的元组，对于这些元组存在如下上下文偏好：

表 3.1 CarDB 中的元组

TID	Model	Color	Engine	Make	Price	Year
t_1	Accord	Silver	2.4L	Honda	10 999	2008
t_2	Accord	Blue	3.5L	Honda	11 999	2007
t_3	CR-V	Black	3.0L	Honda	12 500	2007
t_4	Camry	Blue	3.5L	Toyota	15 999	2007
t_5	Matrix	Gray	3.3L	Toyota	18 999	2007

p_1 = {Model = Accord ≻ Model = CR-V, 0.7 | Make = Honda ∧ Price between 10 000 and 13 000}
p_2 = {Color = Sliver ≻ Color = Black, 0.6 | Make = Honda ∧ Price between 10 000 and 13 000}
p_3 = {Engine = 3.0L ≻ Engine = 2.4L, 0.9 | Make = Honda ∧ Price between 10 000 and 13 000}
p_4 = {Model = Camry ≻ Model = Matrix, 0.8 | Make = Toyota ∧ Price between 15 000 and 20 000}

基于上述假设，p_1 表明，在上下文“Make = Honda ∧ Price between 10 000 and 13 000”下，元组 t_1 和 t_2 比元组 t_3 更受偏好，用户偏好元组 t_1 和 t_2 的程度为 0.7；在相同的上下文条件下，p_2 表明元组 t_1 比 t_3 更受偏好，用户偏好元组 t_1 的程度为 0.6；同样，p_3 表明元组 t_3 比 t_1 更受偏好，用户偏好元组 t_3 的程度为 0.9。在上下文“Make = Toyota ∧ Price between 15 000 and 20 000”下，p_4 表明元组 t_4 比 t_5 更受偏好，用户偏好元组 t_4 的程度为 0.8。虽然根据偏好可以确定元组之间的排序关系，但用户对于不同元组的偏好程度是有差别的，因此需要量化偏好 p 定义在一对元组上的偏好程度及其在偏好集合中的重要程度。

任给一个偏好 p 和一对元组(t_i, t_j)，元组 t_i 和 t_j 之间存在以下三种关系：

（1）元组 t_i 比 t_j 更受偏好，用 $t_i \succ t_j$ 表示；

（2）元组 t_j 比 t_i 更受偏好，用 $t_j \succ t_i$ 表示；

（3）元组 t_i 和 t_j 之间不存在偏好关系，用 $t_i \sim t_j$ 表示。

因此，偏好 p 定义在任意一对元组(t, t')上的偏好程度 d_{pref} 可用下式表示：

$$d_{\text{pref}}(t, t', p) = \begin{cases} d & , \quad t \succ_p t' \\ 1-d & , \quad t' \succ_p t \\ \perp & , \quad t \sim_p t' \end{cases} \tag{3.3}$$

式中，$d\,(0.5 \leqslant d \leqslant 1)$表示元组 t 与 t'相比用户偏好元组 t 的程度。

对于任意两个上下文 $X_1 = \wedge_{j \in l_1}(A_j \theta a_j)$和 $X_2 = \wedge_{j \in l_2}(A_j \theta b_j)$，$l_1, l_2 \subseteq \{1, 2, \cdots, k\}$，当且仅当 $l_1 = l_2 = l$ 且对任意 $j \in l$，$\theta a_j = \theta b_j$ 时，称上下文 X_1 和上下文 X_2 是相等的。对于两个偏好 $p_1 = \{A_i = a_{i_1} \succ A_i = a_{i_2}, d_1 \mid X_1\}$和 $p_2 = \{A_j = a_{j_1} \succ A_j = a_{j_2}, d_2 \mid X_2\}$，如果 $X_1 = X_2 = X$，则称 p_1 和 p_2 属于同一个偏好类。假设同一个偏好类中，所有偏好的上下文都是 X，则用 P_X 表示属于同一偏好类的所有偏好集合。例如，偏好 p_1，p_2 和 p_3 的上下文都是“Make = Honda ∧ Price between 10 000 and 13 000”，则 p_1，p_2 和 p_3 属于由上下文“Make = Honda ∧ Price between 10 000 and 13 000”定义的偏好类，而 p_4 属于由上下文“Make = Toyota ∧ Price between 15 000 and 20 000”定义的另一个不同的偏好类。

属于同一偏好类的偏好集合 P_X 将关系中的所有元组分成两个集合：一个集合中的元组是与偏好类相关的，另一集合中的元组是与偏好类无关的。对于一个元组 t，如果$\exists p \in P_X$，使得$\exists t' \neq t$，$d_{\text{pref}}(t, t', p) \neq \perp$，则称元组 t 与上下文 X 定义的偏好类 P_X 相关；对于一个元组 t，如果$\forall p \in P_X$，使得$\forall t' \neq t$，$d_{\text{pref}}(t, t', p) = \perp \wedge d_{\text{pref}}(t, t', p) = \perp$，则称元组 t 与上下文 X 定义的偏好类 P_X 无关。换句话说，在一个上下文中，如果存在一个或多个偏好显式地把一个元组 t 与关系中的其他元组相比较，那么元组 t 就与该上下文定义的偏好类相关；否则，如果没有任何偏好显式地涉及元组 t，那么元组 t 就与该上下文定义的偏好类无关。

例如，表 3.1 中的元组 t_1、t_2 和 t_3 明确地被由上下文“Make = Honda ∧ Price between 10 000 and 13 000”定义的偏好类中的一个或多个偏好所指定，则 t_1、t_2、t_3 就是与该偏好类相关的，而 t_4 和 t_5 就是与该偏好类无关的（因为在该偏好类中，没有任何偏好显式地将这两个元组与关系中的其他元组相比较）。

一个偏好类中的偏好集合为任意一对有序元组(t, t')定义了有效偏好支持度 $P_{\text{eff-p}}$，$P_{\text{eff-p}}(t, t', P_X)$表示在相同的上下文 X 下，偏好集合中的一个偏好支持 $t \succ t'$ 的程度在所有偏好支持中所占的比例，对此分以下三种情况讨论。

（1）对于任意一对与偏好类 P_X 相关的有序元组(t, t')，如果存在 $p \in P_X$，使得 $d_{\text{pref}}(t, t', p) + d_{\text{pref}}(t', t, p) = 1$，则定义：

$$P_{\text{eff-p}}(t, t', P_X) = \frac{\sum_{p \in P_X} d_{\text{pref}}(t, t', p)}{\sum_{p \in P_X} [d_{\text{pref}}(t, t', p) + d_{\text{pref}}(t', t, p)]} \tag{3.4}$$

（2）对于任意一对与偏好类 P_X 相关的元组(t, t')，如果不存在 $p \in P_X$，使得 $d_{\text{pref}}(t, t', p) + d_{\text{pref}}(t', t, p) = 1$，则定义：

$$P_{\text{eff-p}}(t, t', P_X) = P_{\text{eff-p}}(t', t, P_X) = 1/2 \tag{3.5}$$

（3）对于任意一对元组(t, t')，如果 t 或（和）t'与偏好类 P_X无关，则定义：

$$P_{\text{eff-p}}(t, t', P_X) = \perp \tag{3.6}$$

以表 3.1 所示的 CarDB 上的偏好集合 P_X为例，这里 X = “Make = Honda ∧ Price between 10 000 and 13 000”，按照上述计算方法，可得元组的有效偏好支持度如下。

（1）$P_{\text{eff-p}}(t_1, t_2, P_X)=P_{\text{eff-p}}(t_2, t_1, P_X) = 1/2$。该情况表明，虽然元组 t_1 和 t_2 是偏好集合 P_X 中所涉及的元组，但是 P_X 中并不存在明确指定在这两个元组任何属性值上的偏好。

（2）$P_{\text{eff-p}}(t_1, t_3, P_X)=(0.7+0.6+0.1)/3 = 7/15$，$P_{\text{eff-p}}(t_3, t_1, P_X) = (0.3+0.4+0.9)/3 = 8/15$。该情况表明，虽然 p_1 和 p_2 都表明元组 t_1 比 t_3 更受偏好，只有 p_3 表明元组 t_3 比 t_1 更受偏好，但有效偏好支持度表明 t_3 比 t_1 更受偏好，这是因为每个偏好的程度不同。由此可见，偏好程度在调节多个偏好之间的矛盾中起着重要作用。

（3）$P_{\text{eff-p}}(t_2, t_3, P_X) = 7/10$, $P_{\text{eff-p}}(t_3, t_2, P_X) = 3/10$。

（4）对于所有其他的元组对，$P_{\text{eff-p}}(.,.,P_X) = \perp$。

上述情况说明，对于任意一对与上下文 X 相关的元组(t, t')，如果它们之间存在偏好关系，则 $P_{\text{eff-p}}(t, t', P_X)$的值介于[0, 1]之间；如果它们之间不存在偏好关系，则表示用户对元组 t 和 t'的偏好程度是相同的，规定其有效偏好支持度均为 1/2。

3.2.5　上下文偏好关系图

对于一个给定的偏好集合 P_X和一个关系 R，上下文偏好关系图 $G_X(V_X, E_X)$可定义为：结点是由关系 R 上所有与 P_X中的偏好相关的元组构成的，对于每个结点都有序对(t, t')，它们之间存在一条带权重的有向边 $e(t\rightarrow t')\in E_X$，边的权重为

$$w_X(t\rightarrow t') = P_{\text{eff-p}}(t, t', P_X) \text{ 且 } w_X(t\rightarrow t') + w_X(t'\rightarrow t) = 1$$

图 3.1 给出了在上下文 X = “Make = Honda ∧ Price between 10 000 and 13 000” 下，偏好 p_1、p_2 和 p_3 在关系表 CarDB 上的偏好关系图（偏好集合 P_X 中的偏好没有涉及元组 t_4 和 t_5）。

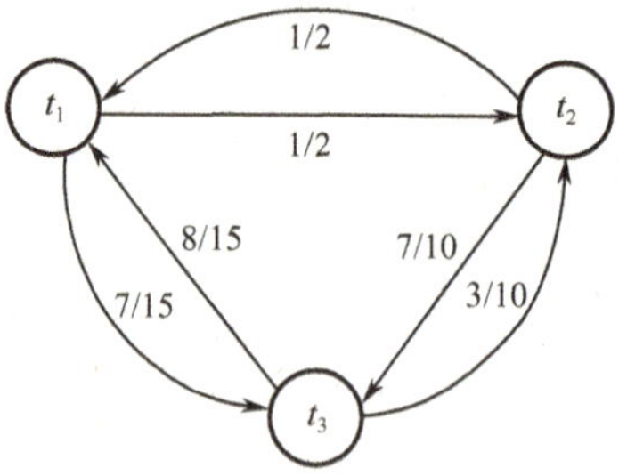

图 3.1　基于上下文“Make= Honda ∧ Price between 10 000 and 13 000”的偏好关系图

3.3　基于上下文偏好的多查询结果排序

3.3.1　排序问题定义

令 R 是 Web 数据库中一个模式为$(A_1,\cdots,A_m)$且包含 n 条元组$\{t_1,\cdots,t_n\}$的关系，Q 是给定

在 R 上的一个合取查询，令 $\tilde{Q}$ 是由 Q 放松得到的松弛查询，$\tilde{Q}$ 的形式为 $\tilde{Q}=\sigma\wedge_{j\in\{1,\cdots,k\}}\tilde{C}_i$，$2\leqslant k\leqslant m$；令 $\tilde{Q}(R)\subseteq R$ 是 R 中满足松弛查询 $\tilde{Q}$ 的结果元组集合。下面要解决的问题是，根据上下文偏好对松弛查询下的多查询结果进行排序。问题定义如下。

问题 3.1　松弛查询下的多查询结果排序问题给定关系 R 上的一个偏好集合 $P_X=\{P_{X_1},\cdots,P_{X_m}\}$ 和一个松弛查询 $\tilde{Q}$，找出在查询结果集 $\tilde{Q}(R)$ 上的一个排列 τ，使其满足

$$\tau=\arg\max_{\tau'}\sum_{i=1}^{m}\mathrm{sim}(\tilde{Q},X_i)\mathrm{Agree}(\tau',P_{X_i}) \tag{3.7}$$

式中，$\mathrm{Agree}(\tau',P_{X_i})=\sum_{(t,t'):\tau'(t)<\tau'(t')}P_{\mathrm{eff-p}}(t,t',P_{X_i})$

该问题的目标是找到一个对于查询结果的排列，这个排列能够尽最大可能地满足给定的所有偏好。同时，排列对偏好的满足程度也受到偏好所基于的上下文 X 与松弛查询 Q 之间的相关度影响。

为了充分定义问题 3.1，需要量化松弛查询与上下文之间的相关度，采用 Cosine 相关度度量方法量化松弛查询 $\tilde{Q}$ 与上下文 X 之间的相关度。首先，分别构造上下文 X 和松弛查询 $\tilde{Q}$ 的向量表示，具体如下。

统计关系 R 中所有不同的<属性，值>对，它们构成了集合 $\mathcal{D}=\{\langle A_i,a\rangle\mid\forall i\in\{1,\cdots,m\},\forall a\in\mathrm{Dom}(A_i)\}$。由于 $\mathrm{Dom}(A_i)$ 是属性 A 的值域，所以集合 $\mathcal{D}$ 的基数为有限集，故可令 $N=|\mathcal{D}|$，即 N 为集合 $\mathcal{D}$ 中所有不同<属性，值>对的个数。值得注意的是，对于分类型属性，每一个不同的分类型属性值和它所对应的属性构成一个<属性，值>对；对于数值型属性，首先利用等深直方图技术将其值域划分成若干数值区间，然后每个不同的数值区间和它所对应的属性构成一个<属性，数值区间>对。为了便于表述，这里把<属性，值>对和<属性，数值区间>对统称为<属性，值>对。令 $O_{\mathcal{D}}$ 是 $\mathcal{D}$ 中所有<属性，值>对的一个随机排列，在该排列中每个<属性，值>对都有一个固定的位置，于是可用 $\mathcal{D}[i]$ 表示 $\mathcal{D}$ 中按 $O_{\mathcal{D}}$ 排列的第 i 个元素。基于此，可分别构造上下文 X 和松弛查询 $\tilde{Q}$ 的向量表示。

上下文 $X=\wedge_{j\in I}(A_j\ \theta\ a_j)$ 的向量表示是一个包含 N 个元素的向量 V_X，向量 V_X 中的第 i 个元素对应 $\mathcal{D}$ 中的<属性，值>对 $\mathcal{D}[i]$。如果 $\mathcal{D}[i]$ 满足上下文 X 中的一个基本条件，那么 $V_X[i]=1$；否则 $V_X[i]=0$。

同理，松弛查询 $\tilde{Q}$ 的向量表示是一个包含 N 个元素的向量 $V_{\tilde{Q}}$，向量 $V_{\tilde{Q}}$ 的第 i 个元素对应 O_D 中的<属性，值>对 $\mathcal{D}[i]$。如果 $\mathcal{D}[i]$ 满足松弛查询 $\tilde{Q}$ 中的一个基本查询条件，那么 $V_{\tilde{Q}}[i]$ 用下式计算：

$$V_{\tilde{Q}}[i]=w_j\times\begin{cases}\mathrm{VSim}(\mathcal{D}[i].\mathrm{value},C_j.\mathrm{value}), & \begin{array}{c}\mathrm{Domain}(C_j.\mathrm{attribute})=\mathrm{categorical}\\ \wedge\ \mathrm{VSim}(\mathcal{D}[i].\mathrm{value},C_j.\mathrm{value})\geqslant\psi_j\end{array}\\ \mathrm{NSim}(\mathcal{D}[i].\mathrm{value},C_j.\mathrm{value}), & \begin{array}{c}\mathrm{Domain}(C_j.\mathrm{attribute})=\mathrm{numerical}\\ \wedge\ \mathrm{NSim}(\mathcal{D}[i].\mathrm{value},C_j.\mathrm{value})\geqslant\psi_j\end{array}\end{cases} \tag{3.8}$$

式中，w_j 代表初始查询 Q 中的基本查询条件 C_j 所对应属性的权重，VSim 代表 $\mathcal{D}[i]$ 中的分类型属性值与基本查询条件 C_j 指定的分类型属性值之间的语义相关度，NSim 代表 $\mathcal{D}[i]$ 中的数值型属性值与基本查询条件 C_j 指定的数值型属性值之间的语义相关度。注意，这里属性值之

间的语义相关度计算方法与第 2 章中一致；而且，式（3.8）的计算只考虑那些不低于子松弛阈值 ψ_j 的 VSim($\mathcal{D}[i]$.value, C_j.value)和 NSim($\mathcal{D}[i]$.value, C_j.value)。否则，$\mathcal{D}[i]$不满足松弛查询 $\tilde{Q}$ 中的任何一个基本查询条件，$V_{\tilde{Q}}[i]=0$。

现在，松弛查询 $\tilde{Q}$ 与上下文 X 之间的相关度可由下式计算：

$$\text{sim}(\tilde{Q},X)=\cos(V_{\tilde{Q}},V_X)=\frac{\sum_{i=1}^{|\mathcal{D}|}V_{\tilde{Q}}[i]\cdot V_X[i]}{\sqrt{\sum_{i=1}^{|\mathcal{D}|}V_{\tilde{Q}}[i]^2}\sqrt{\sum_{i=1}^{|\mathcal{D}|}V_X[i]^2}} \tag{3.9}$$

在此基础上，松弛查询 $\tilde{Q}$ 与上下文集合 X 之间的相关度可定义为

$$\text{sim}(\tilde{Q},\chi)=\sum\nolimits_{X\in\chi}\text{sim}(\tilde{Q},X) \tag{3.10}$$

至此，已经完全定义了松弛查询下的多查询结果排序问题。应当指出的是，如果利用式（3.7）对查询结果元组进行排序，那么对于关系 R 中的每对元组，任何算法都需要遍历$\mathcal{P}$中的所有偏好。假设 R 中包含 n 条元组、m 条偏好，则算法的时间复杂度为 $O(n^2)O(2^m)$，即指数级的。由此可见，对于一个包含海量数据并且具有大量偏好的 Web 数据库来说，这样的时间复杂度是不可接受的。根据文献[14]，该问题属于 NP-hard 问题。

3.3.2 解决方案

对于非松弛查询下的多查询结果排序问题，文献[15]提出了一种分步解决方案，包括元组排列创建、元组排列聚类（选取代表性元组排列）和查询结果排序三个步骤。离线处理阶段实现元组排列的创建和聚类，在线处理阶段实现查询结果排序。对于问题 3.1，在文献[15]解决方案的基本框架下，本章介绍了一种松弛查询下基于上下文偏好的多查询结果排序解决方案，给出了相应的元组排列创建、聚类和查询结果 Top-k 排序算法。

步骤 1：对于每个偏好类 P_{X_i}，R 中都存在与其相关的元组，目的是找出一个对于这些元组的排列 τ_i，使其满足

$$\tau_i=\arg\max_{\tau_i'}\text{Agree}(\tau_i',P_{X_i}) \tag{3.11}$$

对于 m 个不同的偏好类，该步骤输出一个包含 m 个⟨上下文，排列⟩的集合，为了方便，把⟨上下文，排列⟩简单表示为⟨X_i，τ_i⟩，其中，X_i 是偏好所基于的上下文，τ_i 是（近似）满足式（3.11）的一个元组排列。根据输出的元组排列，每个元组 t 在它对应的排列 τ_i 中都具有一个与其位置相关的排序分值，即元组 t 在排列 τ_i（τ_i 对应于上下文 X_i）中的排序分值，定义为

$$s(t\mid X_i)=n-\tau_i(t)+1 \tag{3.12}$$

式中，$\tau_i(t)$代表元组 t 在排列 τ_i 中的位置。

步骤 2：如果 m 很大，那么⟨上下文，排列⟩将占用很大空间，还将导致海量计算。为了减少步骤 1 输出的⟨上下文，排列⟩的数量，需要从 m 个最初的⟨X_i, τ_i⟩集合中找出 l 个代表性排列 $\bar{\tau}_1,\cdots,\bar{\tau}_l$，$l<m$。这些排列将最初的 m 个⟨上下文，排列⟩构成的集合划分成 l 个子集，其中每个子集 i 可由一个代表性排列 $\bar{\tau}_i$ 和一个不相交的上下文集合 $\bar{X}_i\subseteq\{X_1,\cdots,X_m\}$ 表示，使得对

于任一 $X_j \in \bar{X}_i$，排列 $\bar{\tau}_i$ 是对原始排列 τ_j 的最佳替代。选取代表性排列问题可看成是排列聚类问题。对于代表性排列 $\bar{\tau}_i$，元组 t 在 $\langle \bar{X}_i, \bar{\tau}_i \rangle$ 下的排序分值定义为

$$s(t \mid \bar{X}_i) = n - \bar{\tau}_i(t) + 1 \tag{3.13}$$

式中，$\bar{\tau}_i(t)$ 代表元组 t 在代表性排列 $\bar{\tau}_i$ 中的位置。

离线计算完成了元组排列的创建和聚类，在线查询处理的任务是从离线处理阶段形成的排列中选取合适的排列并对当前查询结果元组进行排序。

步骤 3：对于给定在关系 R 上的松弛查询 Q，使用步骤 2 的输出（l 个代表性排列及其对应的 l 个上下文偏好集合），得到查询结果 $\tilde{Q}_k(R) \subseteq \tilde{Q}(R) \subseteq R$，其中 $|\tilde{Q}_k(R)|=k$，使得对于 $\forall t \in \tilde{Q}_k(R)$ 和 $t' \in (R-\tilde{Q}_k(R))$，$\text{tscore}(t,\tilde{Q}) > \text{tscore}(t',\tilde{Q})$，其中 $\text{tscore}(t,\tilde{Q})$ 代表元组 t 对于松弛查询 $\tilde{Q}$ 的总体排序分值，定义为

$$\text{tscore}(t,\tilde{Q}) = \sum\nolimits_{\bar{X}_i} \text{sim}(\tilde{Q}, \bar{X}_i) s(t \mid \bar{X}_i) \tag{3.14}$$

至此，已经完全描述了松弛查询下多查询结果排序问题的解决方案。

3.4 实 现 算 法

本节讨论前述查询结果排序解决方案中每个步骤的问题复杂性，给出实现算法并分析其时间复杂度。

3.4.1 元组排列创建

考虑最大无环子图问题（maximum acyclic subgraph）：对于一个加权有向图 G，从中找出一个具有最大权重的无环子图是一个 NP-hard 问题[16]。实质上，通过 X-偏好关系图，可将创建元组排列问题与发现最大无环子图问题联系到一起。具体来讲，对于一个给定的 X-偏好关系图 $G_X(R, E_X)$，找出关系 $R=\{t_1,\cdots,t_n\}$ 上所有元组的一个排列 τ，该排列能够产生一个无环子图 $G_T(V, E_T)$，使得 E_T 中边的权重之和最大。显然，这是一个在偏好关系图 G_X 上发现最大无环子图的问题。因此，创建元组排列问题与发现最大无环子图问题属于同类问题。

由于在一个加权有向图上发现最大无环子图问题是一个 NP-hard 问题，因此需要使用近似算法解决。贪心算法通过一系列选择得到一个问题的解，它所做的每个选择都是当前状态下某种意义上的最好选择（贪心选择）。这种启发式策略虽然并不一定奏效，但在多数情况下能达到预计的目的。一个问题能否用贪心算法求解，取决于该问题是否具有贪心选择性质和最优子结构性质。贪心选择性质是指所求问题的整体最优解可以通过一系列局部最优的选择（贪心选择）来达到，这是贪心算法可行的第一个基本要素。贪心算法所做的贪心选择可以依赖于以往所做过的选择，但不依赖于将来所做的选择，也不依赖于子问题的解。对于一个问题，要确定它是否具有贪心选择性质，必须证明每一步所做的贪心选择最终导致问题的一个整体最优解。当一个问题的最优解包含着它的子问题的最优解时，称此问题具有最优子结构性质。最大无环子图问题既满足最优子结构性质也满足贪心选择性质，因此采用贪心算法思想来解决元组排列创建问题。元组排列创建算法描述如下。

算法 3.1 元组排列创建算法

输入：关系 $R=\{t_1,\cdots,t_n\}$，属于同一个偏好类 X 的所有偏好集合 P_X

输出：上下文-排列 $\langle X, \tau\rangle$，其中 τ 是对于 R 中与偏好类 X 所有相关元组的一个排列，并使 P_X 中的绝大多数偏好得到满足

1. $S \leftarrow \{t_1,\cdots,t_n\}$;
2. rank $\leftarrow 0$;
3. **for** $i=1,\cdots,n$ **do**
4. $p(t_i) \leftarrow \sum_{j=1}^{n} w_X(t_i \rightarrow t_j)$;
5. **end for**
6. **while** $(S \neq \varnothing)$ **do**
7.   rank $\leftarrow$ rank + 1;
8. $t_v \leftarrow \arg\max_{t_u \in S} p(t_u)$;
9. $\tau(t_v) \leftarrow$ rank;
10. $S \leftarrow S-\{t_v\}$;
11.   **for** 每一条元组 $t \in S$ **do**
12. $p(t) \leftarrow p(t) - w_X(t \rightarrow t_v)$;
13.   **end for**
14. **end while**

算法 3.1 首先计算每条元组 t_i（在 X-偏好关系图中的结点）在给定偏好类下的出度之和 $p(t_i)$（第 3～4 步），这里将其称为综合偏好程度。元组的综合偏好程度越大，说明它对这个偏好类下所有偏好的满足程度越大，在排列中的位置就越靠前。然后，循环计算每条元组的排序分值，每次循环首先选出剩余元组中具有最大综合偏好程度的元组 t_v（第 8 步），并赋予一个与其排序位置（rank）相关的排序分值（第 9 步），接下来把 t_v 从元组集合中去除（第 10 步），重新计算每条剩余元组的综合偏好程度（第 11～13 步），重复上述过程，直到所有元组都被选出为止。每次重新计算综合偏好程度时，每条剩余元组都需要减去它对上一次选出元组的出度。该算法的时间复杂度为 $O(n^2)$，其中 n 为关系 R 中与偏好类 X 相关的元组数。

3.4.2 元组排列聚类

对于 3.3.2 节的解决方案，如果由步骤 1 产生的〈上下文，排列〉数量很多，则它们将占用大量存储空间并将导致海量计算。因此，需要对初始的多个元组排列进行聚类，并从中选取少数代表性排列用于后续的查询结果排序处理。

（1）元组排列聚类问题

为了量化一个排列 τ 被另一个排列 ρ 代替的好坏程度，需要定义一个距离函数来评估在相同元组集合上的两个排列之间的距离，使用欧氏距离，即排列 τ 与排列 ρ 之间的距离定义为

$$d_{\mathrm{E}}(\rho,\tau)=\left(\sum_{i=1}^{n}(\tau(t_i)-\rho(t_i))^2\right)^{\frac{1}{2}} \tag{3.15}$$

下文使用 d_{E} 代表上述距离函数，d_{E} 满足三角不等式，即如果 τ_1，τ_2 和 τ_3 是任意三个对于 n 个对象的排列，则如下不等式成立：

$$d_{\mathrm{E}}(\tau_1,\tau_2)+d_{\mathrm{E}}(\tau_2,\tau_3)\leqslant d_{\mathrm{E}}(\tau_1,\tau_3) \tag{3.16}$$

基于上述定义，步骤 2 中的元组排列聚类问题可定义如下。

假设步骤 1 生成了 m 个不同的上下文-排列$\langle X_i, \tau_i \rangle$，令 T_m 是在关系 R 元组上的 m 个排列的集合 $T_m=\{\tau_1,\cdots,\tau_m\}$，元组排列聚类的目的是从 T_m 中选取 l 个排列 $T_l=\{\bar{\tau}_1,\cdots,\bar{\tau}_l\}$，使得下式结果最小：

$$\text{cost}(T_l)=\sum_{\tau\in T_m} d(\tau,T_l) \tag{3.17}$$

式中，一个排列 τ 与排列集合 T 之间的距离定义为

$$d(\tau,T)=\min_{\rho\in T} d(\tau,\rho) \tag{3.18}$$

这里，把 T_l 中的排列称为代表性排列，并且每个代表性排列 $\bar{\tau}_i$ 都与一个上下文集合 $\bar{X}_i$（$\bar{X}_i\subseteq\{X_1,\cdots,X_m\}$）相对应，并且

$$\bar{X}_i=\{X_j \mid \bar{\tau}_i=\arg\min_{i'} d(\tau_j,\bar{\tau}_{i'})\} \tag{3.19}$$

元组排列聚类问题与 k-median 问题类似，下面给出 k-median 问题的形式化描述。给定设备集合 $F=\{f_1,f_2,\cdots,f_n\}$和客户集合 $C=\{c_1,c_2,\cdots,c_m\}$，以及正整数 k，$0<k\leqslant|F|$。$d_{\mathrm{E}}(f_i,c_j)\geqslant 0$ 表示客户 $c_j\in C$ 与第 i 个设备之间的连接代价，其中 $1\leqslant i\leqslant n$，$1\leqslant j\leqslant m$。k-median 问题的目标是：选择 $S\subseteq F$，$|S|\leqslant k$，使得：

$$\text{cost}(S)=\sum\nolimits_{c_j\in C} d_{\mathrm{E}}[\sigma(f_i),c_j] \tag{3.20}$$

最小，式中$\sigma(f_i)\in S$。也就是说，k-median 的目标是从 F 中找出 k 个设备的集合 S，使得 S 中的设备能够为所有客户服务并且代价总和最小。

根据上述的元组排列聚类问题和 k-median 问题的定义可知，元组排列聚类问题与 k-median 问题本质上是相同的。由于 k-median 问题是 NP-hard 问题[17]，因此元组排列聚类问题也是 NP-hard 问题。

（2）元组排列聚类算法

观察 k-median 问题的解会发现，任意解中单个代表性排列均与 T_m 中的若干个其他排列连接，它们的连接关系类似星形结构，因此称其为 Star[18]。引入 Star 结构后，元组排列聚类问题可重新定义如下：

令 U 是所有的 Star 集合，即 $U=\{\langle\tau_i,\bar{T}_i\rangle \mid \tau_i\in T_m,\ \bar{T}_i\subseteq T_m\}$。每个 Star s ($\langle\tau_i,\bar{T}_i\rangle\in U$)的连接代价可表示为$c_s=\sum\nolimits_{\tau_j\in\bar{T}_i} d_{\mathrm{E}}(\tau_i,\tau_j)$。令 $r_s=c_s/|\bar{T}_i|$是性价比，然后寻找连接代价之和最小的一组 Star，即 $S\subseteq U$,，使得 S 中最多出现 l 个不同的代表性排列且保证任意一个原始元组排列 $\tau_j\in T_m$ 都至少出现在一个 $\text{Star}_s\in S$ 中。

在求解之前，需要有一个预处理步骤，预先为 T_m 上的每个原始元组排列 $\tau_i\in T_m$ 构建一个有序序列 $l_i=\{\tau_{i1},\tau_{i2},\cdots,\tau_{im}\}$，$l_i$ 中的排列按照它与 τ_i 之间的连接代价由小到大排列，即 $d_{\mathrm{E}}(\tau_i,\tau_{i1})\leqslant d_{\mathrm{E}}(\tau_i,\tau_{i2})\leqslant\cdots\leqslant d_{\mathrm{E}}(\tau_i,\tau_{im})$，这样在建立所有 Star 的集合 U 时就不必处理所有的组合而只需处理值代价较小的前 i 个 Star 即可（i 由阈值确定）。预处理的时间复杂度为 $O(m^2\log m)$，其中$|T_m|=m$。

元组排列聚类问题与 k-median 问题的相似之处在于，输出的 l 个代表性排列可看成是设备集合，用于服务最初输入的 m 个原始排列，T_l 中每个排列代表一个或几个 T_m 中的排列，目标就是寻找一个集合 T_l 及 T_l 中的每个代表性排列所能代表的 T_m 中的原始排列。经过预处

理，聚类算法的速度很快，时间复杂度仅为 $O(ml)$，其中 m 为原始排列个数，l 为代表性排列个数。元组排列聚类算法如算法 3.2 所示。

算法 3.2 首先把 m 个输入的元组排列作为候选代表性排列；然后，每次循环都从当前的候选代表性排列中移除一个对总代价增长影响最小的元组排列；最后，当找出的代表性排列个数为 l 或集合 T_m 为空集时，算法停止。在返回的结果集中，每个代表性排列都对应一个它所代表的元组排列集合和相应的上下文集合。

算法 3.2　元组排列聚类算法

输入：元组排列集合 $T_m=\{\tau_1,\cdots,\tau_m\}$，Star 集合 $U=\{\langle\tau_i,\overline{T}_i\rangle \mid \tau_i\in T_m,\ \overline{T}_i\subseteq T_m\}$，代表性排列数 l

输出：l 个代表性排列集合 $T_l=\{\langle\tau_1,\overline{T}_1\rangle,\cdots,\langle\overline{\tau}_l,\overline{T}_l\rangle\}$

令 $B=\{\}$代表一个能够存储 m 个$\langle\tau_i,\overline{T}_i\rangle$的缓存；
while ($T_m\neq\varnothing$ and $l>0$) **do**
　　$B\leftarrow\varnothing$；
　　for 每一个排列 $\tau_i\in T_m$ **do**
　　　　从 $U_i=\{\langle\tau_i,\overline{T}_i\rangle \mid \overline{T}_i\subseteq T_m, |\overline{T}_i|=[2,|T_m|-l+1]\}$中选出一个具有最小 r_{si} 的 Star $s_i=\langle\tau_i,\overline{T}_i\rangle$；
　　　　$B\leftarrow B+\{s_i\}$；
　　end for
　　从 B 中选出具有最小 r_s 的 Star $s=\langle\tau_i,\overline{T}_i\rangle$；
　　$T_m\leftarrow T_m-\overline{T}_i-\{\tau_i\}$；
　　$T_l\leftarrow T_l+s$；
　　$l\leftarrow l-1$；
end while
return T_l

3.4.3　Top-k 排序

在现阶段，Top-k 排序所要解决的问题是根据元组排列聚类产生的代表性排列及松弛查询 $\tilde{Q}$ 与每个偏好类上下文的相关度，计算出每条结果元组在每个偏好类中的偏好作用下的分数，然后根据这个分数计算出每条元组的总体排序分值，最后使用 TA 算法（如第 1 章所述，TA 算法适用于多个有序向量的综合排序）返回前 k 个最能满足用户偏好的结果元组。

通过元组排列聚类，可得到关系 R 上的 l 个代表性排列，每个代表性排列 $\overline{\tau}_i$ 对应一个上下文集合 $\overline{X}_i\subseteq\{X_1,\cdots,X_m\}$，形成 l 个$\langle\overline{X}_i,\overline{\tau}_i\rangle$。每条元组 $t(t\in R)$在每个$\langle\overline{X}_i,\overline{\tau}_i\rangle$中都对应一个如式（3.13）所定义的排序分值 $s(t|\overline{X}_i)$。因此，可使用 Fagin 的 TA 算法检索出 Top-k 个结果元组。基于 TA 的 Top-k 排序算法描述如下。

算法 3.3　基于 TA 的 Top-k 排序算法

输入：代表性排列 $T_l=\{\overline{\tau}_1,\cdots,\overline{\tau}_l\}$，每个 $\overline{\tau}_i$ 对应的上下文集合 $\overline{X}_i\subseteq\{X_1,\cdots,X_m\}$，松弛查询 $\tilde{Q}$

输出：Top-k 个结果元组

令 $B=\{\}$代表一个能够存储 k 个元组的缓存；
令 L 是个一个大小为 l 的数组，用于存储来自每个排列中最近一次检索得到的分数(score)；

续表

```
repeat
  for 每一个代表性排列 τ̄_i (i∈{1,…,l})do
    从排列 τ̄_i 中检索下一条元组 t;
    计算元组 t 的分数 score(t)← sim(Q̃, X̄_i)s(t | X̄_i) ;
    用元组 t 在排列 τ̄_i 中的分数更新 L 中对应于元组 t 的分数;
    if (t∈ Q̃ (R)) then
      通过随机访问方式获取元组 t 在其他排列{ τ̄_i | τ̄_j ∈T_l and j ≠ i}中的排序分值并计算相应的分数 score;
      tscore(t, Q̃ )←所有检索到的分数之和(即 t 的总体排序分值);
      按降序方式将⟨t, tscore (t, Q̃ )⟩插入到 B 中正确的位置;
  end for
until  B[K].tscore ≥ Σ_{i=1}^{l} L[i]
return B
```

TA 算法提供两种访问数据的模式：一种是随机访问，另一种是顺序访问。算法 3.3 的具体处理过程分成以下三步。

（1）循环访问每个代表性排列。在每次循环过程中，当一个元组 $t(t\in\tilde{Q}(R))$在某个排列$\bar{\tau}_i$中被发现时，计算它在该排列中的分数(score)，计算公式为

$$\text{score}(t)=\text{sim}(\tilde{Q},\bar{X}_i)s(t\mid\bar{X}_i) \tag{3.21}$$

该分数由两部分构成：一部分是$\text{sim}(\tilde{Q},\bar{X}_i)$，表示松弛查询$\tilde{Q}$与上下文集合$\bar{X}_i$（对应于代表性排列$\bar{\tau}_i$）之间的相关度；另一部分是$s(t\mid\bar{X}_i)$，表示元组 t 在$\langle\bar{X}_i,\bar{\tau}_i\rangle$下由式（3.13）计算得到的排序分值。

然后，通过随机访问方式获取该元组在其他排列$\bar{\tau}_j$中的分数（score），这些分数之和就构成了元组 t 对于松弛查询$\tilde{Q}$的总体排序分值，由下式计算：

$$\text{tscore}(t,\ \tilde{Q})=\sum\nolimits_{\bar{X}_i}\text{sim}(\tilde{Q},\bar{X}_i)s(t\mid\bar{X}_i) \tag{3.22}$$

（2）令$s(\underline{t_j}\mid\bar{X}_i)$为第 j 次循环结束后，在每个排列$\bar{\tau}_i$中最后被访问的元组的分数。TA 算法的阈值 threshold 确定为

$$\text{threshold}=\sum\nolimits_{\bar{X}_i}\text{sim}(\tilde{Q},\bar{X}_i)s(\underline{t_j}\mid\bar{X}_i) \tag{3.23}$$

即阈值 threshold 为第 j 次循环结束后数组 L 中的分数之和。当缓存 B 中存在 k 个元组并且它们的总体排序分值都不小于该阈值时，算法停止。通过设定阈值 threshold，使得第（1）步无须遍历每个代表性排列中的所有元组。

（3）在所有被发现的元组中，输出前 k 个具有最高总体排序分值的元组。

注意，当第（2）步完成后，对于任一没有在循环访问中被发现的元组 t'，它的总体排序分值都将小于设定的阈值，即 $\text{tscore}(t',\tilde{Q})<\text{threshold}$。

算法 3.3 的复杂度与输入的元组排列数呈线性关系。考虑关系 $R(A_1,\cdots,A_m)$，令 $\text{Dom}(A_i)$代表每个属性的值域且它的基数为$|\text{Dom}(A_i)|$，那么将存在 $2^{|\text{Dom}(A_1)|+\cdots+|\text{Dom}(A_m)|}$个不同的上下文。如果每个上下文都对应一个不同的元组排列，则 TA 算法的时间复杂度为 $O(2^{|\text{Dom}(A_1)|+\cdots+|\text{Dom}(A_m)|})$。

通过聚类将 $2^{|\text{Dom}(A_1)|+\cdots+|\text{Dom}(A_m)|}$ 个元组排列减少到 l 个代表性排列，使基于 TA 的 Top-k 排序算法的时间复杂度最终降低到 $O(l)$。

3.5 与偏好类无关元组的处理

前面讨论的是与偏好类相关元组的元组排列创建、聚类和排序方法。在实际应用中，查询结果可能同时包含与偏好类相关的元组（简称相关元组，asserted tuples）和与偏好类无关的元组（简称无关元组，indifferent tuples）。因此，元组排列的创建和聚类还需要考虑无关元组。无关元组的处理主要遵从以下两个原则。

（1）任何相关元组都比无关元组重要。因为偏好是用户显式支持的，因此与用户偏好相关的元组显然要比无关元组更重要。如果用户没有把一个元组与关系中的其他元组进行比较，则说明该元组不重要。

（2）两个无关元组之间同等重要。由于缺乏用户偏好支持，因此不能判别两个无关元组中的一个比另一个更重要。

基于上述原则，可以考虑在相关元组排列中加入无关元组，从而形成一个对于关系中所有元组的排列。具体方法为：在每个偏好类的相关元组排列之后都加入无关元组集合，这样整个排列就由两部分构成，前一部分是相关元组构成的有序排列，后一部分是无关元组构成的无序集合（由于无法区分无关元组之间的重要性，因此该集合中的元组以随机方式排列），把这样的排列称为混合排列。

由于混合排列不同于相关元组的有序排列，因此元组排列聚类方法中的距离函数也需要做相应的调整，以使其能适用于混合排列之间的距离评估。具体方法为：令 τ 代表一个对于 n 个元组的混合排列，n_τ 代表相关元组个数，$n-n_\tau$ 代表无关元组个数。对于每个混合排列 τ，都用 o_τ 代表一个对于 n_τ 个相关元组的排列，g_τ 代表一个由 $n-n_\tau$ 个无关元组构成的集合。然后，对于一个混合排列 τ 和一个元组 t，重新定义元组 t 在排列 τ 中的位置，即

$$\tau(t)=\begin{cases} o_\tau(t), & \text{if } t \text{ is an asserted tuple} \\ n_\tau+\dfrac{n-n_\tau}{2}, & \text{if } t \text{ is an indifferent tuple} \end{cases} \tag{3.24}$$

式中，$o_\tau(t)$代表相关元组 t 在 o_τ 中的位置，而无关元组的位置都相同。假设无关元组在 τ 中是随机排列的，则元组 t 在混合排列 τ 中的分数（score）定义为 $s(t|\tau)=n-\tau(t)+1$，其中 $\tau(t)$ 如式（3.24）所定义。这样，离线处理阶段元组排列的创建与聚类，以及在线处理阶段基于 TA 的 Top-k 排序算法就能够支持在混合排列上的操作。

3.6 效果与性能实验评价

3.6.1 实验环境

数据集：采用第 1 章所述的二手车数据集 CarDB 和房产数据集 HouseDB。

偏好类：首先建立基于这两个数据集的查询系统，然后邀请老师、同事、同学和朋友等分别向这两个查询系统提交查询，大约跟踪了 3 个月的时间，获取了一定数量的查询历史，最后按照第 1 章讨论的查询历史修剪原则对查询历史进行修剪，最终分别为 CarDB 数据集和 HouseDB 数据集保留了 6376 条和 5592 条用户查询作为查询历史。在此基础上，通过在各自查询历史上使用 3.2.3 节介绍的上下文偏好获取方法，分别为 CarDB 和 HouseDB 获取了 436 个和 329 个不同的偏好类（信任度阈值设为 0.25），用于下面的实验测试。

3.6.2　偏好模型表达能力测试

该实验的目的是测试带偏好程度的上下文偏好模型与不带偏好程度的上下文偏好模型在偏好表达能力上的差别。偏好模型的表达能力体现在同类偏好下，通过偏好模型建模后，所有与该偏好类相关的元组在有效偏好支持度上的区分度。区分度（Difference）使用具有不同有效偏好支持度的元组数与所有与该偏好类相关的元组数的比值表示，区分度越高，说明偏好模型对不同偏好的区分能力越强，进而在此基础上计算出的排序结果越接近用户偏好。在有效偏好支持度上的区分度可由下式表示：

$$\text{Difference}(A)=\frac{\#\text{tuples asserted by different effective preference degree}}{\#\text{relevant tuples asserted by preferences}} \tag{3.25}$$

式中，A 代表偏好模型，$A=\{$带偏好程度的偏好模型，不带偏好程度的偏好模型$\}$。

为了便于测试，首先在 CarDB 的 436 个偏好类中随机选出 15 个偏好类，实验的测试数据就使用这 15 个偏好类下的所有偏好及 CarDB 中与这 15 个偏好类相关的所有元组。在该实验环境下，首先将每个偏好类中的偏好划分为 10 组，每组的偏好个数分别为 10、20、30、40、50、60、70、80、90、100；再使用两种偏好模型对这些偏好建模，得出与每个偏好类相关的每条元组的有效偏好支持度，统计出具有不同有效偏好支持度的元组的个数，然后用式（3.25）进行计算；最后对这 15 个偏好类上相同偏好个数情况下得到的区分度求平均，得出如图 3.2（a）所示的比较结果。以同样的实验设置，在 HouseDB 上进行了该实验，得出的比较结果如图 3.2（b）所示。

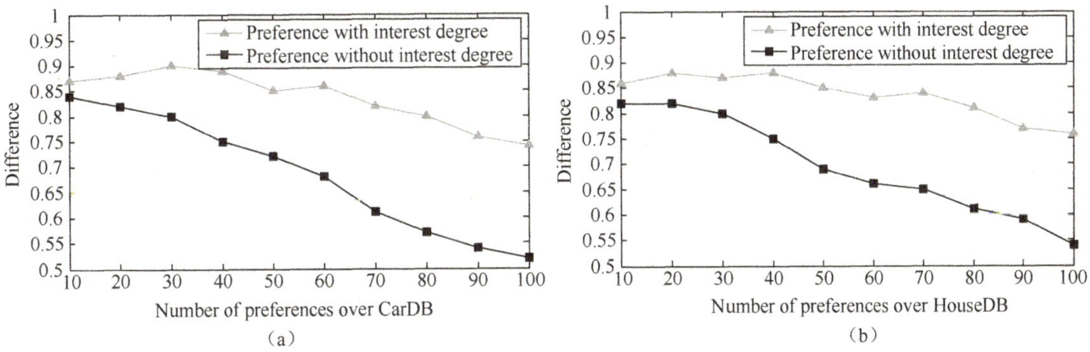

（a）　　　　（b）

图 3.2　两种偏好模型分别在 CarDB 和 HouseDB 上的表达能力对比

实验结果表明，带偏好程度的偏好模型在两个不同应用领域测试数据集上的区分度都明显优于不带偏好程度的偏好模型，其主要原因是带偏好程度的偏好模型能表达用户对不同元组的不同偏好程度。例如，比起元组 t_1，用户偏好 t_2 和 t_3 的程度实际上是不同的，此时带偏好程度的偏好模型可以区分元组 t_2 和 t_3 的有效偏好支持度，而不带偏好程度的偏好模型只能表达出 t_2、t_3 比 t_1 更受偏好，但不能区分 t_2 和 t_3 的有效偏好支持度（不能区分 t_2 和 t_3 哪一个更受偏好及受偏好的程度是多少）。

此外，实验结果还表明，在相关元组数固定的情况下，偏好数越少，区分度越小。这是因为在偏好数较少的情况下，明确被偏好指定的元组数较少，不具有偏好关系的元组数较多，从而具有相同有效偏好支持度（$P_{\text{eff-p}}(t, t', P_X)=1/2$）的元组数较多。但是，偏好数过多也会导致区分度下降，这是因为在多个偏好共存的情况下，它们之间容易产生矛盾进而造成元组之间具有相同的有效偏好支持度。虽然如此，该偏好模型在 100 个偏好共存的情况下，仍然能够保持 0.75（该值是 CarDB 和 HouseDB 上区分度测试结果的平均值）以上的区分度。

3.6.3　元组排列聚类算法测试

该实验的目的是测试元组排列聚类算法产生的代表性排列的准确性。使用如下步骤产生本实验的测试数据集。每个数据集包含 4 个参数：n、m，l 和 noise。其中 n 代表每个排列中的元组个数，m 代表输入的排列个数，l 代表聚类个数。首先，在 n 个元组上随机产生 l 个基准排列，这 l 个基准排列就构成了 l 个聚类中心，然后围绕每个聚类中心为其构建一个包含多个排列的聚类。在此基础上，聚类算法的任务就是重新发现每个聚类的聚类中心。给定一个聚类中心，来自该聚类的所有排列可看作是在聚类中心上加入一定数量的噪声（noise）而产生的。该实验中的噪声是通过在最初的基准排列中随机选取两个元组，然后交换它们在基准排列中的位置实现的，噪声的数量就是交换的元组个数。

利用上述方法，产生具有如下参数的测试数据集：n=300，m=600，l={8, 16}，noise={2, 4, 8,⋯, 128}。在该测试集上，使用算法 Greedy-RF、贪心算法（Greedy Algorithm）和反贪心算法（Furthest Algorithm[15]）分别产生各自的代表性排列（即聚类中心），然后使用 $F(A)/F(\text{Inp})$评估聚类算法的准确性，其中 A={Greedy Algorithm, Furthest Algorithm, Greedy-RF Algorithm}，$F(A)$表示由算法 A 产生的代表性排列与 m 个输入排列之间的距离，$F(\text{Inp})$表示用于生成测试数据的基准排列与 m 个输入排列之间的距离。两个排列集合之间的距离使用公式（3.18）计算。$F(A)/F(\text{Inp})$的比值越接近 1，表示由聚类算法产生的代表性排列与生成测试数据的基准排列越相似，聚类算法越准确。$F(\text{A})/F(\text{Inp})$的比值越大，则聚类算法越不准确。图 3.3 给出了在代表性排列数 l 分别取 8 和 16 的情况下，上述 3 种聚类算法分别对应于不同交换数（swaps）的准确性。从图 3.3 中可以看出，Greedy-RF 算法的准确性最高。

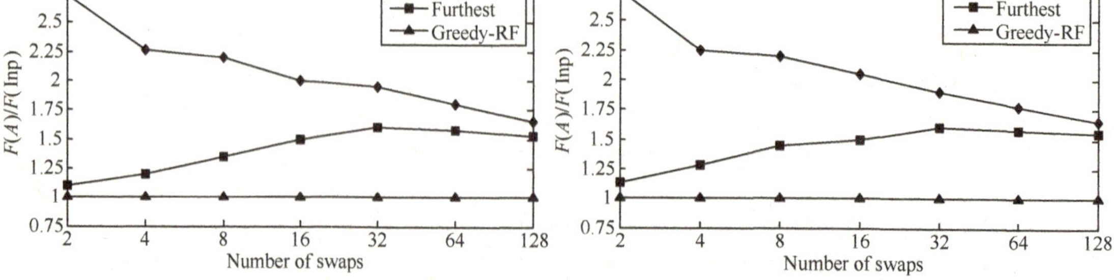

图 3.3　不同元组排列聚类算法的准确性对比图

3.6.4　返回 Top-k 个元组的准确性测试

该实验的目的是测试利用元组排列聚类算法产生的代表性排列检索到的 Top-k 个元组的准确性。同时，与利用 Greedy 算法和 Furthest 算法产生的代表性排列检索到的 Top-k 个元组的准确性进行对比。也就是说，该实验要测试在压缩了多个原始元组排列后，排序结果的准确性丢失程度。这里使用 Jaccard 系数量化 Top-k 排序算法的准确性：

$$J[R(\text{Opt}, k), R(A, k)]=\frac{|R(\text{Opt}, k)\cap R(A,k)|}{|R(\text{Opt},k)\cup R(A,k)|} \tag{3.26}$$

式中，$R(\text{Opt},k)$代表使用所有可用的元组排列产生的 Top-k 个元组集合，$R(A,k)$代表只使用代表性排列而产生的 Top-k 个元组集合，$R(\text{Opt},k)\cap R(A,k)$表示两个集合中相同的元组个数。Jaccard 系数的值在 0～1 之间，值越高表明两个集合中相同的元组数越多，准确性也就越高。

该实验使用的测试数据集的产生方法与聚类算法的准确性实验中测试数据集的产生方法一样。这里，令聚类后的代表性排列个数 l={8, 16}，固定噪声值 noise 为 64 个交换（swaps），n 和 m 的值被分别固定为 300 和 600。然后在 CarDB 和 HouseDB 上，分别测试对应于不同 k 值情况下，由 3 种不同聚类算法产生的代表性排列得到的 Top-k 个元组的平均准确性。实验结果如图 3.4 所示。

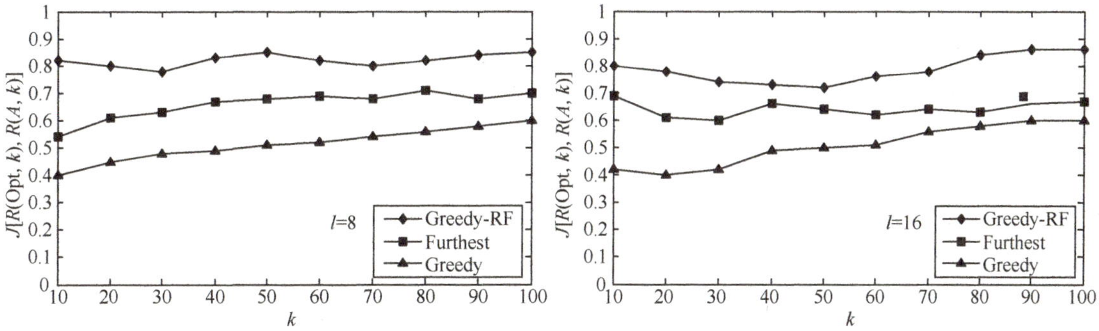

图 3.4　不同算法返回的 Top-k 个元组的 Jaccard 系数对比

从图 3.4 可以看出，在 Greedy-RF 算法产生的代表性排列基础上，产生的 Top-k 个元组的准确性优于 Greedy 算法和 Furthest 算法。图 3.4 显示了不同的 k 值对应的 Jaccard 系数，可见即使在 k 值很小的情况下，由基于 TA 的 Top-k 排序算法得到的元组准确性也是比较高的，所以即使是在只返回少量元组的情况下，使用聚类后的代表性排列而导致的信息丢失也是比较少的。

3.6.5　结果排序方法的效果测试

沿用 2.7.4 节的实验设置，然后采用本章描述的排序方法替代第 2 章中的排序方法。在此基础上，分别重新考察由每种方法返回的前 10 条元组与测试者标注的 10 条元组之间的重叠程度，仍然使用式（2.16）评价这种重叠程度。图 3.5 分别给出了 3 种排序方法对于 CarDB 和 HouseDB 上所有测试查询的准确率对比。

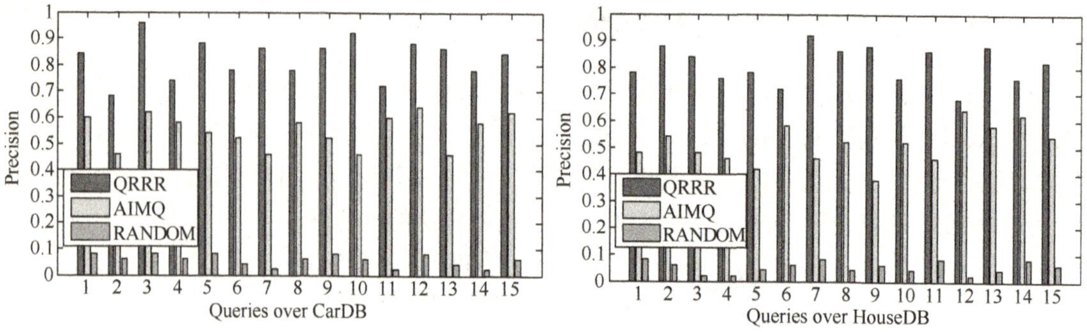

图 3.5　CarDB 和 HouseDB 上不同排序方法的准确率对比

从图 3.5 可以看出，QRRR 方法的排序准确率远高于 AIMQ 和 RANDOM 方法。对于 CarDB，QRRR 和 AIMQ 的平均准确率分别为 0.83 和 0.55；对于 HouseDB，QRRR 和 AIMQ 的平均准确率分别为 0.81 和 0.51。这是因为 AIMQ 仅根据查询结果对不精确查询的满足程度进行排序，而忽略了用户偏好对结果排序的影响。相比之下，QRRR 方法在排序过程中同时考虑了结果元组对初始查询和用户偏好的满足程度，从而能够有效地对多个查询结果进行排序。

3.6.6　Top-*k* 排序算法的性能测试

该实验主要从三个方面考察 Top-*k* 排序算法的执行性能：一是代表性排列数与 Top-*k* 排序算法执行时间的关系；二是 Top-*k* 中的 *k* 值与 Top-*k* 排序算法执行时间的关系；三是查询结果元组数与 Top-*k* 排序算法执行时间的关系。

（1）代表性排列数的改变对 Top-*k* 排序算法执行时间的影响

首先将 Top-*k* 中的 *k* 值固定（这里设置 *k*=100），然后对于每一种代表性排列数（包括 6，12，25，50，100，200），分别在 CarDB 和 HouseDB 上进行 10 次测试查询，并由系统记录查询的响应时间，最后取其平均值作为最终统计结果。图 3.6 给出了代表性排列数与 Top-*k* 排序算法执行时间的关系。

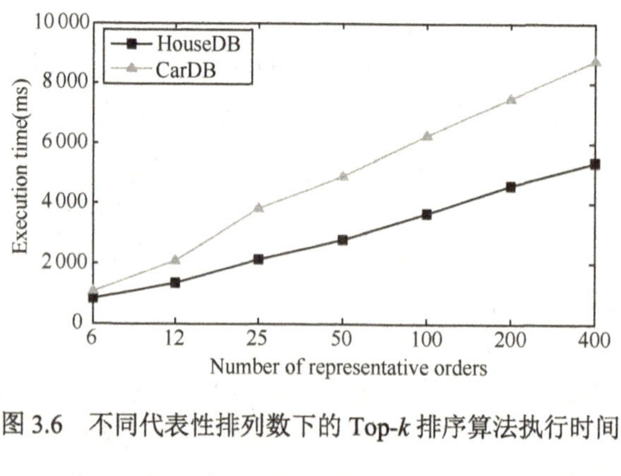

图 3.6　不同代表性排列数下的 Top-*k* 排序算法执行时间

由图 3.6 可见，随着代表性排列个数以指数量级增加，Top-*k* 排序算法执行时间的增长几乎是线性的。在机器配置为 P4 3.2 GHz 处理器、1GB RAM 环境下，对于 CarDB 中的 30 个代表性排列，算法执行时间不超过 4.3 s；对于 HouseDB 中的 20 个代表性排列，算法执行时间不超过 1.9 s。值得指出的是，经过测试，对于 CarDB 的 436 个偏好类和 HouseDB 的 329 个偏好类，分别将它们聚类成 30 个和 20 个代表性排列，就能够满足大多数查询的准确性要求。

（2）Top-k 中的 k 值改变对 Top-k 排序算法执行时间的影响

在该实验中，将 CarDB 和 HouseDB 两个数据集中的代表性排列数都固定为 30 个，并且分别为这两个数据集选取 10 个测试查询，每个测试查询返回的查询结果元组数大约为 1 000 个。在此基础上，测试 Top-k 排序算法对应于每个 k 值情况下的执行时间，执行时间取 10 个测试查询执行时间的平均值。

图 3.7 分别给出了在 CarDB 和 HouseDB 上不同 k 值情况下 Top-k 排序算法的平均执行时间。从图 3.7 可以看出，Top-k 排序算法的性能随着 k 值的增大而逐渐下降。这是因为当 k 值增大时，Top-k 排序算法需要处理的每个代表性排列中的元组数就会相应地增加。此外，Top-k 排序算法在 CarDB 上的执行时间在很大程度上高于在 HouseDB 上的执行时间，这是因为 CarDB 中的元组数相对较多（4.2 倍于 HouseDB 中的元组数），而每个代表性排列又都包含了 CarDB 中的所有元组 ID 及其分数，因此增加了 Top-k 排序算法的顺序访问和随机访问执行时间，从而导致算法执行时间的增加。

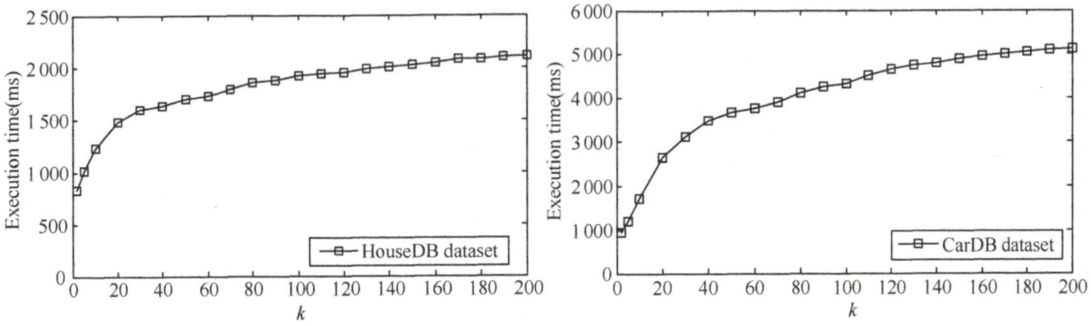

图 3.7　不同 k 值下的 Top-k 排序算法平均执行时间

（3）查询结果元组数的变化对 Top-k 排序算法执行时间的影响

在该实验中，将 CarDB 数据集中的代表性排列数固定为 30 个，Top-k 中的 k 值固定为 10，并为 CarDB 选取 10 个测试查询（每个测试查询都将导致多个查询结果）。在此基础上，测试 Top-k 排序算法的执行时间与查询结果元组数之间的关系，即考察不同查询结果元组数下，返回 Top-10 个元组所需时间的变化情况，算法执行时间取 10 个测试查询执行时间的平均值。

从表 3.2 可以看出，查询结果元组数越多，Top-k 排序算法的执行时间越少。这是因为，在代表性排列长度和个数固定及 k 值固定的情况下，查询结果元组数越多，Top-k 排序算法停止条件被满足之前平均需要检查每个代表性排列的工作量就越少（相对于查询结果元组数较少的情况下），因此找到 Top-k 个元组的平均执行时间就越少。相比之下，无论 k 取何值，第 2 章中所提到的排序算法的执行时间都为 6.85 s（由于该算法需要先计算查询结果中所有元组的排序分值，然后确定前 k 个结果元组，因此执行时间与 k 大小无关）。

表 3.2　不同查询结果元组数下的 Top-10 查询执行时间

Number of result tuples	Execution time (ms)
500	1 500
2 000	1 350
5 000	1 200
30 000	1 100
70 000	1 050

3.7　本 章 小 结

本章结合定性和定量偏好表示方法，介绍了一种带偏好程度的上下文偏好模型，之后描述了在查询历史上利用关联规则挖掘获取上下文偏好的方法，进而讨论了上下文偏好的处理方法。在此基础上，给出了松弛查询下基于上下文偏好的多查询结果排序解决方案和相应的实现算法，包括元组排列创建、元组排列聚类和查询结果 Top-*k* 排序算法。实验结果表明，带偏好程度的偏好模型具有较强的偏好表达能力，排序方法具有较高的排序质量和执行效率。

针对 Web 数据库查询中出现的空查询结果问题和查询松弛导致的多查询结果问题，第 2 章和本章分别介绍了 Web 数据库自适应查询松弛和基于上下文偏好的查询结果排序方法——QRRR(Query Relaxation & Results Ranking)。并且，本章介绍的排序方法同时也适用于非松弛查询下（即松弛阈值为 1 时）的多查询结果排序处理。实验结果和用户调查结果表明，QRRR 方法独立于特定领域和用户，能够较好地满足用户需求和偏好，并且具有较高的执行效率。该项研究为目前 Web 数据库查询中出现的空查询结果和多查询结果问题提供了一个较好的解决方案。

本章介绍的排序方法依赖于查询历史进行带偏好程度的上下文偏好挖掘。因此，如果面对的是一个新系统（此时没有可供使用的查询历史）或者查询历史不可靠（如数据质量低）的情况，则该方法将产生不理想的效果，此时应采用第 2 章中的排序方法，即按照查询结果对初始查询的满足程度对查询结果进行排序。

3.8　参 考 文 献

[1] Shahbazi Moloud, Wiley M T, Hristidis V. IRanker: query-specific ranking of reviewed items[C]. Proceedings of the International Conference on Data Engineering, 2017: 211-214.

[2] Kiebling W. Foundations of preferences in database systems[C]. Proceedings of the 28th International Conference on Very Large Data Bases, 2002: 311-322.

[3] Agrawal S, Chaudhuri S, Das G, etc. Automated ranking of database query results[J]. ACM Transactions on Database Systems, 2003, 28(2): 140-174.

[4] Chaudhuri S, Das G, Hristidis V, etc. Probabilistic information retrieval approach for ranking of database query results[J]. ACM Transactions on Database Systems, 2006, 31(3): 1134-1168.

[5] Chen Z Y, Li T, Sun Y Y. A learning approach to SQL query results ranking using skyline and users' current navigational behavior[J]. IEEE Transactions on Knowledge and Data Engineering, 2013, 25(12): 2683-2693.

[6] Chen Z Y and Li T. Addressing diverse user preferences in SQL-Query-Result navigation[C]. Proceedings of the 2007 ACM SIGMOD International Conference on Management of Data, 2007: 641-652.

[7] Chakrabarti K, Chaudhuri S, Hwang S. Automatic categorization of query results[C]. Proceedings of the 2004 ACM SIGMOD International Conference on Management of Data, 2004: 755-766.

[8] Bachmann A, Schult R, Lange M. Extracting cross references from life science databases for search result ranking[C]. Proceedings of the ACM Conference on Information and Knowledge Management, 2011: 1253-1258.

[9] Meng X F, Ma Z M, Yan L. Providing flexible queries over web databases[C]. Proceedings of the 12th International Conference on Knowledge-based and Intelligent Information & Engineering Systems, 2008: 601-606.

[10] Agrawal R and Wimmers E L. A framework for expressing and combining preferences[C]. Proceedings of the 2000 ACM SIGMOD International Conference on Management of Data, 2000: 297-306.

[11] 石生明. 近世代数初步[M]. 北京：高等教育出版社, 2002: 23-28.

[12] Chomicki J. Preference formulas in relational queries[J]. ACM Transactions on Database Systems, 2003, 28(4): 427-466.

[13] Koutrika G and Ioannidis Y E. Personalization of queries in database systems[C]. Proceedings of the 20th International Conference on Data Engineering, 2004: 597-608.

[14] Cohen W W and Schapire R E. Learning to order things[J]. Journal of Artificial Intelligence Research, 1999(10): 243-270.

[15] Agrawal R and Rantzau R. Context-sensitive ranking[C]. Proceedings of the 2006 ACM SIGMOD International Conference on Management of Data, 2006: 383-394.

[16] Yannakakis M. Edge-detetion problems[J]. SIAM Journal of Computing, 1981, 10(2): 297-309.

[17] Chrobak M, Keynon C, Young N. The reverse greedy algorithm for the metric k-median problem[J]. Information Processing Letters, 2005, 97(2): 68-72.

[18] 潘锐. 设施选址与 K-中间点问题的复杂性与近似算法[D]. 济南：山东大学, 2007.

第 4 章　Web 数据库多查询结果分类方法

内容关键词

- 查询结果分类、搜索代价
- 查询聚合、元组聚类
- C4.5 决策树

4.1 引　　言

Web 数据库的查询松弛可能导致多查询结果问题，对查询结果进行排序和分类是目前解决多查询结果问题的两种方式。第 3 章中已经给出了一种松弛查询下基于上下文偏好的多查询结果排序方法，该方法能够体现不同上下文条件下的用户偏好，但是它所提供的结果排序形式是固定的，这样一种单一的排序形式很难满足多样性的用户偏好。分类方法的目的是在查询结果集上构建一个带标签的分层分类树，在此基础上用户可通过检查不同分支上的标签决定访问分类树中的哪一支，从而能够根据自己的偏好快速方便地选择和定位其所需信息，而且如果叶结点下的元组数过多，还可利用排序技术对元组进行排序。由此可见，分类与排序是互补的两种多查询结果处理方式，查询结果分类能满足多样性的用户偏好。

关于 Web 数据库查询结果分类技术的研究，目前具有代表性的主要有文献[1]和文献[2]的研究工作。文献[1]提出了一种利用贪心算法构建查询结果分类树的方法，该方法利用系统中的查询历史（以往使用过该系统的用户提出的查询记录集合）推断大多数用户的偏好，据此作为当前用户对每个分类属性感兴趣的概率，然后利用贪心算法选择用户最感兴趣的属性作为当前层的分类属性，进而构建出具有最小搜索代价的分类树。该方法虽然考虑了用户偏好，但仅是把查询历史中大多数用户的偏好作为当前用户的偏好，没有考虑用户偏好的多样性。文献[2]提出了一种基于决策树算法的查询结果分类方法，该方法根据查询历史推测不同类型的用户偏好，根据不同类型的用户偏好对数据库中的所有元组进行归类，在此基础上利用 C4.5 算法对查询结果进行分类。该方法虽然能够体现用户偏好的多样性，但存在以下两个方面的缺点：①查询聚类没有考虑不同查询之间的语义相似性，从而导致语义相似的查询不能聚合到一起，进而产生不合理的元组聚类，而利用决策树算法对查询结果进行分类，关键在于为结果元组合理地分配类标签；②对数值型属性采用了二元划分，当待划分的数值区间较大时，二元划分存在的问题是划分后得到的子数值区间范围过大，而实际上用户通常对数值上比较接近并且在一个合适范围内的数值感兴趣。

近年来，已有大量工作致力于 Web 信息检索结果[3-5]和文本文档[6, 7]分类方法的研究。但是，结构化数据的分类与文本文档的分类有所不同，一方面，结构化数据中同时包含了数值型属性值和非数值型属性值，而文本文档或 Web 信息仅包含了文本值；另一方面，对数据库查询结果进行分类的目的在于减小用户使用分类树的搜索代价，而当前的文本文档分类只考虑分类的准确性，没有考虑搜索代价问题。

本章将介绍一种基于改进 C4.5 决策树算法的 Web 数据库多查询结果自动分类方法。不同于查询结果的排序思想，分类方法主要考虑如何将满足同类用户偏好的元组划分到相同的叶结点下，从这一点来说，松弛查询与非松弛查询下的多查询结果分类没有本质上的差别，因此，本章所讨论的分类方法不区分查询结果是由上述哪种情况产生的，也就是说，该方法同时适用于松弛查询与非松弛查询下多查询结果的分类。

4.2　分类基本思想和分类树

本节阐述查询结果分类基本思想，给出分类树和搜索代价的定义，概括分类树构建的解决方案。

4.2.1　分类基本思想

令 R 是 Web 数据库中一个模式为$(A_1,\cdots,A_m)$且包含 n 条元组$\{t_1,\cdots,t_n\}$的关系；H 代表查询历史，形式为 $H=\{(U_1,Q_1),\cdots,(U_i,Q_i),\cdots,(U_k,Q_k)\}$，其中 U_i 代表 Session ID，Q_i 代表一条历史查询记录。查询结果分类的基本思想是：首先，在离线阶段分析查询历史 H，对 H 中语义相似的查询进行聚合；然后，利用聚合的查询，将 R 划分成多个不相交的元组聚类集合 $C=\{C_1,\cdots,C_q\}$，其中每个元组聚类 C_j 对应一种类型的用户偏好，用户对其感兴趣的概率为 P_j；最后，对于一个给定查询的查询结果集，在元组聚类的基础上利用决策树算法为其构建分类树，从而使用户以选择分支方式逐步定位到其感兴趣的信息。图 4.1 给出了一个分类树实例，它是为 Amazon 中文图书 Web 站点上对于查询“商品名=数据结构”的查询结果构建的分类树。下面，结合图 4.1 给出分类树和搜索代价的定义。

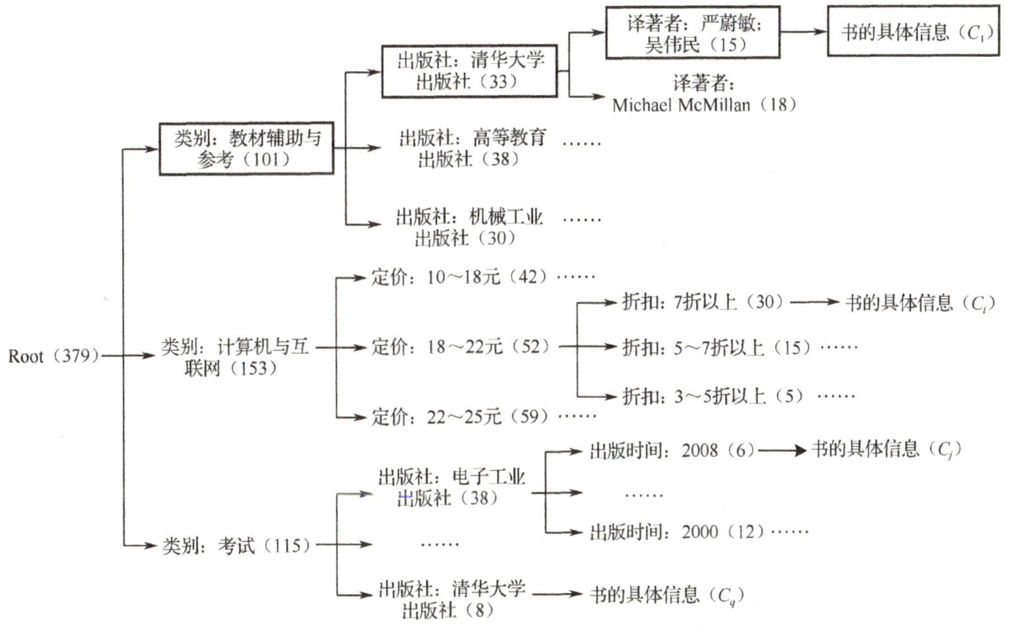

图 4.1　分类树实例

4.2.2　分类树和搜索代价

定义 4.1　分类树：一个分类树 Tree(V, E, L)是由一个结点集合 V、一个边集合 E 和一个标签集合 L 构成的。每个结点 $v \in V$ 上都有一个描述该结点特征的标签 $l(v) \in L$，它满足如下条件：①该标签是指定在一个属性上的点或范围查询条件；②v 中包含的元组必须满足所有它前驱（包括它自身）上的标签；③一个中间结点（non-leaf node/intermediate node）所有孩子上的标签都指定在同一个属性上（该属性被称为分类属性），这些标签构成了对 v 中元组的不相交划分。

假设用户以自左向右（或自顶向下）的模式访问分类树 Tree，经过一系列分支选择，最后到达一个包含他感兴趣元组的叶结点（leaf node）上。令 v 是 Tree 中的一个叶结点，v 中包含 $N(v)$条元组，C_j 是集合 C 中的一个聚类，$C_j \cap v \neq \varnothing$表示叶结点 v 中包含了聚类 C_j 中的元组；$Anc(v)$代表叶结点 v 的前驱集合（包含 v 本身在内），但不包含根结点；$Sib(v_i)$代表结点 v_i 的兄弟集合（包含 v_i 本身在内）。令 K_1 代表访问叶结点中一条元组的代价，K_2 代表访问一个结点上标签的代价，则预计搜索代价（estimated cost）定义如下。

定义 4.2　预计搜索代价：用户使用分类树找到所有相关元组的预计搜索代价如下。

$$\text{ECost}(\text{Tree}, C) = \sum_{v \in \text{Leaf(Tree)}} \sum_{C_j \cap v \neq \phi} P_j (K_1 N(v) + K_2 \sum_{v_i \in Anc(v)} |Sib(v_i)|) \tag{4.1}$$

式中，P_j 是用户对聚类 C_j 感兴趣的概率。

具体地讲，用户访问分类树中一个叶结点 v 的搜索代价由两部分构成：访问中间结点的代价和访问叶结点 v 中所有元组的代价。为了定位到叶结点 v，用户需要检查从根到叶结点 v 路径上的每个中间结点及其所有兄弟上的标签，这一过程用户需要访问 $\sum_{v_i \in Anc(v)} |Sib(v_i)|$ 个中间结点（注意，这里排除访问根的代价，因为每棵树都只有一个根）。当用户到达叶结点 v，需要检查 v 中所有的 $N(v)$个元组。例如，假设用户对图 4.1 所示分类树最上面的叶结点（“译著者：严蔚敏；吴伟民”）感兴趣的概率为 100%，再假设 $K_1 = K_2 = 1$，那么用户访问叶结点“译著者：严蔚敏；吴伟民”的搜索代价为：3（检查第一层三个结点标签的代价）+3（检查结点“类别：教材辅助与参考”下三个孩子标签的代价）+2（检查结点“出版社：清华大学出版社”下两个孩子标签的代价）+15（检查叶结点“译著者：严蔚敏；吴伟民”下 15 条元组的代价）= 23。

至此，已经完全定义了分类树和搜索代价，下面给出分类树构建的解决方案。

4.2.3　解决方案

分类树构建的解决方案如下。

（1）根据不同查询之间的语义相关度，对查询历史 H 中的所有查询进行聚合，形成多个查询集合，每个集合中任意一对查询之间的语义相关度都高于给定的阈值。

（2）利用步骤（1）中产生的查询集合对关系 R 中的元组进行聚类，产生的结果是一个不相交的元组聚类集合 $C=\{C_1,\cdots,C_q\}$，其中每一个元组聚类 $C_j(1 \leqslant j \leqslant q)$对应一种类型的用户偏好，并且用户对其感兴趣的概率为 P_j。

（3）在查询 Q 的结果集 T 上，使用 $C_1,\cdots,C_q$ 作为类标签，利用改进的 C4.5 算法创建一个具有最小预计搜索代价 ECost(Tree, C)的分类树 Tree。

基于不同的查询集合，通过如下方法产生元组聚类。首先在关系 R 中的元组上定义一个二元关系 r，使得$(t_i, t_j)\in r$，当且仅当两个元组 t_i 和 t_j 出现在 H 中相同查询集合的结果集中。如果$(t_i, t_j)\in r$，根据查询历史，t_i 和 t_j 是不可区分的，因为每一个用户查询元组 t_i 的同时也将查询元组 t_j，反之亦然。很明显，r 是自反的，对称的和传递的。所以，r 是一个等价关系并且将关系 R 划分多个等价类$\{C_1,\cdots,C_q\}$，其中，相互等价的元组被置于相同的类中，而那些不满足任何查询的元组也形成一个聚类（用户对该聚类感兴趣的概率为 0）。在本章模型中，元组聚类是不相交的，而实际上，用户偏好可能是重叠的，对此，把两个重叠的偏好分成三个元组聚类，其中一个元组聚类对应两个偏好相交的部分，另外两个对应每个偏好不相交的部分。同时，用户偏好可能由多个元组聚类构成而不仅仅是一个元组聚类。所以，虽然元组聚类是不相交的，但本章模型能够表示重叠的用户偏好。

下面，分别定义元组聚类和分类树构建问题。

问题 4.1 元组聚类问题。给定关系 R 和查询历史 H，找出一个不相交的元组聚类集合 $C=\{C_1,\cdots,C_q\}$，使得：

（1）对于任意两个元组 t_i 和 t_j，如果 $t_i, t_j\in C_l$ $(1\leqslant l\leqslant q)$，则$(t_i, t_j)\in r$；

（2）对于任意两个元组 t_i 和 t_j，如果它们不在相同的元组聚类中，则$(t_i, t_j)\notin r$。

例 4.1 假设有 4 个查询 Q_1，Q_2，Q_3 和 Q_4，以及 15 条元组 $t_1,\cdots, t_{15}$。令 Q_1 返回前 10 条元组，Q_2 返回前 9 条元组和 t_{14}，Q_3 返回元组 t_{11} 和 t_{12}，Q_4 返回元组 t_{15}。很明显，前 9 条元组 $t_1,\cdots, t_9$ 相互等价，因为它们由 Q_1 和 Q_2 共同返回。这样，这 15 条元组将被划分成 6 个聚类$\{t_1,\cdots, t_9\}$（由 Q_1 和 Q_2 共同返回），$\{t_{10}\}$（只由 Q_1 返回），$\{t_{11}, t_{12}\}$（只由 Q_3 返回），$\{t_{14}\}$（只由 Q_2 返回），$\{t_{15}\}$（只由 Q_4 返回），$\{t_{13}\}$（不满足任何查询）。

问题 4.2 分类树构建问题。给定关系 R，元组聚类集合 C 和一个查询 Q，寻找一个分类树 Tree(V, E, L)，使得：

（1） 它包含满足查询 Q 的所有元组；

（2）搜索代价最小，即不存在另外一个分类树 Tree′，既满足条件（1）又使得 ECost (Tree′, C) < ECost (Tree, C)。

问题 4.2 与查找一个具有确定平均长度的决策树问题一样，是 NP-hard 问题。因此，在第 4.4.1 节使用了一种近似解决方法。

4.3 元 组 聚 类

4.3.1 查询聚合

查询聚合的目的是将查询历史中语义上相似的查询聚合到同一个查询集合中，使用聚合后的查询集合划分关系 R 中的元组。

1. 查询之间的语义相关度评估

为了评估两个不同查询之间的语义相关度，文献[2]提出了利用两个查询结果集之间相重叠的元组（即相同的元组）数评估两个查询之间的相似性。在关系数据模型下，两个元组相同是指它们在所有属性上都具有相同的属性值。然而，该方法存在的一个严重不足是，如果两个查询在同一属性上指定了两个不同的分类值，那么对应的两个查询结果集之间将不会有重叠的元组。例如，基于 Amazon 中文图书数据库，它包含一个关系表 BookDB（商品名，译著者，出版社，定价，ISBN，出版时间，类别，折扣），令“Q_1:-BookDB（译著者 = 李春葆 ∧ 定价 between 10 and 20）”和“Q_2:-BookDB（译著者 = 严蔚敏 ∧ 定价 between 10 and 20）”是 BookDB 上的两个查询。在关系数据模型下，虽然这两个查询指定了相同的定价区间，但它们之间的相关度仍然为 0，因为它们在“译著者”属性上指定了两个完全不同的值，从而导致对应这两个查询的结果集之间交集为空。实际上，即便是两个查询结果集之间不存在完全相同的元组（完全相同即元组在所有属性上都匹配），而仅是元组在部分属性上相匹配，它们之间也可被认为是相似的。重新考虑上述两个查询，一方面，它们都指定了相同或相似的定价区间；另一方面，虽然它们在“译著者”属性上指定的两个值“李春葆”和“严蔚敏”之间没显示出任何的相似性，但这两个译著者可能在相同的出版社、相同的时间以相似的价格出版过相同题材的图书。目的在于使用这种隐含的关系鉴别两个查询之间的语义相似性。如果保持严格的元组结构匹配，那么两个查询之间相似，仅是因为它们的结果集之间包含了相同的元组。所以，仅当“李春葆”和“严蔚敏”是合作者的情况下，这两个查询之间才是相似的。然而，在实际上即便他们不是合作者，“李春葆”和“严蔚敏”之间也是密切相关的，因为从 Amazon 中文图书数据库上查找到由他们撰写的图书来看，他们都在相同的时间（2002, 2004 和 2006 年）以 10～20 元的价格通过清华大学出版社发行过主题为“数据结构”方面的图书。基于上述直觉，可以把关系数据模型转换到向量空间模型来有效地获取两个不同查询之间的这种隐含关系。

与第 2 章的分类型属性值之间的语义相关度评估方法类似，首先将对应每个查询的结果集转换成一个语义表（为便于本节叙述，再次给出语义表的相关描述），语义表是一个两栏结构，由属性（Attributes）和包（Bags）两列构成，表 4.1 显示的是 BookDB 上对于查询“译著者 = 严蔚敏 ∧ 定价 between 10 and 20”的语义表，语义表可看成是查询结果集的一个向量表示，其中每个属性对应向量中的一个分量。语义表中包含了对应于关系中每个属性的一组关键字。关键字从查询结果集中抽取，对于分类型属性，每一个不同的属性值就是一个关键字；对于数值型属性，通常将其值域划分成若干数值区间，其中每个数值区间都作为一个关键字，为使每个数值区间包含的元组数大致相同，这里采用等深直方图划分方法。为使关键字具有语义功能，用关键字和它在查询结果集中对应的元组个数（即，<关键字：对应的元组个数>）扩展关键字的语义，这里将对应于同一属性的所有<关键字：对应的元组个数>称为包（Bags）。例如，在表 4.1 中，属性“定价”上的包为“10～15:4; 15～20:5”，包中的关键字分别是“10～15”和“15～20”，其中关键字“10～15”对应的值为 4，这表明该查询结果集中有 4 本图书的定价在 10～15 元之间。

表 4.1　对应查询“译著者 = 严蔚敏 ∧ 定价 between 10 and 20”的语义表

Attributes	Bags
商品名	数据结构: 9
译著者	严蔚敏: 9
出版社	清华大学: 9
定价	10～15: 4; 15～20: 5
ISBN	B3020: 4; B9787: 5
出版时间	2007: 3; 2004: 4; 2002: 2
类别	教材: 6; 计算机: 3
折扣	3～5: 0; 5～7: 0; 7+: 9

表 4.2　对应查询“译著者 = 李春葆 ∧ 定价 between 10 and 20”的语义表

Attributes	Bags
商品名	数据结构: 10
译著者	李春葆: 10
出版社	清华大学: 8; 高等教育: 2
定价	10～15: 5; 15～20: 5
ISBN	B3141: 6; B0535: 4
出版时间	2007: 4; 2004: 4; 2002: 2
类别	教材: 6; 计算机: 4
折扣	3～5: 0; 5～7: 0; 7+: 10

至此，根据对应每个查询结果集的语义表，利用第 2 章所述的两个语义表之间相关度计算方法，就可得到相应的两个查询之间的语义相关度（实现算法不再赘述）。这种相关度计算方法把严格的关系模型匹配转换成向量空间模型匹配，从而实现了两个不同查询之间的语义相关度评估。第 4.5 节将以实验方式验证不同查询之间语义相关度评估方法的正确性。

2. 查询聚合

下面，根据两个查询之间的语义相关度，可将查询聚合问题定义如下。

问题 4.3　（查询聚合问题）给定查询历史 H，关系 R 和一个相关度阈值 B，找到一个最小的数 k，使得 H 中的查询能够被分解成 k 个不相交的集合 $QC_1,\cdots,QC_k$，其中，对于任何 Q_i, $Q_j\in QC_l$, $1<l<k$，都有 $\mathrm{Sim}(Q_i, Q_j)\geqslant B$。

相关度阈值 B 是一个由系统或用户定义的参数，这里将其设置为 0.8，因为这个值在后续的实验中能够大大减少查询的个数，而且又能够聚合非常相似的查询。查询聚合算法描述如下。

算法 4.1　查询聚合算法

输入： 查询历史 H，关系 R，相关度阈值 B

输出： 所有的查询集合 $\{QC_1,\cdots,QC_k\}$

1．对于每一个查询 $Q_i \in H$，在 R 上获取 Q_i 的查询结果集并将其转换成相应的语义表；

2．对于每一个查询 $Q_i \in H$，创建一个查询集合 QC_i；

3．对于每一对查询集合 QC_i 和 QC_j，计算 QC_i 和 QC_j 中所有不同查询对之间的平均语义相关度；

4．对于任意一对查询集合中所有不同的查询对 $<Q_i, Q_j>$，如果都有 $\mathrm{Sim}(Q_i, Q_j) \geqslant B$，则合并具有最大平均相关度的两个查询集合对 $<QC_i, QC_j>$，删除这两个查询集合，并添加一个新的集合 $QC_i \cup QC_j$；

5．重复第 3、4 步，直到不存在可能的合并为止；

6．返回所有的查询集合 $\{QC_1,\cdots,QC_k\}$。

算法 4.1 重复合并查询集合，当没有查询集合可以合并时算法终止。该算法首先在关系 R 上执行查询历史中的所有查询，并将对应每个查询的结果集转换成如表 4.1 所示的语义表（第 1 步）；然后，分别为每个查询创建一个查询集合（第 2 步），对于每一对查询集合，用语义相关度评估方法计算其中所有不同查询对之间的平均语义相关度（第 3 步）；进而，对于所有的查询集合，如果任意两个查询集合中的所有查询对之间的语义相关度都不小于 B，则合并具有最大平均语义相关度的两个查询集合，删除这两个集合并添加一个由这两个集合并集所构成的新集合（第 4 步），重复上述第 3、4 步过程，直到不存在可能的合并为止（第 5 步）；最后，算法返回所有的查询集合（第 6 步）。下面，讨论利用查询集合对关系 R 中的元组进行聚类的方法。

4.3.2　元组聚类

在查询聚合之后，得到所有的查询集合 $QC_1,\cdots,QC_k$。在此基础上，可对关系 R 中的元组进行聚类。元组聚类算法描述如下。

算法 4.2　元组聚类算法

输入： 所有的查询集合 $\{QC_1,\cdots,QC_k\}$，关系 R

输出： 元组聚类及其对应的概率 $\{<C_1, P_1>,\cdots,<C_q, P_q>\}$

1．对于每一条元组 $t_i \in R$，获取 $S_i = \{QC_j \mid \exists Q_j \in QC_j$，使得元组 t_i 由查询 Q_j 返回$\}$；

2．根据 S_i 将 R 划分成多个元组集合；

3．每个元组集合看成是一个元组聚类 C_j，每个元组聚类 C_j 都被分配一个类标签；

4．对于每一个元组聚类 $C_j \in C$，计算 C_j 的概率：P_j =（S_j 中包含的查询个数）/（H 中包含的查询个数）；

5．返回 $\{<C_1, P_1>,\cdots,<C_q, P_q>\}$。

对于关系 R 中的每一条元组 t_i，算法 4.2 首先产生一个由多个（至少一个）查询集合构成的集合 S_i，使得 S_i 中的每个查询集合中都至少存在一个查询能够返回元组 t_i，即 $S_i=\{QC_j \mid \exists Q_j \in QC_j$，使得元组 t_i 由查询 Q_j 返回$\}$（第 1 步）；然后，根据 S_i 划分 R，形成多个元组聚类 $C=\{C_1,\cdots,C_q\}$，每个元组聚类对应一种类型的用户偏好并被赋予一个类标签（第 2、3 步）；进而，对于每一个元组聚类 C_j，计算用户对其感兴趣的概率，它等于集合 S_j 中包含的查询个数除以查询历史 H 中包含的查询总个数（第 4 步）；最后，返回元组聚类及其对应的概率（第 5 步）。

在例 4.1 中，查询聚合结束之后，得到 3 个查询集合 $QC_1=\{Q_1, Q_2\}$、$QC_2=\{Q_3\}$和 $QC_3=\{Q_4\}$，并由此生成 4 个元组聚类 C_1，C_2，C_3和 C_4，其中，C_1对应 QC_1，包含前 10 条元组和元组 t_{14}，概率 $P_1=2/4=0.5$；C_2对应 QC_2，包含元组 t_{11}和 t_{12}，概率是 $P_2=1/4=0.25$；C_3对应 QC_3，包含元组 t_{15}，概率是 $P_3=1/4=0.25$；C_4包含元组 t_{13}，概率是 0，因为元组 t_{13}不被任何查询返回。

4.4　分类树构建

4.4.1　分类树构建算法

一个分类树与决策树非常类似，现在描述如何利用信息增益构建一个分类树。因为找到一个具有最小搜索代价的树是一个 NP-hard 问题，因此需要采用近似算法。下面先给出分类树构建算法的整体描述。

算法 4.3　分类树构建算法 BuildTree (A, T, C, ω)

输入： 属性集合 A，查询 Q 的结果集 T，在聚类阶段为 T 中每条元组分配的类标签集合 C，阈值ω

输出： 分类树 Tree

1. 创建根结点 root；
2. 如果 T 中所有元组都具有相同的类标签，算法停止；
3. **for** 每一个属性 $A_i\in A$ **do**
4. 　**if** (A_i是分类型属性) **then**
5. 　　对于 A_i中每一个不同的值 v，创建一个在当前根下的分支，并将 T 中满足条件“$A_i = v$”的元组添加到该分支下；
6. 　　计算信息增益 $g(A_i,\text{Tree}_i)$，其中 Tree_i是以 A_i作为分类属性构建的一个子树；
7. 　**else**
8. 　　对于 A_i中的每个区间[low_i, up_i]，创建一个在当前根下的分支，并将 T 中满足条件“$\text{low}_i\leqslant A_i < \text{up}_i$”的元组添加到该分支下；
9. 　　计算信息增益 $g(A_i, \text{Tree}_i)$，其中 Tree_i是以 A_i为分类属性构建的一个子树；
10. **end for**
11. 选择具有最大信息增益 $g(A_j,\text{Tree}_j)$的属性 A_j，并从 A 中消除属性 A_j；
12. **if** ($g(A_j, \text{Tree}_j)>\omega$) **then**
13. 　用子树 Tree_j替换 root，然后对于 Tree_j中的每一个叶结点 Leaf_k（用 T_k表示包含在其中的元组），递归执行 BuildTree (A, T_k, C, ω)。

算法 4.3 从树的根结点开始，先检查叶结点中所有元组的类标签（因为关系 R 中的每条元组都在聚类阶段被指派了一个类标签，因此查询结果 $T(T\in R)$中的每条元组也都有相应的类标签），如果它们都具有相同的类标签，算法停止（第 2 步）；否则，选择具有最大信息增益的属性作为分类属性（第 3～11 步），如果该增益大于给定的阈值ω（第 12 步），则利用由该属性生成的子树替换当前的根（第 13 步）。在算法 4.3 中，只考虑那些在查询历史 H 中出现频次较多的属性作为分类属性，原因是如果某个属性在 H 中没有被任何查询指定，则说明没有用户对它感兴趣，所以也就没有必要将其作为分类属性。此外，如果某个叶结点下的元组数较多，可采用第 3 章的排序方法对其进行排序，使满足程度高的元组排在前面，从而进一步减少搜索代价。

4.4.2 属性划分

信息增益的计算需要考虑属性的划分标准，下面分别介绍分类型属性和数值型属性的划分标准。

（1）分类型属性划分

对于分类型属性的划分，文献[1]讨论了两种划分方法：一种是单值划分，即将查询结果中分类型属性上的每个不同值划分成一个分支，这种方法的优点是划分过程简单，并且生成分支上的标签容易被检查；另一种是多值划分，即将查询结果中分类型属性上的多个不同值划分到一个分支，这种划分方法将导致复杂的标签生成。因此，对分类型属性的划分采用了单值划分。具体地讲，令 T'代表查询结果中满足当前结点标签及其所有前驱标签的结果集，对于一个分类型属性 A_i，假设它在 T'上包含了 k 个不同的分类型值$\{v_1,\cdots, v_k\}$，那么将以当前结点为根结点生成一个子树，子树的每个分支对应$\{v_1,\cdots,v_k\}$中的一个值 v_i，并在该子树上计算属性 A_i的信息增益。

（2）数值型属性划分

对于数值型属性，文献[2]和传统的 C4.5 算法采用了二元划分方法。而在本章所要解决的问题中，二元划分并不合适。一是在待划分数值区间较大的情况下，二元划分将导致划分后的两个子数值区间范围过大；二是不同用户通常对不同的数值区间感兴趣，这些区间一般在数值上比较接近而又在一个合适范围内。因此，为了满足用户偏好并减少搜索代价，在当前所讨论的问题环境下，对数值型属性的划分采用了多元划分方法。

该方法的基本思想是基于对查询历史的统计，通过对那些在用户查询中很可能被同时访问的值进行聚合的方式划分数值区间。令 v_{min} 和 v_{max} 分别代表关系 R 中数值型属性 A_i 上的最小值和最大值。下面，首先考虑简单划分的情况，假设欲将范围$(v_{min},v_{max}]$划分成为两个互不相交的数值区间，即，在范围$(v_{min},v_{max}]$中找出一个最佳分割点 v ($v_{min}< v <v_{max}$)。如果在查询历史中，大多数指定在属性 A_i 上的范围查询都以点 v 开始（start）或结束（end），那么点 v 就是一个最佳分割点，因为通过查询历史可知，大多数用户对以点 v 划分的两个数值区间其中之一（即$(v_{min}, v]$或$(v, v_{max}]$）感兴趣，而并非对介于这两个数值区间之间的数值感兴趣（如图 4.2（a））。这种情况下，用户可以忽略其中一个区间以避免检查其下的所有元组，因此能够减小信息过载。反之，如果查询历史中大多数的范围查询所指定的数值区间都跨过点 v 而并非以点 v 开始或结束，则说明大多数用户对以点 v 划分的这两个区间都感兴趣。这种情况下，用户需要检查 R 中的所有元组，从而导致过高的搜索代价，因此点 v 也就不是一个好的分割点。如果要将$(v_{min}, v_{max}]$划分成 m 个数值区间，则需要选择 $m-1$ 个分割点。这些分割点的共同特征是，查询历史中有大多数的范围查询以它们开始或结束，即 start/end 数较大。然而，分割点的 start/end 数并不是影响搜索代价的唯一因素，另一个因素是落在每个数值区间中的元组数。所以，就代价而言，上述的分割点选择方法并不一定总能产生最佳的划分，特别是分割点的 start/end 数与落在每个数值区间的元组数之间存在很强关联的情况下。但应当指出的是，在所使用的实验测试集上很少存在这样的关联，因此上述方法能够产生低代价的划分。

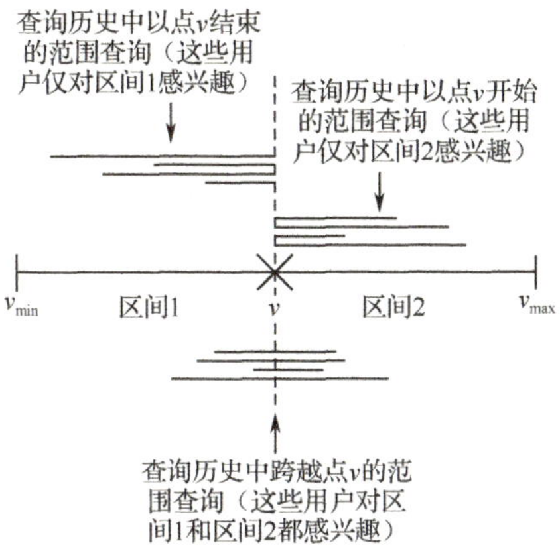

（a）

Split Point v	start-v	end-v	Sum(start-v, end-v)
10	0	0	0
20	90	60	150
30	0	0	0
40	0	0	0
50	30	50	80
60	0	0	0
70	50	80	130
80	0	0	0
90	0	0	0
100	-	20	-

（b）

图 4.2 最佳分割点选取思想和实例

下面考虑较为复杂的划分，如果要将范围(v_{min}, v_{max}]划分为 m 个区间（m 由领域专家指定），基于上述直觉，需要选择（m−1）个分割点，并确保查询历史中有大多数指定在属性 A_i 上的范围查询开始或结束于这些分割点。再次考虑点 v，对于查询历史中指定在属性 A_i 上的范围查询，令 start-v 和 end-v 分别代表这些查询中以点 v 开始和结束的查询个数，然后用 start-v 与 end-v 的个数之和 Sum(start-v, end-v)作为点 v 的成绩（即点 v 适合作为分割点的成绩）。实际上，上述方法是对分割点最优成绩的一个近似，理想情况是给定一个分割点并且由该分割点划分成的两个区间具有相同的元组数，上述方法就获得了分割点的最优成绩。在当前讨论问题情况下，由于分割点的成绩仅依赖于点 v，因此能够为每一个潜在分割点预先计算它们各自的成绩，并将其存储在一个关系表中。图 4.2（b）给出了在范围(0, 100]中，对于所有可能分割点的预计算成绩（这里假设分割点以固定步长 10 划分得到）。在查询处理期间，为生成 m 个区间，算法根据成绩大小以降序方式从范围(v_{min}, v_{max}]中选取前 m−1 个分割点。注意，如果待划分的数值区间包含的元组数太少（这里设定的阈值为 20），则没有必要对其进行划分。

例 4.2 在图 4.2（b）中，如果设置 m=3，则 20 和 70 将首先选取作为分割点，因为它们具有最高的成绩（分别是 150 和 130）。考虑到并不是所有的分割点在当前的查询结果范围内都可用，例如，如果分割点 70 不可用，则跳过该分割点选取下一个分割点 50，即最终确定的两个分割点分别为 20 和 50。数值型属性的多元划分方法与二元划分方法的区别在于，二元划分方法在多个可能分割点中选择一个最佳分割点，对数值区间进行二元划分；而多元划分通过统计查询历史，将那些在查询中很可能被用户同时访问的值聚合在一起对数值区间进行多元划分（包括二元划分）。

利用上述方法，对于关系 R 中的每一个数值型属性 A_i，预先为其每个可能分割点计算成绩，并将成绩存储在结构如图 4.2（b）所示的关系表中，这样能够有效减少在线查询处理时间。在构建分类树过程中，为了自动确定数值型属性的数值区间划分个数（即 m），利用了前面为每个数值型属性构建的分割点成绩表。按照成绩大小逐步选取从一个到所有的可能分割点划分数值区间，然后对比每种划分取得的信息增益。通过在 BookDB 上反复实验，得到的结论是对于定价属性仅需考察最多前 10 个具有最高成绩的分割点，就能确定具有最大信息增益的分割数和相应的分割点，这在很大程度上减少了考察分割点信息增益的计算量。

4.4.3　分裂标准

算法 4.3 与现有的决策树构建算法的主要区别在于如何计算一个划分而产生的信息增益。C4.5 算法通过计算信息增益评估一个属性划分数据的能力，而构建分类树的目的在于减少搜索代价，搜索代价由访问中间结点的代价和访问叶结点中元组的代价构成。根据文献[2]可知，在构建分类树过程中，决策树算法的信息增益计算忽略了访问叶结点中元组的代价。

访问叶结点中元组的代价：令 v 是一个待划分的结点，$N(v)$代表 v 中的元组数。令 v_1 和 v_2 是由划分而产生的孩子，P_i 是用户对元组聚类 C_i 感兴趣的概率，则划分后获得的信息增益等于结点 v 被划分成孩子 v_1 和 v_2 后搜索代价的减少。所以，基于搜索代价的定义，访问叶结点中元组的代价减少是因为把结点 v 分裂成孩子 v_1 和 v_2，即

$$N(v)\sum_{C_i\cap v\neq\phi}P_i-\sum_{j=1,2}N(v_j)(\sum_{C_i\cap v_j\neq\phi}P_i) \tag{4.2}$$

C4.5 算法没有考虑访问叶结点中元组的代价。例如，把一个结点分裂成两个孩子，考虑两种分裂情况：一种是这两个孩子包含的元组分别带有类标签（C_1,C_2,C_1,C_1）和（C_2,C_2），另一种是这两个孩子包含的元组分别带有类标签（C_2,C_1,C_2,C_2）和（C_1,C_1）。如果利用 C4.5 算法，这两种分裂将具有相同的信息增益。然而，如果令 P_1=0.5，P_2=0，那么第一种分类的搜索代价要小一些，因为根据式（4.2），第一种分裂的搜索代价是 2，而第二个是 3。

访问中间结点的代价：现在讨论如何评估中间结点的访问代价。由于考察所有以 v 为根构成的树是不可行的，因此这里仅考察能准确对 v 中元组进行分类的树集合，即它们的叶结点中仅包含同类元组，把这些树称为完全树（perfect tree）。很明显，完全树可被进一步分裂。

观察 4.1　给定一个包含 N 条元组和 k 个类别的完全树 Tree，其中 Tree 中的每一个类 C_i 包含 N_i 条元组。对于 Tree 中的所有元组，信息熵 $E(v)=-\sum_{1\leqslant i\leqslant k}\frac{N_i}{N}\log\frac{N_i}{N}$ 近似等于根-叶子路径的平均长度。

该观察可用图 4.3 说明。因为 Tree 是一个完全树，它的叶结点中仅包含相同类别的元组。对于每一个这样的叶结点 Leaf_i（Leaf_i 中包含了 N_i 条元组，并且它们都属于类别 C_i），可被进一步分裂成一个更小的子树 Tree_i，该子树的根就是 Leaf_i，并且它的叶结点仅包含 C_i 中的一条元组。每一个子树 Tree_i 包含 N_i 个叶结点，所有这些子树 Tree_i 和 Tree 构成了一个大树 Tree_b，Tree_b 包含 $\sum_{1\leqslant i\leqslant k}N_i=N$ 个叶结点。进一步假设每一个子树 Tree_i 和大树 Tree_b 是平衡的，则 Tree_i 的高度是 $\log N_i$，Tree_b 的高度是 $\log N$。注意，对于 Tree 中的第 i 个叶结点

Leaf_i，从根到 Leaf_i 的路径长度等于大树 Tree_b 的高度减去小树 Tree_i 的高度。这样，每一个 Leaf_i 中都有 N_i 条元组，并且其中的每一条元组都具有相同的从根到 Leaf_i 的路径。所以，对于 Tree 中的所有元组，从根到所有叶结点的路径的平均长度为：

$$\sum_{1\leqslant i\leqslant k}\frac{N_i}{N}(\log N-\log N_i)=-\sum_{1\leqslant i\leqslant k}\frac{N_i}{N}\log\frac{N_i}{N} \tag{4.3}$$

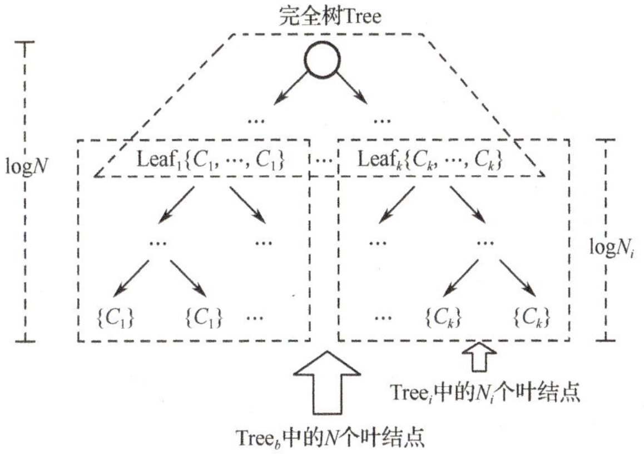

图 4.3　观察 4.1 的说明

很明显，这就是信息熵 $E(v)$。注意，大多数的决策树算法通常选择具有最大信息增益的分裂。实质上，信息增益（IGain）就是通过分裂而导致的信息熵的减少程度，它用下式表示：

$$\text{IGain}(v,v_1,v_2,\cdots,v_m)=E(v)-\frac{N_1}{N}E(v_1)-\frac{N_2}{N}E(v_2)-\cdots-\frac{N_m}{N}E(v_m) \tag{4.4}$$

由此可见，一个具有最大信息增益的分裂将产生一个具有最低信息熵的树。基于观察 4.1，该树将具有最短的从根到叶结点的路径长度。

两个代价的结合：下面采用一种归一化方法（式（4.5））将上述两种代价结合，用来评估将 v 分裂成 $v_1, v_2,\cdots, v_m$ 而获得的信息增益。

$$\frac{\text{IGain}(v,v_1,v_2,\cdots,v_m)/E(v)}{\left(\sum_{j=1,2,\cdots,m}N(v_j)\left(\sum_{C_i\cap v_j\neq\phi}P_i\right)\right)/\left(N(v)\sum_{C_i\cap v\neq\phi}P_i\right)} \tag{4.5}$$

式中，分母是用分裂后访问叶结点中元组的代价除以分裂前访问叶结点中元组的代价。根据文献[8]，一个分裂总能降低访问叶结点中元组的代价，因此分母的取值范围为(0, 1]；分子是结点 v 的信息增益除以它的信息熵。

因为信息增益通常会很小，所以当两个分母（即 $E(v)$和 $\left(N(v)\sum_{C_i\cap v\neq\phi}P_i\right)$）相似的情况下，上式的比值受分子影响较大。因此，分别计算式（4.5）中的分子和分母中各自包含的两个项之比而不是对它们求和。例如，假设式（4.5）两个部分中的分子分别是 0.1 和 0.2，分母都是 0.5，那么每个部分中的分子与分母之和分别等于 0.6 和 0.7，差是 0.1；每个部分中的分子与分母之比分别等于 0.2 和 0.4，差是 0.2。

复杂度分析：令 n 为查询结果元组数，m 为属性个数，k 为类别数。C4.5 算法在计算信息增益过程中使用了一些优化技术，例如，在计算某个属性的信息增益之前，首先按该属性上的属性值对结果集中的所有元组进行排序，然后对该属性上的所有分裂点进行一次性信息增益计算。这样，计算式（4.5）中信息增益的时间复杂度为 $O(k)$，根据不同属性对元组进行排序的时间复杂度为 $O(mn\log n)$。对一个结点，由于每次计算信息增益的时间复杂度为 $O(k)$，而且最多有 m 个候选分裂属性以及 n 种可能的分裂点，因此对其上所有可能分裂进行信息增益计算的时间复杂度为 $O(mnk)$。假设生成的分类树为 $\log n$ 层，则总的时间复杂度为 $O(mnk\log n)$。

4.5　效果与性能实验评价

4.5.1　实验环境

数据集：采用第 2 章所述的图书数据集 BookDB。

查询历史：邀请 20 位来自不同专业的研究生向 BookDB 提交查询，利用这种方式为 BookDB 收集了 1000 条查询作为查询历史。

对比算法：将本章所介绍的分类算法简称为 C4.5-adaption。通过在关系表中增加一个属性列存储分配给每条元组的类标签，查询聚合的相关度阈值 B 设置为 0.8，C4.5-adaption 算法的停止条件 ω 设置为 0.01。

将本章介绍的 C4.5-adaption 分类算法与 Cost-based 和 C4.5-Categorization 分类技术进行比较。Cost-based 使用查询历史推测大多数用户对每个分类属性的重视程度，利用贪心算法选择用户感兴趣概率最大的属性作为当前层的分类属性，每层使用同一个分类属性。C4.5-Categorization 根据不同的用户偏好为数据库中的元组进行归类，根据元组聚类在查询结果集上使用 C4.5 算法构建分类树，对于数值型属性采用二元划分。

用户调查：设计了 5 个测试查询（表 4.3）。除了提交查询历史的 20 个测试者，还另外邀请了 15 个来自不同专业的研究生作为测试者对分类效果进行测试。对于每个测试查询，分别使用 3 种分类技术，则总共有 15 对查询-技术组合形式。这些任务-技术组合指派给每一个测试者，使得满足如下三个条件。①没有任何测试者执行同一个查询超过一次；②一个测试者交叉使用多种技术，使其能够从整体上体验每种技术的性能；③每一种查询-技术组合至少由两个测试者执行。

为了进行分类效果的用户调查，构建了一个基于 Web 表单形式的查询接口，该接口允许用户查询数据库并指定一种分类技术对查询结果进行分类。为计算搜索代价，对用户的每一次查询操作记录如下信息：测试者，测试查询 ID，使用的分类技术，在分类树结点上的点击/展开操作次数以及点击元组的次数。在测试者使用查询接口之前，为其提供了一个对系统的简单描述和操作示范。对于每一个测试查询，要求测试者使用分类树（分别由上述 3 种技术创建）选择 1～20 本他们欲购买的图书。

表 4.3　测试查询

Queries	Number of result tuples
Q1: 商品名 = 数据结构	379
Q2: 商品名 =Java 程序设计	476
Q3: 商品名 = 英语 ∧ 译著者 = 新东方	900
Q4: 商品名 = 市场营销	1680
Q5: 类别 = 小说 ∧ 出版时间: 2007～2009	12 793

4.5.2　用户调查结果

该实验目的是通过用户调查方式，对分别由三种分类技术创建的分类树搜索代价进行比较。下面，分别使用三种评价标准量化不同分类技术的分类效果。

（1）实际搜索代价

用户访问分类树的实际搜索代价（Total actual cost）定义为

$$\text{ActCost(Tree)} = \sum_{\forall\, v \in \text{Leaf}(T) \text{ visited by a subject}} \left(K_1 N(v) + K_2 \sum_{v_i \in \text{Anc}(v)} |\text{sib}(v_i)|\right) \tag{4.6}$$

不同于式（4.1）定义的预计搜索代价，该代价是一个测试者找到所有相关元组过程中实际访问的中间结点和叶结点中元组的代价总和。为了找到所有相关元组，测试者需检查分类树中所有分支的标签和所有叶结点下的元组，除非某个分支是测试者明确认为不相关的。为方便起见，假设访问中间结点标签和叶结点中元组的代价是相等的，即设定 $K_1 = K_2 = 1$。

表 4.4 给出了预计搜索代价 ECost(Tree, C)和实际搜索代价 ActCost(Tree)之间的 pearson 关系[9]（pearson 系数体现了两个变量的线性相关程度）。一般来讲，这两种代价之间存在一个较强的正相关性（0.755）。15 种情况中的 12 种都存在较强正相关性，这也证实了该代价模型能较为正确地模型化现实中的信息过载现象。

表 4.4　实际搜索代价和预计搜索代价之间的 pearson 关系

Users	Correlation
U1	0.92
U2	0.87
U3	0.66
U4	0.33
U5	0.9
U6	0.88
U7	0.15
U8	0.84
U9	0.8
U10	0.78

续表

Users	Correlation
U11	-0.05
U12	0.67
U13	0.85
U14	0.8
U15	0.84

通常来讲，实际搜索代价越低，表明用户找到所有相关元组所需检查的结点数和元组数就越少，因此分类算法越好。对于每个测试查询，图 4.4 给出了不同分类技术的实际搜索代价对比，该代价平均了对应于同一个查询-技术组合的所有实际搜索代价。

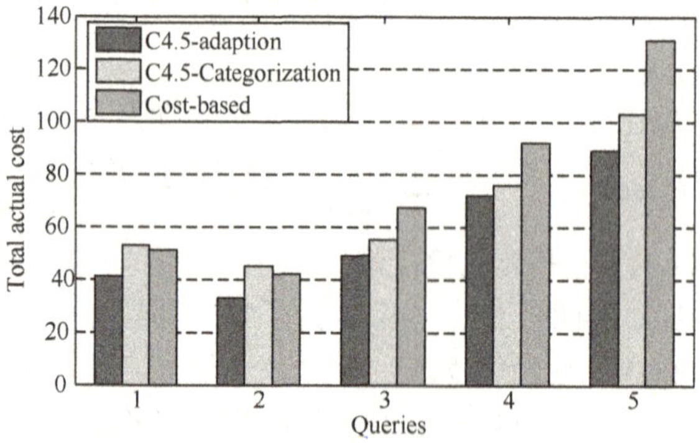

图 4.4　不同分类技术的实际搜索代价对比

（2）相关元组数

对于同一个测试查询，由于使用不同的分类技术，测试者实际上找到了不同的相关元组数，则上述评价标准是不公平的，因此需要比较每种查询-技术组合情况下，测试者找到的相关元组数。对于每个测试查询，图 4.5 给出了测试者在每种技术构建的分类树上分别找到的相关元组平均数。可见，利用本章方法，测试者通常找到更多的相关元组。这实际上也体现出一个好的分类技术能够使测试者很容易定位到相关元组，并且找到更多的相关元组。

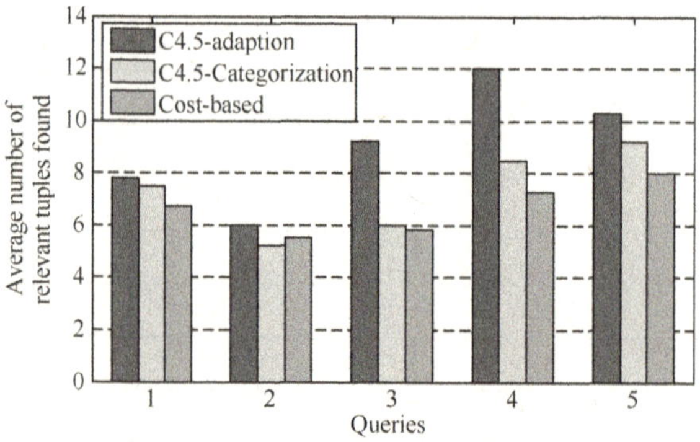

图 4.5　利用不同分类技术找到的相关元组平均数对比

（3）平均搜索代价

为了更好地量化每种技术的分类效果，利用平均搜索代价标准化上述比较，即测试者找到一个相关元组的平均搜索代价（Average cost），定义为：

$$\text{AvgCost(Tree)} = \frac{\text{Total actual cost}}{\text{\#Number of relevant tuples found}} \tag{4.7}$$

平均搜索代价等于实际搜索代价除以测试者找到的相关元组数。对于每个测试查询，图 4.6 给出了利用 3 种分类技术找到每个相关元组的平均搜索代价对比。

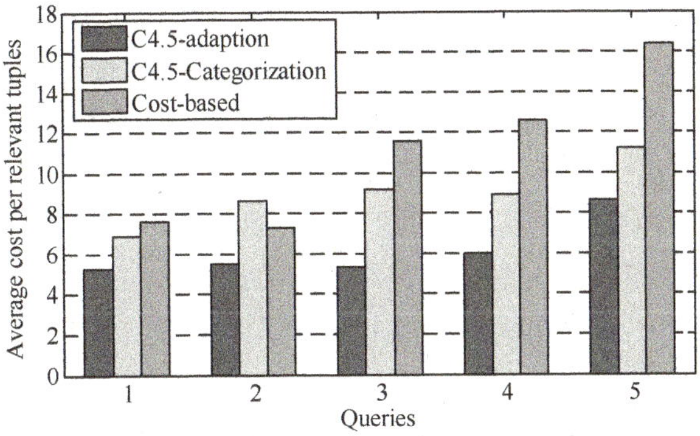

图 4.6　不同分类技术的平均搜索代价对比

通过上述三种情况的比较可知，由 Cost-based 生成的分类树效果最差，原因是 Cost-based 忽略了不同类型的用户偏好，而且也没有考虑分类树生成过程中进一步分裂而导致的搜索代价的降低。本章方法在一定程度上优于 C4.5-Categorization 方法，其主要原因有：第一，在查询聚合阶段，能够将语义上相似的查询聚合到一起，从而使查询结果中语义上相似的元组聚为一类，这样的元组聚类能够更贴近用户实际需求；第二，对于数值型属性的划分，使用了多元划分方式（C4.5-Categorization 使用二元划分），使用户可从多个不同的数值区间中选择一个感兴趣的区间，并且每个区间中的数值都是用户在查询期间很可能同时访问的值，因此这种划分方式能够在一定程度上提高分类结果对用户偏好的满足程度，从而降低搜索代价。由此可见，与现有分类技术相比，本章方法同时具有最小的实际搜索代价和平均搜索代价。对于每个测试查询，用户使用本章方法生成的分类树，平均仅需访问 6.15 个中间结点或元组就能够定位到一条感兴趣的元组，而 C4.5-Categorization 和 Cost-based 分别为 8.97 和 11.09。此外，前三个测试查询的实际搜索代价不超过 50，第 4 个测试查询为 72，最后一个测试查询为 89。

最后，要求测试者根据由 3 种分类技术生成的分类树的使用效果评价这 3 种技术的优劣。调查结果如表 4.5 所示，可见大多数测试者认为本章方法是最好的。

表 4.5　调查结果

Techniques	#Subjects that called it best
C4.5-adaption	9
C4.5-Categorization	4
Cost-based	2

4.5.3　查询之间的语义相关度评估方法的合理性测试

该实验以用户调查方式，验证不同查询之间语义相关度评估方法的合理性。邀请了 20 位研究生（他们经常通过 Amazon 中文图书网站购书）评价由该方法计算得到的不同查询之间的语义相关度是否合理。要求每位研究生首先从 1000 条查询历史中任选 30 条感兴趣的查询，然后根据本章方法计算得到的查询之间的语义相关度，为其提供与每个查询 Q 相似的 Top-10 个查询（按照相关度降序排列）。注意，这里为 BookDB 中每个属性设定的权重分别为（商品名：0.2，译著者：0.2，出版社：0.1，定价：0.15，ISBN：0.05，出版时间：0.1，类别：0.15，折扣：0.05）。测试者可通过执行查询观察相应的查询结果集，在此基础上他们的任务是，从对应于每个查询 Q 的 Top-10 个相似查询列表中选取他们认为与 Q 最相关的查询，并且从以下两个方面说明查询 Q'与 Q 的相似性。

（1）查询 Q'与 Q 中具有相同或相关的查询值，即查询 Q'指定在某个（些）属性上的查询值与查询 Q 在那个（些）属性上指定的查询值相关。例如，商品名“C 语言程序设计”与“C++语言程序设计”相关，所以在同一属性上指定了相同或相关查询值的查询之间认为是彼此相似的。

（2）查询 Q'与 Q 的结果相关。虽然查询 Q'与 Q 指定的查询值之间不具相关性，但查询 Q'的结果与 Q 的结果相关。例如，查询“商品名=三国演义”与“译著者=罗贯中”的查询结果之间是相关的，但这两个查询本身之间是不相关的。

这里用错误率（Error）量化用户调查结果，错误率是用 Top-10 个查询中用户认为不相关的查询个数除以 10，即

$$\text{Error}(\text{Related}(Q)) = \frac{|\text{NotRelevant}(\text{Related}(Q))|}{10} = \frac{10\text{-Relevant}(\text{Related}(Q))}{10} \tag{4.8}$$

对于用户调查中的所有查询，错误率平均低于 20%。此外，调查结果还显示，在相关的查询集合中，测试者发现平均有 60%的相关查询与相比较的查询之间具有相关的查询值；对于剩余的 40%来说，测试者需要执行查询并且观察查询结果才能确定相关性。表 4.6 给出了查询历史中与给定的 3 个查询之间语义上相似的查询样本集合。我们注意到，虽然在 2M 的数据集上获得的查询之间的语义相关度低于从 4M 的数据集上获得的语义相关度，但是两者相差不大。因此，该算法是稳定的。

表 4.6　不同查询之间的语义相关度计算结果

Query Q	Similar queries	Similarity (2M)	Similarity (4M)
商品名 =C 语言程序设计	商品名 = C++语言程序设计	0.82	0.83
	商品名 = 全国计算机等级考试：二级 C 语言	0.73	0.76
	商品名 = 数据结构 (C 语言版)	0.57	0.6
商品名 = 三国演义	译著者 = 罗贯中	0.93	0.97
	商品名 = 水浒传	0.49	0.53
	商品名 = 三国志	0.21	0.23

续表

Query Q	Similar queries	Similarity (2M)	Similarity (4M)
商品名=数据结构∧译著者= 严蔚敏	商品名 = 数据结构 ∧ 译著者 = 吴伟民	1	1
	商品名 = 数据结构 ∧ 译著者 = 李春葆	0.68	0.71
	商品名 = 数据结构 ∧ 译著者 = 金远平	0.23	0.24

4.5.4　查询聚合对元组聚类和分类效果的影响

实验 4.5.3 已经验证了查询之间语义相关度评估方法的正确性，该实验的目的是在现有查询历史基础上测试该方法对元组聚类和分类效果的影响，并与文献[2]方法进行对比。首先，测试在不同相关度阈值下，本章方法（向量空间模型方法，简称 VSM）和文献[2]方法（关系数据模型方法，RDM）在原始数据上各自产生的元组聚类个数，对比结果如表 4.7 所示。

表 4.7　不同阈值下由 VSM 和 RDM 产生的元组聚类个数对比

Threshold \ Method	VSM	RDM
0.9	45	56
0.8	36	51
0.7	31	42
0.6	25	34
0.5	21	29

由表 4.7 可知，在相同的相关度阈值下，由 VSM 方法产生的元组聚类个数一直少于由 RDM 方法所产生的元组聚类个数。这是因为 RDM 方法在关系数据模型下严格按照元组结构匹配来评估查询之间的语义相关度，这样一旦两个查询在相同属性上指定了不同值，则二者的相关度必然为 0。实际上，如第 4.3.1 节的讨论，这两个查询之间可能在语义上很相似，VSM 方法利用向量空间模型评估两个查询对应的结果集之间在各个属性上的匹配程度，从而能够有效地解决上述问题，并能得到客观合理的相关度。因此，在相同的相关度阈值下，本章方法能够聚合较多语义上相似的不同查询，进而生成较少的元组聚类。当相关度阈值设置为 0.8 时，在实验中能够大大减少查询集合的个数，而且又能聚合非常相似的查询，从而使得元组聚类个数减少。然而，查询之间语义相关度评估方法的有效性不仅体现在由查询聚合而产生的元组聚类数越少越好，而且还应重点考察语义上相关的元组是否能够被聚到一起并最终导致搜索代价的减少。

下面，进一步讨论查询之间的语义相关度评估方法对分类效果的影响。为公平起见，在构建分类树过程中，本章方法将数值型属性采用 C4.5 算法的二元划分。在该实验中，不需要测试者重新进行 4.5.2 节的实验操作，而是以如下方式进行用户调查：首先记录每个测试者在 4.5.2 节实验中为每个测试查询而选择的相关元组，并假设在该实验中用户将会以 100%的概率选择这些元组。然后，对于以当前元组聚类生成的分类树，用式（4.6）计算使用该分类树找到这些相关元组的实际搜索代价。对于每个测试查询的结果集，在相同的相关度阈值下（这里设置为 0.8），VSM 方法和 RDM 方法实际上分别产生了不同的元组聚类。图 4.7 显示了基于不同元组聚类生成的分类树的平均搜索代价对比结果。注意，对于每种分类方法，由于测试者为每个测试查询选择的相关元组数都是相同的，因此这里仅需给出平均搜索代价的对比即可。

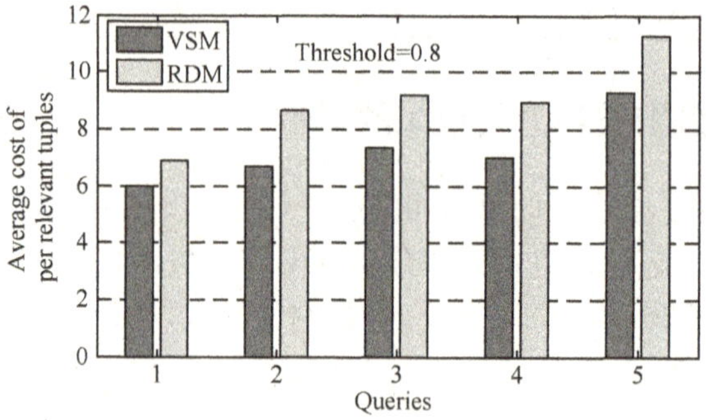

图 4.7　基于不同元组聚类的平均搜索代价对比

当相关度阈值设置为 0.8 时，在 VSM 方法产生的元组聚类上构建的分类树，其平均搜索代价为 7.25；而在 RDM 方法产生的元组聚类上构建的分类树，其平均搜索代价为 8.97。原因在于，RDM 方法很难将查询历史中语义上相似的查询聚合到一起，从而导致语义上相关的元组不能聚到一起并产生过多的元组聚类。因此，基于这些元组聚类生成的分类树要比在较少元组聚类上生成的分类树大很多，从而导致过高的搜索代价。相比之下，VSM 方法能够有效地聚合语义上相似的查询，从而使得语义上相关的元组能被置于相同的元组聚类中并有效地减少元组聚类个数，那么在此基础上生成的分类树就比较小，搜索代价相应地也就较小。

4.5.5　数值型属性的多元划分对分类效果的影响

该实验目的是测试对数值型属性采用多元划分对分类效果的影响，并与二元划分的分类效果进行对比。沿用 4.5.4 节的实验设置，查询相关度阈值设定为 0.8，然后在本章方法产生的元组聚类基础上，比较数值型属性采用二元划分与多元划分在分类效果上的差别，对比结果如图 4.8 所示。当相关度阈值设置为 0.8 时，由二元划分和多元划分生成的分类树平均搜索代价分别为 6.15 和 7.25。由此可见，数值型属性多元划分方法，对于分类效果的提高具有一定的改善作用，其主要原因在于二元划分导致划分后的每个子区间过大，从而可能导致对该数值型属性的进一步划分；而多元划分是基于对查询历史的统计，将用户在查询中很可能同时访问的值划分到一个区间，因此能够在一定程度上提高分类结果对用户偏好的满足程度，从而降低平均搜索代价。

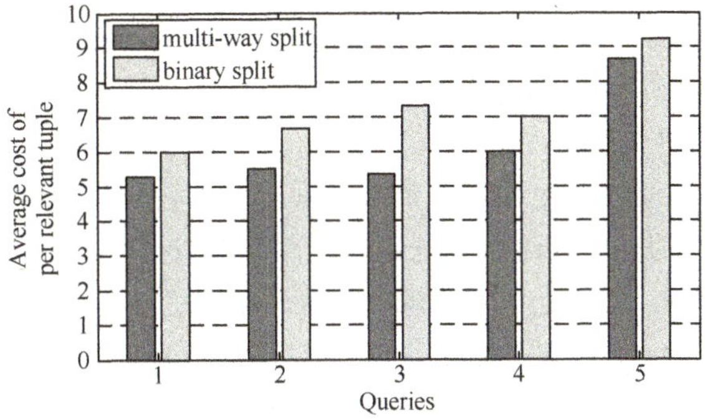

图 4.8　数值型属性不同划分方式下的平均搜索代价对比

4.5.6　分类树创建算法的执行时间测试

图 4.9 给出了利用本章算法为前 4 个测试查询创建分类树的执行时间（由于第 5 个测试查询的执行时间较长，因此不在图中显示），对于前 3 个查询（每条查询返回不超过 1 000 条元组），分类树创建时间不超过 1.6 秒，对于查询 Q_4（返回 1 680 条元组），分类树的创建时间约为 2.4 秒，对于查询 Q_5（返回 12 793 条元组），分类树的创建时间约为 5 秒。由此可见，该算法能够适用于大规模数据交互环境下的应用。

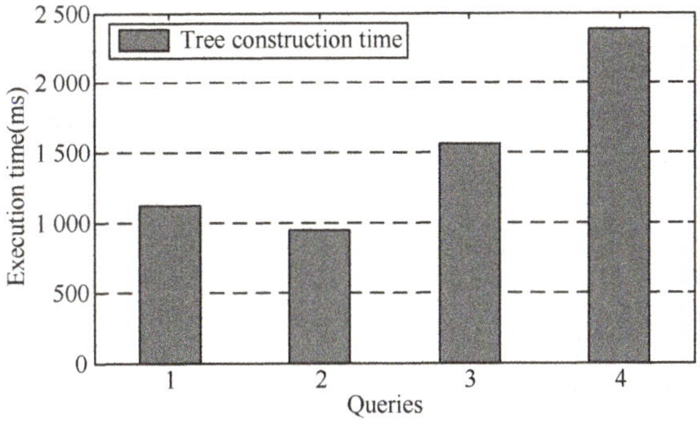

图 4.9　对于查询 Q_1～Q_4 的分类树创建时间

4.6　本 章 小 结

本章在相关研究工作基础上，介绍了一种基于改进 C4.5 决策树算法的 Web 数据库多查询结果分类方法。该方法在查询结果集上动态生成一个带有标签的分层的分类树。通过检查对应的标签，用户可决定一个分支是否与其相关，通过探索相关分支而避免信息过载。本章的分类方法包括两个处理阶段：离线处理阶段，分析系统中所有用户的查询历史，聚合语义上相似的查询，然后根据聚合的查询将原始数据划分成多个元组聚类，每一个元组聚类对应一种类型的用户偏好；在线处理阶段，当用户查询到来时，利用改进的 C4.5 算法和偏好类别在查询结果集上自动生成一个分类树，使用户能够利用分类树方便地选择和定位其所需信息。分类树的构建考虑了用户偏好的多样性和搜索代价问题。通过在 Amazon 中文图书数据集上进行测试和用户调查结果表明，本章方法生成的分类树取得了较好的分类效果，并且具有较小的实际搜索代价和平均搜索代价。

本章和第 3 章分别讨论了松弛查询下的多查询结果自动分类与排序方法，这两种方法同时也适用于非松弛查询下的多查询结果处理，因此使得 Web 数据库查询中出现的信息过载问题得到了有效解决。应当指出的是，排序和分类是避免信息过载的两种互补的处理方式，它们都存在各自的优缺点：排序方法的优点是整个过程是全自动的、不需要用户参与，缺点是其提供的排序结果形式固定，个性化查询服务水平较低；相比之下，分类方法的优点是用户可根据自己的偏好选择不同的分支，个性化查询服务水平较高，缺点是仅提供查询结果分类树，此后需要用户参与选择其感兴趣的信息。因此，根据不同的需求，用户可选择不同的查询结果处理方式。

4.7 参考文献

[1] Chakrabarti K, Chaudhuri S, and Hwang S. Automatic categorization of query results. Proceedings of the 2004 ACM SIGMOD International Conference on Management of Data, 2004: 755-766.

[2] Chen Z Y and Li T. Addressing diverse user preferences in SQL-Query-Result navigation. Proceedings of the 2007 ACM SIGMOD International Conference on Management of Data, 2007: 641-652.

[3] Tang B, He H B, Baggenstoss P M, Kay S. A bayesian classification approach using class-specific features for text categorization. IEEE Transactions on Know-ledge and Data Engineering, 2016, 28(6): 1602-1606.

[4] Rousseau F, Kiagias E, and Vazirgiannis M. Text categorization as a graph classi-fication problem. ACL, 2015: 1702-1712.

[5] Zheng W B, Tang H, and Qian Y T. Collaborative work with linear classifier and extreme learning machine for fast text categorization. Journal of World Wide Web, 2015, 18: 235-252.

[6] Laclavik M, Ciglan M, Steingold S. Search query Categorization at scale. Proceedings of the ACM World Wide Web International Conference, 2015: 1281-1286.

[7] Grbovic M, Djuric N, Radosavljevic V. A large-scale semi-supervised system for categorization of web search queries. Proceedings of the International World Wide Web Conference, 2015: 199-202.

[8] Mitchell T. Machine learning. New York: McGraw Hill, 1997.

[9] Simon S. Pearson correlation. http://www.cmh.edu/stats/definitions/correlation.htm.

第 5 章　Web 数据库关键字查询推荐方法

内容关键词

- 关键字查询
- 关键字之间的耦合关系
- 关键字查询之间的语义相关度
- 典型程度分析
- Top-*k* 多样性选取

5.1　关键字查询方法

由于 Web 数据库中存储了大量文本数据，因此基于关键字的 Web 数据库查询技术已成为当前数据库领域的研究热点。Web 数据库关键字查询使得普通用户无须在具体属性上指定查询条件，而是类似于百度、谷歌等搜索引擎一样仅需提供关键字就可检索 Web 数据库。现有的关键字查询技术主要利用全文索引的搜索方式从形式上匹配关键字，因此不可避免地返回与关键字形式匹配但表达意思相差甚远的查询结果；与此同时，虽然数据库中有些元组没有显式包含查询指定的关键字，但其内容可能与关键字十分相关，目前的关键字查询技术无法检索到这些信息，因此真正的相关性判定方法应该是增加语义理解，提供一种能够让计算机理解语义的自然语言推理机制，让查询系统能够理解关键字的含义，然后进行语义上的近似查询匹配，这样才能更加提高查询结果的准确率和完整性。

关键字查询的研究最早始于信息检索领域（主要针对无结构化的文本数据），后来逐渐扩展到结构化、半结构化及空间数据库。有关结构化数据的关键字查询方法大致可分成四类。一类是基于图论的方法，该类方法（如 BANKS 等）[1-3]把关系数据库看成一个模式图，图中的结点代表元组，边代表元组之间的主-外键约束关系。对于一个给定的关键字查询，从图中找出包含全部查询关键字的最小子图作为查询结果。第二类是基于候选网（Candidate Network, CN）的方法（如 DBXplorer、DISCOVER 和 SPARK 等）[4-6]，该类方法首先在每个关系表中找出包含全部给定查询关键字的匹配元组，然后每个关系表中的匹配元组通过主-外键约束关系构建多个候选网（CNs），在此基础上找出具有最小连接代价的候选网（Minimal Total Joining Network of Tuples, MTJNT）。一个 MTJNT 需满足以下条件：①MTJNT 中的每条元组必须至少包含一个查询关键字；②MTJNT 中的任何一条元组都不能被移除。上述两类方法在理论上都被证明为 NP-hard 问题，因此需要采用近似方法解决。第三类是基于元组单元（Tuple Unit）[7]和虚拟文档（Virtual Document）[8]的方法，基于元组单元的方法首先利用关系之间主-外键约束关系构建视图，视图中具有相同主属性值（指关系中的主属性）的记录集合视为一个元组单元，元组单元是关键字查询结果的逻辑单位，关键字查询结果就是显式包含查询关键字的多个元组单元集合；虚拟文档与元组单元方法的基本思想类似，都是按主属性值进行元组聚合，区别在于后者使用图论的方法表示虚拟文档。第四类方法是将关键字查询转换成标准的 SQL 结构化查询[9-11]，该类方法首先对数据进行抽样，然后分析查询关键字与元数据及抽样数据之间的对应关系，据此定义关键字查询转换规则，然后利用查询重写（query rewriting）方法将关键字查询转换成符合用户查询意图的结构化查询语句。有关 XML 数据上的关键字查询方法，其基本思想基于最低公共祖先（Lowest Common Ancestor, LCA）及其扩展方法（如 ELCA-Exclusive LCA[12]、SLCA-Smallest LCA[13]、MLCA-Meaningful LCA[14]等），该类方法先对 XML 数据树中的结点进行编码并构建索引，然后查找出 XML 数据树中显式包含全部（或部分）关键字的结点并鉴别出这些结点的 LCA，最后将以 LCA 为根的子树为结果。关于空间数据的关键字查询，代表性工作如文献[15, 16]，基本思想是在多维空间中综合考虑兴趣点（Point Of Interests, POI）的位置信息和描述信息与查询点的距离和与查询关键字的相关程度。

然而，上述方法通常假定用户能够使用关键字明确表达自己的查询意图，进而主要关注关键字的形式化匹配及查询效率，没有考虑查询关键字与查询结果的语义相关性。实际上，用户的查询意图通常是模糊或不明确的，并且用户通常使用自己熟知的关键字表达查询意图，因此提出的关键字查询也并非能够有效表达用户的查询需求。此外，如果查询关键字的选择性过强，还将会导致空或少量查询结果问题。在这种情况下，为用户提供一些与初始查询语义相关的多样性候选查询有助于扩展用户的查询思路，进一步完善其查询需求的表达。例如，当科研人员通过 DBLP 网站进行文献检索时，他们所提的查询关键字通常是某个研究领域的特殊专业词汇，有时匹配的结果很少，此时他们希望看到与查询关键字语义相关的文献。来看一个例子，假设某位科研人员希望了解信息检索领域有关查询排序的技术方法，则他很可能输入的查询关键字是“information retrieval, ranking, Top-*k*”，这种情况下如果系统能够为其提供“vector space model”、“latent semantic analysis”、“relevance ranking”等与信息检索和排序函数相关的查询（或查询关键字），则对于不了解信息检索领域的初学者来说非常重要。由此可见，Top-*k* 关键字查询推荐技术的关键在于分析关键字之间的语义相关关系，进而找到与给定查询语义相关的多样性候选查询。近年来，从耦合关系角度分析关键字之间的语义相关性逐渐兴起，文献[17], [18]和[19]将耦合关系分析思想引入到文档分析、聚类和分类中，有效提高了算法的准确性。针对上述问题，本章介绍了一种 Web 数据库 Top-*k* 多样性关键字查询推荐方法，目的是为普通用户提供少量语义相关且彼此具有一定差异的多样性候选查询，以便扩展用户知识范围的查询视野。

5.2 基本概念和解决方案

5.2.1 基本概念

令 D 是一个 Web 数据库，其后台数据库为关系数据库，包含关系表（$R_1, \cdots, R_n$），每个关系表包含 n_i 条元组($t_1, \cdots, t_{n_i}$)，在此基础上定义关键字查询、查询历史及相关概念。

定义 5.1 关键字查询：Web 数据库 D 上的关键字查询 Q 是一个包含 n 个查询关键字的序列，即 $Q=[k_1, k_2, \cdots, k_n]$，其中每个 $k_i(i\in 1,\cdots,n)$是一个查询关键字，这些关键字的组合表达了用户的查询意图。

查询 Q 中的每个关键字可以是一个单词或一个短语，取决于如何对关键字查询进行分解。

定义 5.2 查询历史：Web 数据库 D 上的关键字查询历史表示为 $W=\{(U_1, Q_1, K_1),\cdots, (U_n, Q_n, K_n)\}$，其中 U_i 代表 Session ID（一个 Session 是从用户连接 Web 数据库开始到断开连接为止，这段期间用户可能会提交多个关键字查询），Q_i 代表查询 ID，K_i 代表查询中包含的查询关键字。

利用文本分析工具（如 AlchemyAPI[20]和 Wikipedia[21]）对关键字查询进行分解和规范化处理。表 5.1 给出了基于 DBLP 数据集的关键字查询集合的例子。

表 5.1 DBLP 数据集上修剪后的关键字查询集合的例子

UID	QID	Keywords
U_1	Q_{12}	information retrieval, relevance ranking
U_2	Q_{25}	information retrieval, salton, vector space model
U_3	Q_{34}	cosine similarity, vector space model, SIGIR
U_4	Q_{45}	latent semantic analysis, document clustering, cosine similarity
U_5	Q_{53}	relevance ranking, latent semantic analysis, SIGIR
U_6	Q_{64}	information retrieval, vector space model, tf-idf

5.2.2 解决方案

Web 数据库 Top-k 多样性关键字查询推荐方法分成两个处理阶段，系统框架如图 5.1 所示。

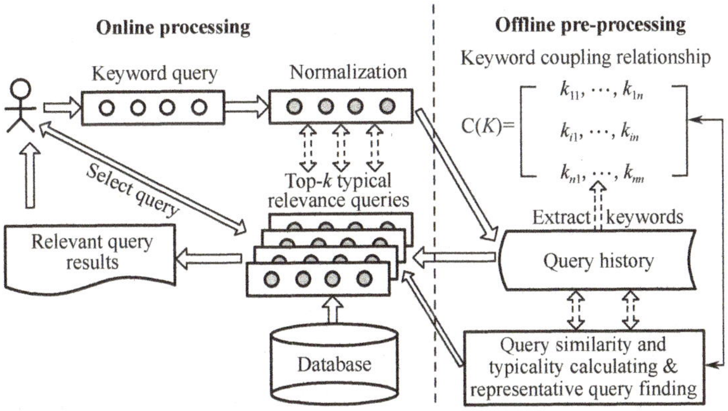

图 5.1 Top-k 多样性关键字查询推荐系统框架

（1）离线阶段：首先，在修剪后的查询历史中抽取出所有不同的关键字；然后，在查询历史上利用同现频率和关联关系分析方法计算不同关键字之间的耦合关系；根据关键字之间的耦合关系构建语义矩阵，然后利用核函数和语义矩阵对查询历史中所有不同的关键字查询进行语义相关度评估。根据查询之间的语义相关度，利用概率密度估计方法分析查询的典型程度，然后使用近似算法获取查询历史中具有较高典型程度的查询，形成典型查询集合。为了提高 Top-k 候选查询选取效率，从典型查询集合中选出少数代表性查询，并为每个代表性查询构建一个序列（序列中的元素是查询历史中除该关键字查询之外的所有典型查询，按其对代表性查询的语义相关度降序排列）。

（2）在线处理阶段：当一个关键字查询到来时，先计算该关键字查询与代表性查询之间的语义相关度，然后使用 TA（Threshold Algorithm）在离线阶段创建的序列上快速选取前 k 个与当前查询语义相关且彼此具有一定差异的查询提供给用户，其中当前查询与代表性查询之间的相关度为评分函数的一个权重，也就是当前查询与某个代表性查询越接近，那么该代表性查询对应的序列对结果的影响就越大。

5.3　关键字之间的耦合关系评估

5.3.1　关键字之间的内耦合关系评估

在信息检索中，如果两个词条（Term）经常共现在相同文档中，则说明这两个词条在一定程度上语义相关。类似地，在文本环境下，每个关键字查询可看成是一个文档（Document），查询历史看成是文档集合，查询中的每个关键字看成是一个词条（Term），那么如果两个关键字经常在查询历史的相同查询中共同出现，则说明这两个关键字在一定程度上语义相关。因此，给定一对关键字(k_i, k_j)，根据它们在查询历史中的共现频率，其语义相关性可由 Jaccard 系数[22]进行评估：

$$J(k_i,k_j)=\begin{cases}0 & ,\ \text{if}\ |W(k_i)\cap W(k_j)|<c\\ \dfrac{|W(k_i)\cap W(k_j)|}{|W(k_i)\cup W(k_j)|} & ,\ \text{if}\ |W(k_i)\cap W(k_j)|\geqslant c\end{cases} \tag{5.1}$$

式中，$W(k_i)$和 $W(k_j)$分别代表查询历史中包含关键字 k_i 和 k_j 的查询集合，c 是给定阈值。基于公式（5.1），关键字之间的内耦合关系可定义如下。

定义 5.3　关键字的内耦合关系：如果两个关键字至少在查询历史 W 的某个查询中共同出现，则它们具有内耦合关系，内耦合关系计算方法如下：

$$\delta_{\text{IaR}}(k_i,k_j\,|\,W)=J(k_i,k_j) \tag{5.2}$$

式中，$J(k_i,k_j)$见式（5.1）的定义。

由于 k_i 和 k_j 还可能与其他关键字共同出现，因此需要对 k_i 和 k_j 之间的内耦合关系进行归一化处理。也就是说，对于关键字求 k_i，(k_i, k_j)之间的内耦合关系占 k_i 与所有其他关键字之间内耦合关系之和的比例。所以，关键字(k_i, k_j)之间的内耦合关系最终按式（5.3）计算。

$$\delta_{\text{IaR}}(k_i,k_j)=\begin{cases}1, & i=j\\ \dfrac{\delta_{\text{IaR}}(k_i,k_j\,|\,W)}{\sum_{a=1,a\neq i}^{n}\delta_{\text{IaR}}(k_i,k_a\,|\,W)}, & i\neq j\end{cases} \tag{5.3}$$

式中，n 代表查询历史 W 中所有不同关键字的个数。

对于任意一对关键字(k_i, k_j)，都有$\delta_{\mathrm{IaR}}(k_i, k_j) \geqslant 0$ 且$\sum_{j=1, j \neq i}^{n} \delta_{\mathrm{IaR}}(k_i, k_j) = 1$。注意，$\delta_{\mathrm{IaR}}(k_i, k_j)$和$\delta_{\mathrm{IaR}}(k_j, k_i)$的值不一定相等，因为分母可能不同。不同关键字之间的内耦合关系评估算法如算法 5.1 所示。需要指出的是，由于$J(k_i, k_j) = J(k_j, k_i)$，所以矩阵$\delta_{\mathrm{IaR}}(k_i, k_j \mid W)$是对称矩阵，因此只需计算上半矩阵（算法第 4～5 行）。

算法 5.1 关键字内耦合关系评估算法

输入：查询历史 W，关键字集合 K，K 中的关键字个数 n

输出：内耦合关系矩阵 IaRMatrix

1. IaRMatrix=null.
2. **for** $i = 1$ to n-1 **do**
3.   **for** $k = i$+1 to n **do**
4.   IaRMatrix[i][k]=J(K[i], K[k]).
5.   IaRMatrix[k][i]=IaRMatrix[i][k].
6.   **end for**
7.   **for** m=1 to n **do**
8.   **if** ($m \neq i$) **then**
9.   Sum=Sum+IaRMatrix[i][m].
10.   **end for**
11.   **for** j=1 to n **do**
12.   **if** ($j \neq i$) **then**
13.   IaRMatrix[i][j]= $\frac{\mathrm{IaRMatrix}[i][j]}{\mathrm{Sum}}$.
14.   **end for**
15. **end for**
16. **return** IaRMatrix.

关键字的内耦合关系反映了在查询历史中共现的关键字之间的关联关系。除此之外，两个关键字即便没有共现在相同查询中，但是它们之间仍然可能存在间接关联关系。例如，表 5.1 中“information retrieval”和“cosine similarity”没有共现，但它们通过共同关键字“vector space model”间接相关，这里将关键字之间的这种关联关系称为间耦合关系。

5.3.2 关键字之间的间耦合关系评估

给定两个关键字 k_i 和 k_j，它们在查询历史中没有共现过，但如果与 k_i 和 k_j 共现的关键字集合之间存在交集，则这两个关键字存在间耦合关系。

给定一个关键字 k_i，所有与其共现的关键字可看作 k_i 的语义相关词语集合，因此 k_i 和 k_j 的间耦合关系可以通过二者的语义相关词语集合的重合度来评估。例如，对于表 5.1 中的关键字“vector space model”，其语义相关词语集合包括关键字“information retrieval、salton、cosine similarity、SIGIR”；对于关键字“relevance ranking”，其语义相关词语集合包括“information retrieval、latent semantic analysis、SIGIR”，由此可见，“vector space model”和“relevance ranking”的语义相关词语集合中重叠的关键字为“information retrieval”和“SIGIR”，这里称其为“共同关键字（Common keywords）”。在此基础上，k_i 和 k_j 通过共同关键字 k_c 产生的间耦合关系可定义如下。

定义 5.4　关键字的间耦合关系：如果在查询历史中至少存在一个关键字，使得 $\delta_{\text{IaR}}(k_i,k_c)>0$ 和 $\delta_{\text{IaR}}(k_j,k_c)>0$ 成立且 k_i 和 k_j 没有共现，则 k_i 和 k_j 具有间耦合关系，它们通过共同关键字 k_c 产生的间耦合关系计算方法如下。

$$\delta_{\text{IeR}}(k_i,k_j\,|\,k_c)=\min\{\delta_{\text{IaR}}(k_i,k_c),\delta_{\text{IaR}}(k_j,k_c)\} \tag{5.4}$$

式中，$\delta_{\text{IaR}}(k_i,k_c)$ 和 $\delta_{\text{IaR}}(k_j,k_c)$ 分别代表 k_i 和 k_c，k_j 和 k_c 的内耦合关系。

需要指出的是，k_i 和 k_j 之间通常存在多个共同关键字，并且每个共同关键字在查询历史中会有不同的重要性。因此，需要评估每个共同关键字的权重。权重评估的基本思想是在查询历史中出现次数越多的关键字具有越大的权重，因为出现次数越多代表用户查询该关键字的次数越多，因此也就说明其越受用户关注。令 $QF(k_i)$ 代表关键字 k_i 在查询历史中出现的次数，$QFMax$ 代表查询历史中最频繁出现的关键字的出现次数，关键字的权重可用下式计算：

$$w(k_i)=\frac{QF(k_i)}{QFMax} \tag{5.5}$$

由于 k_i 和 k_j 的共同关键字可能有多个，令 S 代表 k_i 和 k_j 的共同关键字集合，即 $S=\{k_c|(\delta_{\text{IaR}}(k_i,k_c)>0\wedge\delta_{\text{IaR}}(k_j,k_c)>0)\}$。关键字 k_i 和 k_j 通过 S 中所有共同关键字产生的间耦合关系如下：

$$\delta_{\text{IeR}}(k_i,k_j)=\begin{cases}1, & i=j\\ \dfrac{\sum_{\forall k_c\in S}w(k_c)*\delta_{\text{IeR}}(k_i,k_j\,|\,k_c)}{|S|}, & i\neq j\end{cases} \tag{5.6}$$

式中，$w(k_c)$由式（5.5）计算，$\delta_{\text{IeR}}(k_i,k_j\,|\,k_c)$ 代表 k_i 和 k_j 通过共同关键字 k_c 产生的间耦合关系。如果 k_i 和 k_j 的共同关键字多于一个，则式（5.6）表示的是取 k_i 和 k_j 通过这些共同关键字产生的间耦合关系的平均值。如果 $S=\Phi$，则 $\delta_{\text{IeR}}(k_i,k_j)=0$。关键字耦合关系评估算法如算法 5.2 所示。

算法 5.2　关键字间耦合关系评估算法

输入：查询历史中的关键字集合 K，K 中的关键字个数 n，内耦合关系矩阵 IaRMatrix，关键字权重

输出：间耦合关系矩阵 IeRMatrix

```
IeRMatrix=null.
for i=1 to n-1 do
    for j=1 to n do
      S← K[i]和 K[j]的所有共同关键字
        m=|S|
        if (S=Φ) then
          IeRMatrix[i][j]=0.
        else
          for k=1 to m do
              minvalue=min{δIaR(K[i],S[k]), δIaR(K[j],S[k])}
              sum+= minvalue * w(S[k]).
          end for
          IeRMatrix[i][j]=sum/m
    end for
end for
return IeRMatrix.
```

5.3.3　关键字之间的耦合关系评估

给定两个关键字 k_i 和 k_j，它们之间的耦合关系是内耦合关系和间耦合关系的结合，计算方法如下：

$$\delta_{CR}(k_i,k_j)=\begin{cases}1, & i=j\\(1-\alpha)\cdot\delta_{\text{IaR}}(k_i,k_j)+\alpha\cdot\delta_{\text{IeR}}(k_i,k_j), & i\neq j\end{cases}\tag{5.7}$$

式中，$\alpha\in[0,\ 1]$是一个参数，用来调节内耦合关系和间耦合关系在耦合关系计算中所起的作用。耦合关系值越大，说明两个关键字之间的语义相关性越强。需要说明的是，如果 $\alpha=0$，则式（5.7）将转化成内耦合关系；如果 $\alpha=1$，则式（5.7）将转化成间耦合关系。

表 5.2 给出了从表 5.1 中抽取出的所有不同关键字的耦合关系度。这里将式（5.7）中的 α 值设定为 0.5，表示内耦合关系和间耦合关系在关键字耦合关系评估中起同等作用。

表 5.2　关键字耦合关系矩阵实例

	information retrieval	relevance ranking	salton	vector space model	cosine similarity	SIGIR	latent semantic analysis	document clustering	tf-idf
information retrieval	1.00	0.09	0.12	0.18	0.09	0.08	0.06	0.00	0.12
relevance ranking	0.14	1.00	0.14	0.10	0.08	0.18	0.18	0.12	0.14
salton	0.25	0.14	1.00	0.25	0.09	0.10	0.00	0.00	0.25
vector space model	0.15	0.10	0.10	1.00	0.08	0.08	0.05	0.05	0.10
cosine similarity	0.09	0.08	0.09	0.09	1.00	0.20	0.20	0.18	0.09
SIGIR	0.08	0.14	0.10	0.10	0.22	1.00	0.21	0.09	0.10
latent semantic analysis	0.06	0.11	0.00	0.05	0.19	0.19	1.00	0.17	0.00
document clustering	0.00	0.12	0.00	0.05	0.25	0.09	0.25	1.00	0.00
tf-idf	0.25	0.14	0.25	0.25	0.09	0.10	0.00	0.00	1.00

从表 5.2 可以看出，同时考虑内耦合关系和间耦合关系的关键字耦合关系更为合理。例如，对于表 5.1 中的两个关键字“relevance ranking”和“cosine similarity”，如果仅考虑内耦合关系，这两个关键字之间的关系为 0；但实际上，这两个关键字在语义上十分相关，这种相关性可由间耦合关系捕获到。因此，这两个关键字的耦合关系最终并不是 0。为了提高检索效率，将关键字对之间的耦合关系存入耦合关系表中，表结构为{关键字 1，关键字 2，耦合关系度}，并在（关键字 1，关键字 2）上构建索引，从而能够缩短构建语义矩阵的时间。

5.4 关键字查询的语义相关度计算与典型程度分析

5.4.1 关键字查询之间的语义相关度计算

在信息检索领域，cosine 相关度是基于向量空间模型（Vector Space Model, VSM）的一种常用相关度评估方法。查询历史可看成是文档集合，每个查询看成是一个文档，每个关键字就是文档中的一个词条。因此，可以使用 cosine 相关度进行关键字查询之间的语义相关度计算，计算步骤如下。

（1）将关键字查询转换成向量表示

给定一对查询（Q_i, Q_j），统计该对查询中所有不同的关键字<$k_1, k_2,\cdots, k_n$>，它们构成了集合 $K=\{k_i \mid \forall i\in\{1,\cdots,n\}\}$。由于（$Q_i, Q_j$）中包含的关键字个数是有限的，因此集合 K 的基数为有限集，故可令 $n=|K|$，即集合 K 中所有不同关键字的个数。令 O_K 是对于 K 中所有关键字的一个随机排列，在该排列中每个关键字都有一个固定的位置，于是可用 $K[i]$表示 K 中按 O_K 排列的第 i 个元素。基于此，可以构建给定关键字查询的向量表示。

对于给定的一对关键字查询，其中每个关键字查询的向量表示都是一个包含 n 个元素的二元向量 V_Q，向量 V_Q 中的第 i 个元素对应 K 中的关键字 $K[i]$。如果查询中存在一个关键字与 $K[i]$对应，那么 $V_Q[i]=1$；否则 $V_Q[i]=0$。

例如，给定表 5.1 中的一对关键字查询 Q_{34} 和 Q_{45}，它们共包含 5 个不同的关键字。假设关键字的顺序为 Cosine Similarity (CS)、Vector Space model (VS)、SIGIR (SI)、Latent Semantic analysis (LS)和 Document Clustering (DC)。基于该顺序和上述构建向量空间模型的方法，查询 Q_{34} 和 Q_{45} 可以分别用向量[1 1 1 0 0]和[1 0 0 1 1]表示。

（2）构建语义矩阵

给定一对查询，假设 K 是这两个查询中的所有关键字集合，n 为 K 中的关键字个数。根据关键字之间的耦合关系，K 中所有关键字可以形成一个 $n*n$ 阶的语义矩阵 S_K，每一个元素 $S_K(i, j)$代表关键字 k_i 和 k_j 的耦合关系，这些值可以从第 5.3 节描述的关键字耦合关系表中快速检索到。

（3）计算关键字查询之间的语义相关度

在计算查询之间语义相关度过程中，为了保留关键字之间的耦合关系，利用步骤（2）构建的语义矩阵将每个查询对应的向量转换成一个新的向量 $\overrightarrow{Q'}=\overrightarrow{Q}S_K$，该向量体现了关键字之间的耦合关系信息。根据文献[23]，两个转换后的向量所对应的核函数可以写成：

$$k'\left(Q_{i1},Q_{i2}\right)=\vec{Q}_{i1}\left(S_K^{\mathrm{T}} * S_K\right)\vec{Q}_{i2}^{\mathrm{T}} \tag{5.8}$$

核函数的基本思想是将低维空间中的非线性可分问题映射到高维空间，使其变得线性可分，并利用高维空间中映射函数的内积对低维空间的问题进行分类。其关键在于找到输入的低维空间到高维空间的映射方法。核函数的作用是接受两个低维空间的向量输入，无须寻找从低维空间到高维空间的具体映射就能够计算出经过某个变换后在高维空间里的向量内积值[24]。高维空间中的映射函数的内积反映了两个输入数据之间的距离，也就是相似性或相关性。两个关键字查询的相似性问题是一个低维空间中的非线性可分问题，因此首先将两个查询转换成相应的向量表示，作为核函数的输入，然后利用核函数来评估两查询之间的相似性，核函数中的语义矩阵 S_K 保留了关键字之间的耦合关系。最后，根据 cosine 相关度评估思想，两个查询基于核函数的 cosine 相关度可定义如下：

$$\delta_{\text{sim}}(Q_{i1},Q_{i2})=\cos_{\text{ker}}(\vec{Q}_{i1},\vec{Q}_{i2})=\frac{k'(Q_{i1},Q_{i2})}{\sqrt{k'(Q_{i1},Q_{i1})}\sqrt{k'(Q_{i2},Q_{i2})}} \tag{5.9}$$

查询历史中所有不同查询之间的语义相关度都可以通过式（5.9）计算得到。使用基于 VSM 模型的 cosine 相关度（简称为 V-COS）和基于核方法的 cosine 相关度（简称为 K-COS）计算得到的不同查询之间的语义相关度分别如表 5.3 和表 5.4 所示。

表 5.3　V-COS 方法得到的相关度矩阵

	Q_{12}	Q_{25}	Q_{34}	Q_{45}	Q_{53}	Q_{64}
Q_{12}	1.00	0.41	0.00	0.00	0.41	0.41
Q_{25}	0.41	1.00	0.33	0.00	0.00	0.67
Q_{34}	0.00	0.33	1.00	0.33	0.33	0.33
Q_{45}	0.00	0.00	0.33	1.00	0.33	0.00
Q_{53}	0.41	0.00	0.33	0.33	1.00	0.00
Q_{64}	0.41	0.67	0.33	0.00	0.00	1.00

表 5.4　K-COS 方法得到的相关度矩阵

	Q_{12}	Q_{25}	Q_{34}	Q_{45}	Q_{53}	Q_{64}
Q_{12}	1.00	0.86	0.74	0.64	0.78	0.87
Q_{25}	0.86	1.00	0.74	0.37	0.55	0.98
Q_{34}	0.74	0.74	1.00	0.90	0.91	0.74
Q_{45}	0.64	0.37	0.90	1.00	0.94	0.37
Q_{53}	0.78	0.55	0.91	0.94	1.00	0.55
Q_{64}	0.87	0.98	0.74	0.37	0.55	1.00

从表 5.3 和表 5.4 可以看出，由 K-COS 算法得到的查询之间的语义相关度的区分度明显优于 V-COS 算法。例如，在表 5.3 中，查询 Q_{12} 与 Q_{25}、Q_{53} 和 Q_{64} 的相关度都是 0.41，查询 Q_{34} 与 Q_{25}、Q_{45} 和 Q_{53} 的相关度都是 0.33；而在表 5.4 中，这些值都不相同，并且更贴近实际。

5.4.2　关键字查询的典型程度分析

为给用户提供多样性候选查询，需要分析查询历史中每条查询的典型程度，然后保留具有 Top-k 个较高典型程度的查询作为多样性候选查询。

聚类分析与典型程度分析具有一定的相关性，聚类分析是将集合中的对象划分成若干类别，使同一类别中对象之间的相关度尽可能大，不同类别对象之间的相关度尽可能小[25]。需要指出的是，典型化分析和聚类分析的目标不同，聚类分析是将对象划分到不同类别，而典型化分析是要找出代表性对象。一些研究工作把均值点（means）或中心点（medoids）作为一个聚类的代表[26]，然而有时均值点或中心点可能并不是聚类的代表。如图 5.2 所示，对象 *B* 和 *C* 分别是集合的均值点和中心点，但分布在 *A* 周围的对象要比 *B* 和 *C* 周围的多，因此 *A* 要比 *B* 和 *C* 更具有代表性。

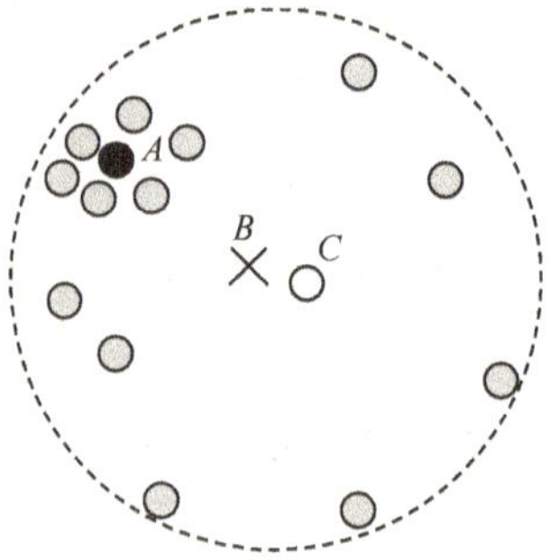

图 5.2　中心点、均值点和典型点对象的区别

利用概率密度函数计算查询的典型程度，概率密度越大的查询典型程度越高，也说明其越具有代表性。概率密度是分析集合中某个对象典型程度的核心方法，其基本思想是，给定一个满足独立同分布的点集合 *S* 和其中一个点 *O*，点 *O* 的典型程度与其他点在 *S* 中的分布情况有关，点 *O* 周围的点越密集，*O* 的概率密度越大，那么点 *O* 就越具有代表性。根据查询之间的语义相关度，可以将查询历史中的所有查询看成是一个空间中的点集合，其中每个点代表一个查询，点与点之间的直线距离代表一对查询之间的语义距离。这样就可以用概率密度估计方法来评估一个查询历史中查询的典型程度。这里采用基于核函数的概率密度估计方法，核函数采用常用的高斯核函数，因为该方法能在数据分布未知的情况下有效进行概率密度评估[27]。

基于上述概率密度分析方法，对于查询历史 *W*，其中一条查询 $q \in W$ 的典型程度定义为

$$P(q, W)=f(q|W)$$

式中，$f(q|W)$是 *W* 上的概率密度分布函数，该函数可用下式计算：

$$f(q\,|\,W)=\frac{1}{n}\sum_{i=1}^{n}G_h(q,q_i)=\frac{1}{n\sqrt{2\pi}}\sum_{i=1}^{n}\mathrm{e}^{-\frac{d(q,q_i)^2}{2h^2}} \tag{5.10}$$

式中，$d(q, q_i)^2$ 代表查询 q 与 q_i 之间的语义距离，$G_h(q,q_i)=\frac{1}{\sqrt{2\pi}}\mathrm{e}^{-\frac{d(q,q_i)^2}{2h^2}}$ 是高斯核函数，n 代表 *W* 中的查询个数。

接下来的问题是，给定查询历史 *W*（包含 n 条查询）和所有查询之间的语义距离，目标是保留其中 m（$m<<n$）条具有较高典型程度的查询。根据式（5.10），每计算一条查询的典型程度都需要遍历 *W* 中所有查询的贡献度，则该算法的时间复杂度为 $O(n^2)$。当 n 很大时，算法需要耗费很多时间，因此需要考虑一种近似解法，解决方法的基本思想是：先把查询历史 *W* 随机划分成若干小组，每个小组包含 u 条查询，这样可将 *W* 划分成 n/u 个小组，然后计算每个小组内所有查询的典型程度并从中选取一个具有最高典型程度的查询，这些查询构成一个新的集合，然后从 *W* 中去除其他查询。对于得到的新集合，重复执行上述过程，直到集合 *W* 中只剩下一条查询为止，将该查询放入候选集中（上述过程记为一次选取过程）。为了尽可能确保选取的准确性，将上述选取过程重复执行 v 次（记为一轮），这样候选集中最多存储 v 条查询，然后在最初的查询历史 *W* 上计算这 v 条查询的典型程度，最后输出一条具有最

高典型程度的查询作为当前轮次的选取结果，并从 W 中去除该查询。上述整个过程重复 m 轮，这样就能找到 m 个近似于准确解的查询。

算法 5.3　典型查询的近似选取算法

```
输入：查询历史 W，验证次数 v，正整数 m，小组大小 u
输出：m 条典型查询
for i=1 to m do
  for i=1 to v do
    repeat
      划分 W 成为若干小组 g，每个小组有 u 条查询
      for each 小组 g do
        计算 g 中每个查询在 g 中的典型程度
        从 g 中选出最典型的查询，并将 g 中其他查询从 W 中移除
      end for
    until W 中仅有一条查询
    把得到的最典型查询放入候选集合中
  end for
  在 W 上计算候选集合中每条查询的典型程度，输出一个最典型查询作为第 i 次选出的典型查询
end for
return m 条典型查询
```

算法 5.3 的复杂度分析：计算每个小组中所有查询典型程度的时间复杂度为 $O(u^2)$，每个选取过程要进行 $l=\log_u n$ 次小组划分。假设 $n=u^l$，在每个选取过程中，第一次划分可得到 n/u 个小组，第二次划分可得到$(n/u)/u=n/u^2$ 个小组，以此类推，这样每次选取过程总共划分的小组数将有 $\sum_{1\leqslant i\leqslant \log_u n} \frac{n}{u^i} = \frac{n}{u-1}\left(1-\frac{n}{u^l}\right) = O\left(\frac{n}{u}\right)$ 个，所以每次选取过程找到最典型查询的复杂度是 $O\left(u^2 \times \frac{n}{u}\right) = O(un)$，又因为每次淘汰有 v 次验证，并且整个淘汰过程循环 m 次，因此该算法的时间复杂度是 $O(mvun)$，其中 m、v 和 u 都是比 n 小很多的正整数。由此可见，该近似选取算法的时间复杂度要明显低于准确选取算法。

5.5　候选查询的 Top-*k* 多样性选取

令 Q 是一个关键字查询，T 是典型查询集合。根据查询之间的语义相关度，从 T 中选取与给定查询语义相关的前 k 个多样性查询，该问题定义如下：

$$\Gamma_k = \arg\max_{\Gamma'} \sum_{i=1}^{k(k\ll m)} \delta_{\mathrm{sim}}(Q,Q_i) \tag{5.11}$$

式中，Γ_k为关键字查询列表（列表中包含 k 个查询），m 是 T 中所有典型查询的个数。目标是从 T 中快速选取与给定查询最为相关的前 k 个典型查询。

Top-*k* 候选查询选取方法可分成 3 个处理步骤：第一步，选择代表性查询；第二步，为代表性查询创建序列；第三步，在线计算当前关键字查询与代表性查询之间的语义相关度，

利用 TA（Threshold Algorithm）在查询序列上选取前 k 个语义相关的典型查询。

5.5.1　选取代表性查询

该步骤的目的是从 m 个典型查询中选取 l（l<<m）个代表性查询。根据最远优先遍历（furthest first traversal）思想[28]，代表性查询的选取方法是：从典型查询集合 T 中随机选取一个查询作为代表性查询，用 $\bar{Q}_i$ 表示，将其从 T 中移除，并将其加入到代表性查询集合 T_l 中，即 $T_l=\{\bar{Q}_1,\cdots,\bar{Q}_l\}$；然后，从剩余查询中找出与上次移除的查询距离最大的查询作为下一个代表性查询（距离评估用第 5.4 节的 K-COS 相关度计算方法），循环执行此过程直到 l 个代表性查询全部找到。

算法 5.4　代表性查询选取算法

输入： 典型查询集合 $T=\{Q_1,\cdots,Q_m\}$
输出： 代表性查询 $T_l=\{\bar{Q}_1,\cdots,\bar{Q}_l\}$

$T_l\neq\varnothing$
随机选取 $\bar{Q}_1\in T$
$T_l\leftarrow T_l\cup\{\bar{Q}_1\}$
$T\leftarrow T-\{\bar{Q}_1\}$
for all i=2 to l do
　　$\bar{Q}_i=\operatorname{argmin}_{Q'\in W}\delta_{\text{sim}}(Q',\bar{Q}_{i-1})$
　　$T_l\leftarrow T_l\cup\{\bar{Q}_i\}$
　　$T\leftarrow T-\{\bar{Q}_i\}$
end for
return $T_l=\{\bar{Q}_1,\cdots,\bar{Q}_l\}$

5.5.2　创建代表性序列

用 $\bar{Q}_i$ 表示每个代表性查询，并为其创建一个序列 τ_i，该序列中的元素是典型查询集合中除该查询之外的所有查询，这些查询按其对代表性查询的语义相关度降序排列。因为步骤 1 选出了 l 个代表性查询，因此将创建 l 个相应的查询序列。对于一个给定的查询序列 τ_i，τ_i 中的每个查询 Q_j 都有一个与其位置有关的排序分数：

$$S(Q_j\,|\,\bar{Q}_i)=n-\tau_i(Q_j)+1 \tag{5.12}$$

式中，$\tau_i(Q_j)$代表查询 Q_j 在序列 τ_i 中的位置。

5.5.3　候选查询的 Top-k 选取

在代表性查询序列上，利用 TA 算法选取前 k 个相关的典型查询。TA 算法通过顺序访问方式发现每个序列中的某个查询的排序分数，然后利用随机访问方式从其他序列中发现该查询的排序分数，这些分数之和作为该查询在所有序列中的总分数（总分数以该查询和与其对应的代表性查询之间的相关度为权重系数，进行加权求和），定义为：

$$\text{score}(Q_j,Q)=\sum_{i=1}^{l}\delta_{\text{sim}}(Q,\bar{Q}_i)\cdot s(Q_j\,|\,\bar{Q}_i) \tag{5.13}$$

候选查询的 Top-*k* 选取算法如下。

算法 5.5　候选查询的 Top-*k* 选取算法

输入：代表性序列 $T_l=\{\tau_1,\cdots,\tau_l\}$，给定的关键字查询 Q，Top-*k* 中的 k 值

输出：Top-*k* 个候选查询

1. 令 $B=\{\}$ 是能存储 k 个关键字查询的内存空间
2. 令 L 是一个大小为 l 的数组，它用于存储来自每个序列中的最近一次检索得到的分数
3. **repeat**
4. **for all** $i\in\{1,\cdots,l\}$ **do**
5. 　　从 τ_i 中检索下一个 Q_j
6. 　　计算 $S(Q_j,Q)=\delta_{\text{sim}}(Q,\bar{Q}_i)\cdot S(Q_j\mid\bar{Q}_i)$
7. 　　用 Q_j 在 τ_i 中的分数更新 L
8. 　　通过随机访问方式获取 Q_j 在其他序列中的分数
10. 　　score(Q_j ,Q) ←所有检索到的分数加权求和
11. 　　按降序将⟨ Q_j , score(Q_j ,Q)⟩插入到 B 中
12. 　　$+\delta_{\text{sim}}(Q,\bar{Q}_i)*L[i]$
13. **end for**
14. **until** $B[k]$.score $\geqslant\lambda$
15. **return** B

5.6　性能实验评价

5.6.1　实验环境

实验测试机器配置为 Intel P4 主频 3.2GHz 处理器，内存 8GB。所有算法使用 C#和 SQL 实现。实验数据使用如下两个测试数据集。

（1）DBLP 数据集：该数据集包含了 4 个关系表，分别是 Authors、Papers、Write 和 Proceedings。它们之间通过主外键约束关系相连，数据库模式如图 5.3 所示。

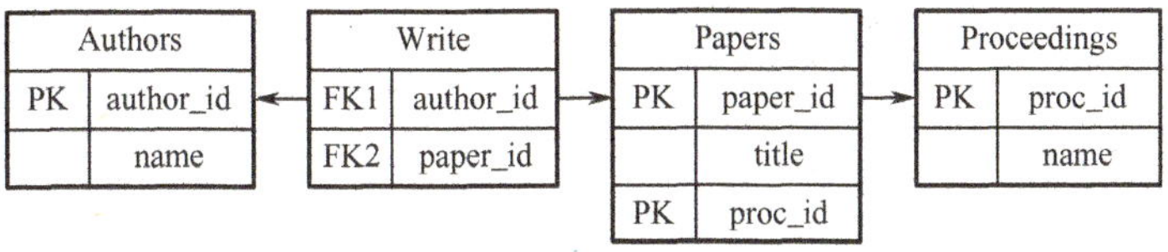

图 5.3　DBLP 数据集模式图（PK 代表主键，FK 代表外键）

为了收集查询历史，构建了基于 DBLP 数据集的 Web 查询系统，用户可通过查询接口提交查询。利用该系统征集多个不同研究领域（数据库、数据挖掘、信息检索、机器学习、图形图像等）的研究人员提交的关键字查询，通过分析查询历史可以发现，用户通常在一个 Session 中提交 3～5 个查询，并且查询条件逐步从宽泛到具体。总共收集 5 000 条用户查询，利用本书第 1 章提出的查询修剪策略，最终保留 2 385 条查询作为查询历史。查询关键字涉及 Authors.name、Papers.title 和 Proceedings.name 等属性。由于这些查询都是由

具有专业背景的研究人员提出的查询，这些关键字大部分都具有较强的内耦合和间耦合关系，因此基于 DBLP 的查询历史非常适合关键字之间的耦合关系分析和关键字查询的语义相关度评估实验。

（2）IMDB（Internet Movie DataBase）：该数据集包含了 5 个关系表，分别是 Actors、Roles、Movies、Movie_directors 和 Directors。它们之间通过主外键约束关系相连，数据库模式如图 5.4 所示。

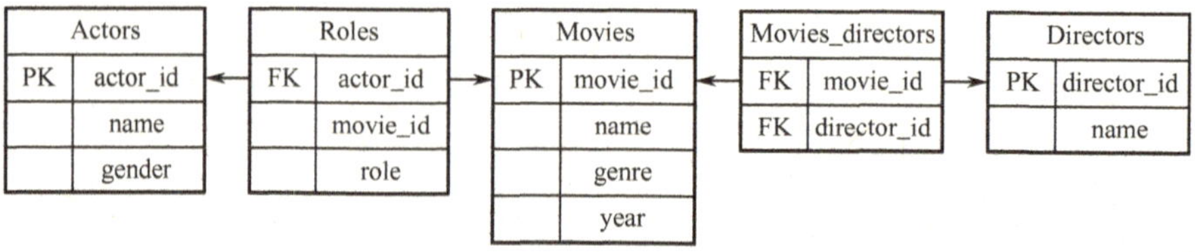

图 5.4　IMDB 模式图（PK 代表主键，FK 代表外键）

由于很难收集到该数据集上的真实查询历史，因此利用如下策略模拟查询历史。首先根据数据库模式构建视图，视图中的每条记录都是由具有主-外键约束关系的元组连接构成的。然后，随机从视图中选取 10 000 条记录，并从每条记录的 Movies.name、Actors.name、Movies.genre、Roles.role 和 Directors.name 等属性中抽取关键字。最后，从每条记录已抽取的关键字集合中随机抽取若干个关键字作为一个关键字查询。实质上，在该方法构建的查询历史上进行分析，得到的是 IMDB 数据库中所包含关键字之间的耦合关系。也就是说，在查询历史缺失的情况下，可以通过从数据库中抽样分析得到关键字之间的耦合关系，进而实现关键字查询的相关推荐。

5.6.2　关键字耦合关系的准确性测试

为了测试这里提出的关键字之间耦合关系评估方法的准确性，在 DBLP 和 IMDB 的查询历史中分别随机选取 10 个关键字。对于每个关键字 k_i，利用式（5.7），将 α 值从 0～1 以 0.1 步长进行调节，取每个 α 值对应的前 5 个与当前关键字最为相关的关键字，将这些关键字合起来形成一个关键字集合 K_i，即该集合中共有 55 个关键字（其中有一部分是重复的关键字）。然后，统计集合 K_i 中出现频率最高的前 5 个关键字，作为与 k_i 语义上最为相关的关键字。因为在集合 K_i 中出现的频率越高，说明该关键字与给定关键字 k_i 的相关程度越高。

使用查全率（Recall）和准确率（Precision）评价不同 α 值下关键字之间耦合关系的准确性。查全率是指检索到的相关关键字个数与相关关键字总数之比；准确率是指检索到的相关关键字个数与检索到的关键字总数之比。因为相关关键字个数和检索到的关键字个数都是 5，因此查全率和准确率相等。图 5.5 给出了 DBLP 和 IMDB 数据集上不同 α 值所对应的关键字耦合关系的准确性（即查全率和准确率），这里取 10 个关键字对应准确性的平均值。实验把式（1）中的阈值 c 设为 2，因为该值能降低仅共现 1 次的词对内耦合关系评估的影响。

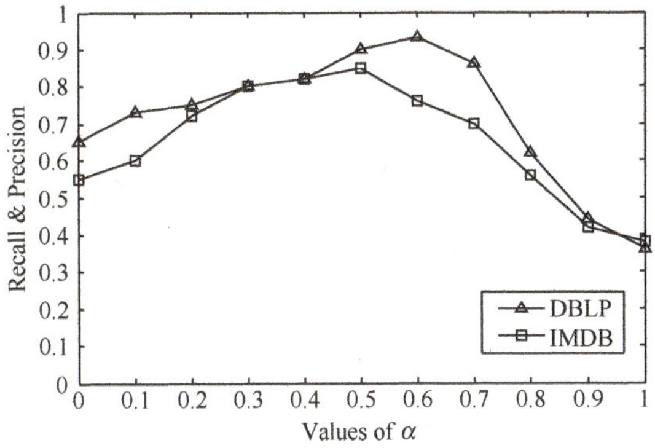

图 5.5　DBLP 和 IMDB 上不同 α 值对应的准确性

从图 5.5 可以看出，当 α 分别取 0.6 和 0.5 时，DBLP 和 IMDB 上的准确性达到了最高值，分别是 0.93（DBLP）和 0.85（IMDB）。由于 DBLP 上的是真实查询历史，关键字之间具有较强的耦合关系，因此准确性较高；而 IMDB 的查询历史是从原始数据中抽样得到的，关键字之间的耦合关系相对较弱，但是准确性也不低，因此本文的方法也适用于原始数据中关键字之间的耦合关系评估。

此外，还可看到对于 DBLP 数据集，α 值取从 0～0.6 时，准确性曲线逐渐上升，说明关键字的间耦合关系对于准确性的提高具有积极作用；而当 α 值取从 0.6～1 时，准确性曲线逐渐下降，说明关键字的间耦合关系对于准确性的提高起到了消极作用。表 5.5 给出了当 α 分别取值 0、0.6（DBLP）或 0.5（IMDB）、1 时，在 DBLP 和 IMDB 上对于给定关键字“Association rules”(DBLP)和“Hugh Jackman”(IMDB)的前 5 个语义相关关键字。

表 5.5　DBLP 和 IMDB 上与给定关键字相关的前 5 个关键字

Target keywords	Parameter α	Top-5 relevant keywords
Association rules (DBLP)	α=0	Apriori algorithm
		Sequential mining
		Extension
		Intelligent recommendation
		Knowledge discovery
	α=0.5	Apriori algorithm
		Frequent item
		Knowledge discovery
		Sequential mining
		Behaviour analysis
	α=1	Projected partition
		Frequent item
		Sensory evaluation
		Intelligent recommendation
		Oil pumping unit

续表

Target keywords	Parameter α	Top-5 relevant keywords
Hugh Jackman (IMDB)	α=0	X-Men 3
		Brett Ratner
		3 Day Test
		Mark Camacho
		Bruce Dinsmore
	α=0.6	X-Men 3
		Patrick Stewart
		Daniel Cudmore
		Brett Ratner
		James Marsden
	α=1	Patrick Stewart
		Daniel Cudmore
		James Marsden
		Mark Camacho
		Bruce Dinsmore

5.6.3　关键字查询语义相关度的用户调查

该实验使用用户调查方法测试关键字查询语义相关度评估方法的准确性。首先邀请了 10 个用户（博士生、硕士生和年轻教师）从 DBLP 和 IMDB 中各选取 10 个查询（每个用户在每个数据集上选取 1 个查询）。对于每个选取的查询 Q_i，利用 K-COS、V-COS 和 RANDOM 方法从查询历史中获得前 10 个相关查询，最终合成一个包含 30 个与给定查询 Q_i 相关和不相关的查询集合 K_i。K-COS 和 V-COS 是第 5.4 节提到的方法，RANDOM 是随机选取方法（也就是从查询历史中随机选取 10 个查询，该方法作为效果对比的一个基线）。在此基础上，把 K_i 和 Q_i 提供给用户，由用户从 K_i 中标出前 10 个与 Q_i 相关的查询，并且从以下两方面说明相关查询 Q' 与给定查询 Q 的相关性。

（1）Q' 与 Q 中有部分重叠的查询关键字，则二者相关；

（2）查询 Q' 与 Q 包含的关键字之间没有重叠，但查询结果有重叠，则二者也可认为是相关的。例如，查询“cosine similarity, vector space model”与查询“latent semantic analysis, document clustering”的查询结果之间有部分重叠，说明二者具有语义相关性，但二者并不包含相同的关键字。

该实验用检索到的相关查询个数与用户标注的相关查询总数之比来衡量不同关键字查询语义相关度评估算法的准确性。图 5.6 给出了在数据集 DBLP 和 IMDB 上 V-COS、K-COS 和 RANDOM 方法的准确性对比。

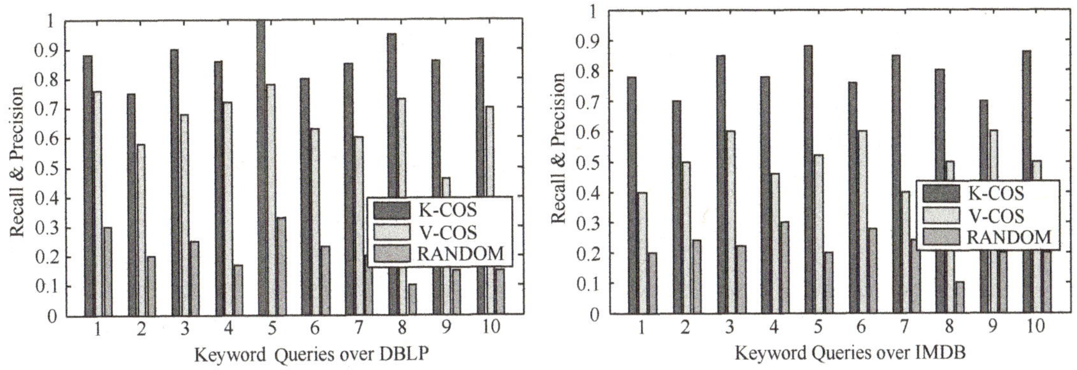

图 5.6　DBLP 和 IMDB 上 K-COS、V-COS 和 RANDOM 方法的准确性对比

从图 5.6 可以看出，K-COS 方法的准确性高于 V-COS 方法。K-COS 在 DBLP 和 IMDB 上的平均准确性分别为 0.88 和 0.79，而 V-COS 在 DBLP 和 IMDB 上的平均准确性分别为 0.66 和 0.52。这是因为 V-COS 在传统向量空间模型上计算相关度，仅考虑两个查询中形式上相同的关键字，没有考虑关键字之间的耦合关系；而 K-COS 同时考虑了查询之间形式上和语义上的相关性，因此得到的语义相关度更为准确合理。

5.6.4　候选查询 Top-*k* 多样性选取的合理性测试

下面的实例说明了候选查询 Top-*k* 多样性选取方法的合理性。对于给定的查询，分别利用基于相关度的 Top-*k* 选取方法（similarity-based Top-*k* selection）和本章介绍的 Top-*k* 多样性选取方法（Top-*k* diverse selection）获取前 *k* 个相关查询，然后观察这些查询之间的语义相关性和差异性。对于给定查询，表 5.6 给出了两种方法返回的结果对比。可以看出，基于相关度的 Top-*k* 选取方法返回的结果彼此之间非常相似，查询之间的关键词重叠度比较高；而本章介绍的 Top-*k* 多样性选取方法得到的结果既与给定查询语义相关，彼此之间又有一定差异，从而能够有效扩展用户的知识范围和查询视野。

表 5.6　由不同方法获得的 Top 3 个相关查询对比表

Target queries	Top-3 relevant queries returned by similarity-based Top-*k* selection method	Top-3 relevant queries returned by Top-*k* diverse selection method
rough set, decision table	rough set, feature extraction	feature extraction, attribute reduction
	rough set, attribute reduction, decision rule	rough set, incomplete fuzzy information systems, decision rule
	rough set, attribute reduction, profit and risk	fuzzy set, membership degree
data mining, association rules	association rules, apriori algorithm, web log mining	data mining, association rules, apriori algorithm
	data mining, association rules, aprioir algorithm	association rules, knowledge discovery, multi-level network
	data mining, association rules, stock exchanging analysis	big data, map reduce, recommendation

5.6.5 Top-*k* 选取算法的响应时间测试

该实验的目的是测试本章介绍的 Top-*k* 选取算法的响应时间。在该实验中，将代表性排列的个数 *l* 值分别固定为 10、20、40、60 和 80，然后测试不同 *k* 值下 Top-*k* 选取算法的响应时间（见图 5.7）。

从图 5.7 可以看出，Top-*k* 选取算法的响应时间很快，如果仅返回前 10 个候选查询（在实际应用中，返回前 10 个候选查询基本能满足用户需求），代表性排列数 *l* 为 20 时，所需时间不会超过 5 秒。实验还测试了计算给定查询与典型查询集合中所有查询之间相关度的时间，该时间在 DBLP 和 IMDB 数据集上分别为 50 秒和 300 秒左右。也就是说，如果不用 Top-*k* 选取方法，获取前 *k* 个查询需要的时间会很长。因此，本章方法在响应时间上具有明显优势。此外，从图中还可以看出算法的响应时间随着 *l* 和 *k* 值的增大而逐渐增加，其原因是当 *l* 和 *k* 值增大后，算法需处理的查询个数增多，因此导致响应时间增加。

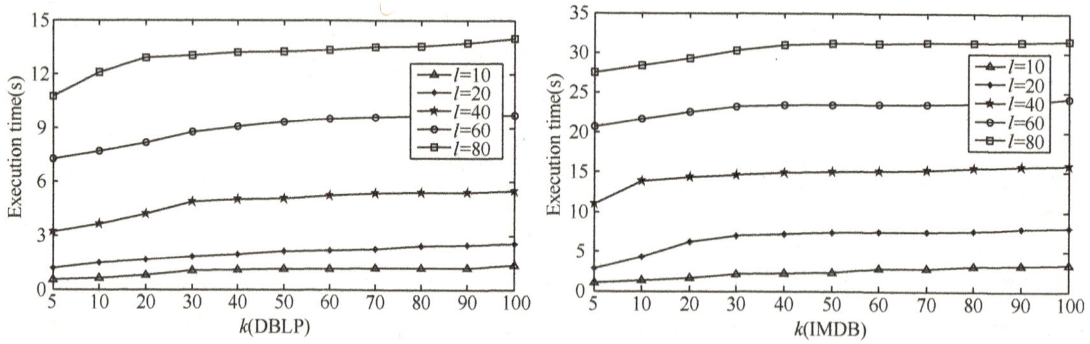

图 5.7 DBLP 和 IMDB 上不同 *l* 和 *k* 值下 Top-*k* 查询选取算法的响应时间

5.7 本章小结

本章介绍了一种基于关键字之间耦合关系的 Web 数据库 Top-*k* 多样性关键字查询推荐方法。该方法的基本思想是从查询历史中选取与给定查询语义相关且多样性的查询并返回给用户，用户根据返回的 Top-*k* 个多样性候选查询，一方面可以重新修改初始查询，使其更加完善；另一方面也可以直接执行候选查询查看相关结果。实验结果和分析表明，关键字耦合关系和关键字查询语义相关度评估方法具有较高的准确性，Top-*k* 多样性查询选取方法能够有效扩展用户知识范围和查询视野，并且在响应时间方面具有绝对优势，特别适用于大规模数据的检索。本章介绍的方法既可以作为应用层独立运行，又可以集成在现有关键字查询系统中提供语义近似查询服务。

5.8 参考文献

[1] Aditya B, Bhalotia G, Chakrabarti S, et al. Banks: Browsing and keyword searching in relational databases. Proceedings of the 28th International Conference on Very Large Data Bases, 2002: 1083-1086.

[2] Tata S, Lohman G M. SQAK: Doing more with keywords. Proceedings of the 2008 ACM SIGMOD International Conference on Management of Data, 2008: 889-902.

[3] Ding B L, Yu J, Wang S. Finding top-k min-cost connected trees in databases. Proceedings of the 23rd International Conference on Data Engineering. Los Alamitos,2007: 468-477.

[4] Agrawal S, Chaudhuri S, Das G. Dbxplorer: A system for keyword-based search over relational databases. Proceedings of the 18th International Conference on Data Engineering, 2002: 5-16.

[5] Hristidis V, Papakonstantinou Y. Discover: Keyword search in relational databases. Proceedings of the 28th International Conference on Very Large Data Bases, 2002: 670-681.

[6] Hristidis V, Gravano L, Papakonstantinou Y. Efficient IR-style keyword search over relational databases. Proceedings of the 29th International Conference on Very Large Data Bases, 2003: 850-861.

[7] Li G L, Feng J H, Zhou L Z. Retune: Retrieving and materializing tuple units for effective keyword search over relational databases. Proceedings of the 27th International Conference on Conceptual Modeling, 2008: 469-483.

[8] Feng J H, Li G L, Wang J Y. Finding top-k answers in keyword search over relational databases using tuple units. IEEE Transactions on Knowledge and Data Engineering, 2011, 23(12): 1781-1794.

[9] Sarkas N, Bansal N, Das G. Measure-driven keyword query expansion. The VLDB Journal, 2009, 2(1):121-132.

[10] Bergamaschi S, Domnori E, Guerra F. Keyword search over relational databases: A metadata approach. Proceedings of the 2011 ACM SIGMOD International Conference on Management of Data, 2011: 565-576.

[11] Yao J J, Cui B, Hua L S. Keyword query reformulation on structured data. Proceedings of the 28th International Conference on Data Engineering, 2012: 953-964.

[12] Zhou Rui, Liu Chengfei, Li Jianxin. Fast ELCA computation for keyword queries on XML data. Proceedings of the 13th International Conference on Extending Database Technology. New York: ACM, 2010: 549-560.

[13] Bao Z F, Lu J H, Ling T W. XReal: An interactive XML keyword searching. Proceedings of the 19th International Conference on Data Engineering, 2010: 1933-1934.

[14] Kong L B, Gilleron R, Lemay A. Retrieving meaningful relaxed tightest fragments for XML keyword search. Proceedings of the 12th International Conference on Extending

Database Technology, 2009: 815-826.

[15] Zheng K, Su H, Zheng B L, Zhou X F. Interactive top-k spatial keyword queries. Proceedings of the 31st International Conference on Data Engineering, 2015, 423-434.

[16] Chen L S, Cong G, Jensen C S. Spatial keyword query Proceedingsessing: An experimental evaluation. Proceedings of the 39th International Conference on Very Large Data Bases, 2013: 217-228.

[17] Wang C, Cao L B, Wang C M. Coupled nominal similarity in unsupervised learning. Proceedings of the 20th ACM International Conference on Information and Knowledge Management, 2011: 973-978.

[18] Wang C, She Z, Cao L B. Coupled clustering ensemble: Incorporating coupling relationships both between base clustering and objects. Proceedings of the 29th International Conference on Data Engineering, 2013: 374-385.

[19] Wang Xi, Sukthankar G. Multi-label relational neighbor classification using social context features. Proceedings of the 19th ACM SIGKDD Conf on Knowledge Discovery and Data Mining, 2013: 464-472.

[20] Alchemy API documentation [EB/OL]. Denver, Colorado: 2005[2015-05-10]. http://www.alchemyapi.com/

[21] Huang A, Milne D N, Frank E. Clustering documents using a wikipedia-based concept representation. Proceedings of the 13th Pacific-Asia Conference on Knowledge Discovery and Data Mining, 2009: 628–636.

[22] Bollegala D, Matsuo Y, Ishizuka M. Measuring semantic similarity between words using web search engines. Proceedings of the 16th International Conference on World Wide Web, 2007: 757-786.

[23] [AlSumait L, Domeniconi C. Text clustering with local semantic kernels. Survey of Text Mining II. Berlin: Springer, 2008: 87-105.

[24] 王秀红, 鞠时光. 用于文本相关度计算的新核函数. 通信学报, 2012, 33(12): 43-48.

[25] Gan G J, Ma C Q, Wu J H. Data clustering: Theory, algorithms, and applications. Philadelphia, PA: Society for industrial and Applied Mathematics, 2007.

[26] Bouveyron C, Brunet-Saumard C. Model-based clustering of high-dimensional data: A review. Computational Statistics and Data Analysis, 2014, 71(3): 52-78.

[27] Hua M, Pei J, Fu A W C. Top-k typicality queries and efficient query answering methods on large databases. The VLDB Journal, 2009, 32(18): 809-835.

[28] Fagin R, Lotem A, Naor M. Optimal aggregation algorithms for middleware. Proceedings of the 2001 Int Symp on Principles of Database Systems, 2001: 102-113.

第二部分

第 6 章　XML 基础理论和查询技术

内容关键词

- XML、DTD
- XML 编码方案
- XPath 查询

近年来，随着 XML（eXtensible Markup Language）成为 Web 上信息表示与交换的标准及其在众多领域的广泛应用，XML 数据查询技术已成为数据库和信息检索领域备受关注的研究热点。本章将介绍 XML 的基础理论和查询技术，主要包括 XML 数据模型、XML 编码方案和 XML 查询技术。

6.1　XML 数据模型

XML 是可扩展的标记语言，是从标准通用标记语言 SGML 和超文本标记语言 HTML 发展而来的一种标记语言，可以让信息提供者根据需要对元素的标签和属性的名称自行定义，具有半结构化（通过 Schema 或 DTD 对 XML 数据库的语法、数据的结构等进行定义）、自描述性（XML 数据库中的数据独立于系统且可以重用）、可扩展性（用户可扩展已定义的 XML 标签）和灵活性（将 XML 数据与显示格式分离，灵活应用于 Web）[1]。

6.1.1　XML 文档及相关标准

XML 文档包含三要素：DTD（Document Type Definition，文档类型定义）或 XML 模式（Schema）、可扩展样式语言（eXtensible Style Language，XSL）以及可扩展链接语言（eXtensible Link Language，XLL）。XSL 规定了 XML 文档呈现的样式，使数据与表现形式独立，XLL 扩展了 Web 上已有的简单链接。

（1）文档类型定义（DTD）：一套关于标记符的语法规则，规定文档中的标记符、出现次序、标记符的嵌套规则和是否包含属性等。使用 XML 进行数据交换的工业或组织可以定义它们自己的 DTD。

（2）XPath：作用于 XSLT 和 XQuery 对 XML 各部分定位的语言，定位 XML 文档中各个部位，选择文档中的各个构成部分（元素，属性，文字内容等）。XPath 除了提供一套定位语法外，还包括一些函数，提供基本的数字运算、布尔运算和字符串处理功能。

（3）文档对象模型（Document Object Model，DOM）[2]：一个由 W3C 定义的独立于语言和平台的抽象 API，用来处理 XML 文档。采用 DOM 模型的 XML 解析器，把整个 XML 文档当作一个树，一次加载到内存中，可根据用户的需要访问、搜索、修改文档中的元素。

（4）SAX（Simple API for XML）：一个独立于语言和平台的抽象 API。和 DOM 不同之处在于，SAX 不是把整个文档加载到内存中，而是采用了一个流模型，以数据流的方式逐个字符地读取文档，在遇到元素和属性时生成事件；而 DOM 适合结构化编辑 XML 文档，如排序、记录、移动、和其他应用程序共享 XML 文档等操作。SAX 效率高，不创建显式的数据结构，适合大文档和内存与文档结构无关的任务，如计算 XML 文档结点数或提取特定结点内容等。本书后续的 XML 近似查询方法采用 SAX 解析方法对查询进行处理。

以下内容是一个 XML 文档实例。

```
<?xml version="1.0" encoding="UTF-8"?>
<?xml-stylesheet type="text/xsl" href="adult.xsl"?>
<!DOCTYPE document SYSTEM "adult.dtd">
<adult>
    <employee employeenum="1">
        <education-info>
            <school-info>college</school-info>
            <major>finance</major>
        </education-info>
        <common-info>
            <name>Li Wei</name>
            <sex>female</sex>
        </common-info>
        <work-info>
            <work-field>finance</work-field>
            <work-degree>senior</work-degree>
        </work-info>
    </employee>
</adult>
```

图 6.1　XML 文档实例

图 6.1 中第 1 行是 XML 声明，给出了 XML 文档采用的 XML 版本号，是否和外部 DTD 配合使用，以及数据所采用的编码方式等信息；第 2 行指明了显示该 XML 文档时应使用的样式文件；第 3 行是文档的外部 DTD 使用说明；后续部分是 XML 文档的实质内容。XML 通过标签（tagname）组织数据结构，在标签之间可以包括字符数据或者下一层次的标签。XML 中有元素、属性、文本等几种基本的数据类型。每个 XML 文档只有唯一的根元素，任何元素都是根元素的后代。表中标签为 adult 的元素即为根元素；adult 元素有多个 employee 子元素；employee 元素有 education-info、common-info、work-info 等 3 个子元素；employee 具有属性 employeenum，通过这个属性为每一个 employee 分配一个文档内唯一的标识。

6.1.2　文档定义类型 DTD

文档类型定义（DTD）描述了文档中对象的内容和结构，是描述 XML 数据模式的模式定义语言。符合 DTD 的 XML 文档称为有效的 XML 文档。一个 DTD 是一组规则，定义者可以自己规定元素、属性和实体的集合。图 6.2 给出图 6.1 所示 XML 文档的 DTD 实例。

```
<!DOCTYPE adult [
<!ELEMENT adult (employee+)>
<!ELEMENT employee (education-info,common-info,work-info,wage)>
<!ATTLIST    employee employeenum ID #REQUIRED>
<!ELEMENT education-info (school-info,major)>
<!ELEMENT common-info (name,sex)>
<!ELEMENT work-info (work-filed,work-degree)>
<!ELEMENT school-info (#PCDATA)>
<!ELEMENT major (#PCDATA)>
<!ELEMENT name (#PCDATA)>
<!ELEMENT sex (#PCDATA)>
<!ELEMENT age (#PCDATA)>
<!ELEMENT work-field (#PCDATA)>
<!ELEMENT work-degree (#PCDATA)>
]>
```

图 6.2　DTD 实例

DTD 结构通常采用图形的方式表示。图 6.2 所示的 DTD 文档结构可以表示成 DTD 图的形式，如图 6.3 所示。图中圆边矩形表示元素（element）结点，椭圆形表示属性（attribute）结点，矩形表示文本（text）结点。线段表示元素间父子关系或者元素与属性之间的父子关系，employee 是 adult 的子结点，work-info 是 employee 的子结点，employeenum 是 employee 的属性结点。在一些线段上标记有“*”或“+”，这些符号为 DTD 中的元字符。例如，从结点 adult 到 employee 的线段上的“+”符号表示 adult 可能有一个或多个名为 employee 的子结点。

XML 文档的 DTD 看成是一个模式。XML 标准不要求必须使用 DTD，但是绝大多数 XML 文档都将使用 DTD，因为 DTD 对 XML 文档的存储、查询和交换都有重要作用。

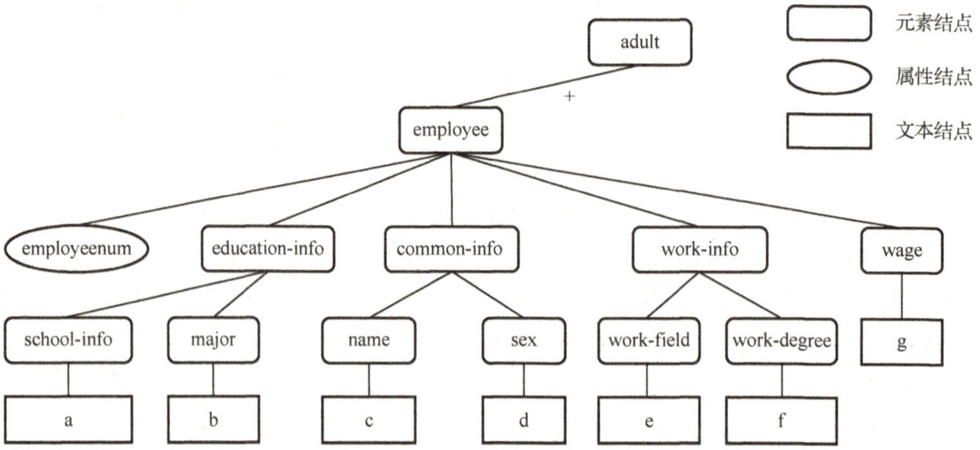

图 6.3　实例文档的 DTD 图

6.2　XML 编码方案

为了有效地实现XML的结构查询，需要解决以下两点：

（1）快速确定XML文档树中任意两个结点对之间的结构关系；

（2）有效查找某个特定结构关系在 XML 文档中发生的所有情况，如找出 XML 文档中满足双亲/孩子关系的所有 employee-wage 元素对，满足祖先/后裔关系的所有的employee-name 元素对。

对于查询 employee 元素中包含的所有后裔 major 元素，即计算路径表达式 employee//major，一个简单方法是遍历 XML 文档树中 employee 元素结点的所有子树（即采用自顶向下的方法）。如果一个编码方案被嵌入到 XML文档树中，则 XML文档树中的任意两个结点对之间的结构关系就能快速被检测出来。各种文献中提出的编码方案主要是根据如下特点进行设计的。

（1）被编码数据的结构，如树、图等；

（2）支持祖先/后裔、双亲/孩子、文档位置等关系的结构查询；

（3）编码算法的复杂度；

（4）编码的最大长度或平均长度；

（5）编码后的查询执行时间；

（6）插入操作导致的重新编码代价。

对于 XML文档树的编码方案，主要分为两大类：基于区间的编码和基于路径的编码。基于区间的编码方案利用 XML文档的有序特点，根据每一个元素结点在原 XML文档中字典顺序的位置给每一个元素结点赋予一个编码；基于路径的编码方案是利用 XML文档的嵌套特点，根据 XML文档的嵌套结构，给从文档根结点开始所能到达的每个路径和元素结点赋予一个编码。

现有的编码方案主要包括：位向量编码、前缀编码、区间编码和二叉树编码。区间编码是一种经典的编码方案，具体如下。

树 T 中的每个结点被赋予一个区间编码[begin, end]，使其满足：一个结点的区间编码包含它的后裔结点的区间编码，树 T 中的结点 u 是结点 v 的祖先，当且仅当 $\text{begin}(u)<\text{begin}(v)\wedge\text{end}(v)<\text{end}(u)$。

两个结点的区间编码之间的关系如图 6.4 所示，它们要么完全不相交，要么完全包含。

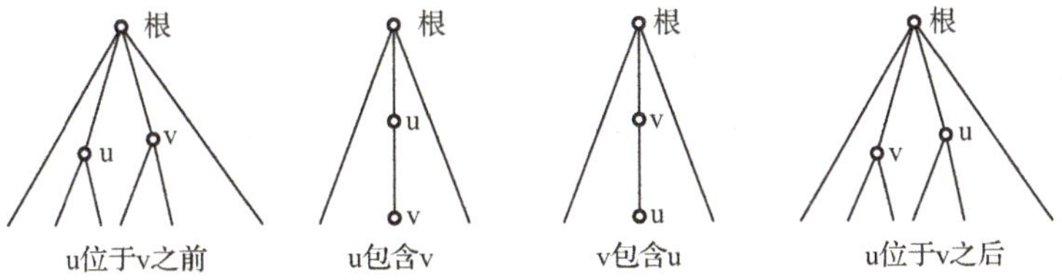

图 6.4　不同位置关系的区间编码

本书介绍的是文献[3-10]中提出的编码方案，称为 Zhang 编码。Zhang 编码通过对 XML

文档树的所有结点进行一次先序遍历，根据遍历时对每个结点的两次访问，对每个结点产生两个遍历序号，生成一个二元组<begin, end>，它的编码规则为：XML 文档树中的每一个结点被赋予一个二元组<begin, end>，对树 T 中所有的结点先序遍历，每一个结点在遍历时分别被访问两次并产生两个序列号，一次是在遍历该结点的所有后裔结点之前访问该结点，并产生该结点的序号 begin，另一次是在遍历完该结点的所有后裔结点后再一次访问该结点，并产生该结点的另一个序号 end。因此，树 T 中的任意两个结点 u 和 v 是祖先/后裔关系，当且仅当 begin(u)<begin(v) ∧ end(v)<end(u)。这种祖先/后裔关系的判别条件可以进一步改写为 begin(u)<begin(v) ∧ begin(v)<end(u)。另外，树 T 中的每一个结点也被再赋予一个值 level，表示该结点在树中所处的层数，对于该编码方案，begin 作为结点的唯一标识，这样每个结点可被译码为四元组（docID, begin, end, level）。

图 6.5 是一个采用了 Zhang 编码的结点四元组表示的 adult.xml 实例，每个元素严格按照先序遍历和回溯的位置编号。

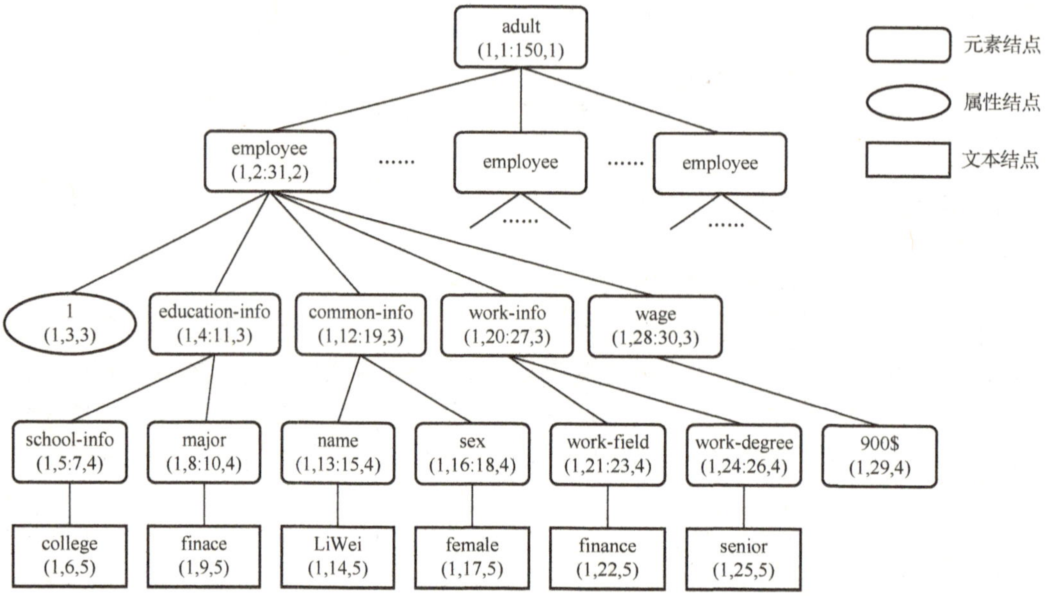

图 6.5　adult.xml 的区间编码图

下面介绍区间编码在元素间结构位置判断上的应用。设 Alist、Dlist 分别表示祖先（或双亲）元素列表、后裔（或孩子）元素列表，并将 AList、DList 分别简记为 A、D，每个列表都按（docID，begin）有序存储或索引聚集存储。那么，包含关系（祖先/后裔关系，双亲/孩子关系）结构连接条件分别是：

（1）A.docID=D.docID and A.begin<D.begin and D.begin<A.end；

（2）A.docID=D.docID and A.begin<D.begin and D.begin<A.end and A.level=D.level-1。

对于区间编码方案，具有如下两个重要的结论。

命题 6.1　假设列表 List 按（docID，begin）有序，任意给定一个结点 e∈List，则结点 e 在列表 List 中的所有后裔结点将是在列表 List 中紧接着结点 e 的一串连续结点。

命题 6.2　假设列表 List 按（docID，begin）有序，任意给定一个结点 e，则结点 e 在列表 List 中的第一个可能后裔结点是满足 begin>e.begin 的第一个结点，同时还必须满足 begin<e.end，否则说明结点 e 在列表 List 中不存在后裔结点，即在列表 List 中的所有后裔结点将是紧接着第一个后裔结点的连续结点，直到 docID=e.docID and begin<e.end 条件不成立为止。

也就是说，如果在列表 List 中的某一个结点 n 的 begin 超出了结点 e 的[begin, end]范围，即 n.begin>e.end，则结点 n 及其后面的结点均不可能是结点 e 的后裔。

如果在 List 列表上关于（docID，begin）建立了 B+树聚集索引，那么对于一个给定的结点 e，就可以利用（docID，begin）作为索引关键字，在 List 列表中定位结点 e 的第一个后裔（即满足 docID=e.docID and begin>e.begin 条件的第一个结点）。如果结点 e 在 List 列表中存在后裔结点，那么结点 e 在 List 列表中的所有结点是从被定位的第一个后裔结点开始的连续结点，直到 docID=e.docID and begin<e.end 条件不成立为止。

6.3　XML 查询技术

6.3.1　XPath

XML 查询模式的查询语言包括 Lorel、XML-QL、XML-GL、Quilt、Xpath、XQuery，其共同特征是采用了正则路径表达式[1,11,12]的形式，本质是捕捉 XML 数据单元间的结构关系和内容。Xpath 是实现 XML 数据查询的基本语言，是 XSLT 和 XQuery 的基础。

XPath 1.0 是致力于为 XSLT[13]和 XPointer[14]的公共功能提供一种共同的语法和语义结果。XPath 的主要目的是对一个 XML 文档进行寻址，此外 XPath 还被设计为包含一个能够用于匹配（测试一个结点是否与一个样式匹配）的自然子集。XPath 的主要构件是表达式，其中最重要的表达式是定位路径（location path）表达式，例如：/employee/education-info/school-info/college。

定位路径有两种类型：相对定位路径和绝对定位路径。每个定位路径表达式都由一个或多个定位步组成，每个定位步之间用“/”分开。绝对路径以“/”开始，从文档的根结点（文档结点）开始定位路径；相对路径直接从某个定位步开始定位路径。

XPath 中用上下文结点集来描述定位路径的求值过程。上下文结点集是表达式中给定确定的当前结点集，上下文定义是正在处理的当前结点。定位路径表达式的计算过程是从左到右依次计算每一个定位步。每一个定位步的计算需要根据其上下文以及它的上下文结点集中的每个结点求值。如果是绝对定位路径，初始的上下文结点集中包含了当前的上下文结点集，依赖于表达式所使用的位置。需要注意的是，第一个定位步的计算是在初始上下文结点集上进行的，计算得到的结果结点集作为下一个定位步计算的上下文结点集。后续的定位步计算方法依此进行，最后的定位步产生的结果结点集就是该定位路径表达式的最终结果。

一个定位路径由若干个定位步组成，每个定位步包含如下三部分：

（1）一个轴，指定了定位步选择结点与上下文结点间的树状关系；

（2）一个结点测试，指定定位步选择结点的结点类型或结点名；

（3）零个或多个谓词，使用专有的谓词表达式来进一步筛选出定位步选择的结点集合。

定位步的句法是由两个冒号分开的轴名和结点测试组成，后面可以跟随零个或多个由“[ ]”界定的谓词表达式。如，在定位步 child::work-info[major=“Location Path”]中，child 是轴名，work-info 是结点测试，[major=“Location Path”]是一个谓词。一个定位步的计算先从轴和结点测试开始，产生初始结点集合；然后利用各个谓词对初始结点集合进行过滤，得到最后的结果结点集。

初始结点集合中的结点与上下文结点之间的关系由轴指定，其结点类型或结点名由结点测试指定。如，定位步 descendant::major 选择上下文结点的所有后裔 major 元素结点；轴 descendant 指定初始结点集中的结点必须是上下文结点的后裔结点，结点测试 major 指定初始结点集中的结点必须是结点名为 major 的元素结点。初始结点集合由第一个谓词过滤后产生一个新的结点集合，新的结点集合再由第二个谓词进行过滤；依次类推，最后的结点集合就是该定位步选择的结点集合。

谓词位于定位步末端的方括号中，谓词对原结果结点集进行筛选并生成新的结果结点集。对于原结果结点集中的每一个结点，将它作为上下文计算谓词表达式的值，并强制转换为布尔值，如果结果为 true，该结点将被保留在新的结点集中，否则将被丢弃。假设谓词是“[Expr]”，分为如下几种情况。

（1）当 Expr 为空时，则谓词是 false；当 Expr 是一个至少包含一个整数的整数序列时，则当上下文结点的位置（即 position()函数的取值）与这个序列中的某一个整数项相等时，谓词为 true，否则为 false。

（2）当 Expr 是一个逻辑值的表达式时，则谓词的结果与 Expr 的值一致。

（3）当 Expr 是一个至少包含一个结点的结点集合时，谓词为 true，即谓词的取值不依赖于结点的内容。

XPath 另外一个重要表达式是函数调用。XPath 1.0 定义了一个核心函数库，函数库里的所有函数都属于非命名空间，它们的名称不需要命名空间前缀。XPath 可以通过适当扩充来增大这个核心函数库。扩充时，扩充的函数名必须是具有命名空间前缀的限定名，在函数库中的每一个函数都使用一个函数原型，该原型给定返回类型、函数的名称以及参数类型。如果参数类型后有一个问号，表明该参数是可选的，否则是必需的。核心函数库中主要有四种函数：结点集合函数、字符串函数、布尔函数和数字函数。

6.3.2　XML 查询

XML 查询的核心是 XPath 路径表达式查询。一个复杂的 XPath 路径表达式查询，能被分解成几个分裂路径表达式（包括简单路径表达式和特殊定位步两类）组成；分裂路径表达式的一种计算方法就是逐步结构连接法，一个分裂路径表达式的计算结果通过合并或连接在一起来产生给定复杂 XPath 路径表达式查询的最后结果。这种复杂 XPath 路径表达式查询的分解、处理和组合的方法类似于关系数据库系统中将多步连接操作分解为序列两步连接操作进行处理的方法。

一个复杂的 XPath 路径表达式查询能够被分解为如下子表达式的组合。

（1）由一个单一元素或一个单一属性构成的表达式，如 major，@employeenum。

（2）由两个元素或一个元素与一个属性（其中的元素或属性可以通过通配符来表示）构成满足包含关系（祖先/后裔关系或双亲/孩子关系）的表达式，如 employee//major，employee/child::*，employee/@employeenum, employee/attribute::*。

（3）由两个元素或一个属性构成的满足拥有关系（可以进一步分为双亲、孩子拥有关系和祖先、后裔拥有关系，它是一种特殊的包含关系）的表达式，如 employee[descendant::education-info]，work-info[child::*]，common-info[name]，employee[@employeenum]。

（4）由一个元素或一个属性与一个搜索关键字构成的表达式，如 contains(name, “Zhang”)，contains(descendant-or-self::*, “Zhang”)，它实际上是元素表（或属性表，结构表）与关键字表之间的满足拥有关系的结构连接。

（5）由两个元素构成的满足文档位置关系（之前/之后关系，左兄弟/右兄弟关系等）的表达式，如 employee / preceding :: *，work-info / preceding-sibling::*。

（6）由两个其他子表达式的并集构成的表达式，如 work-field union work-degree。

包含关系（祖先/后裔关系或双亲/孩子关系）的返回结果分两种情况：一是满足包含关系的结点（即关系表的元组）对的序列（即关系元组的有序集合）；二是满足包含关系的后裔（或祖先，孩子，双亲）结点的序列。文档位置关系的返回结果也分两种情况：一是满足文档位置关系的结点对的序列；二是满足文档位置关系的之后（或之前，左兄弟，右兄弟）结点的序列。拥有关系的返回结果只能是满足拥有关系的祖先（或双亲）结点的序列。

一个 XPath 路径表达式查询可通过小枝模式（Twig Pattern）进行建模，称为小枝模式查询。图 6.6 给出了如下 3 个 XPath 路径表达式查询对应的小枝模式查询形式。

查询 6.1　//A//B[.//C and .//D]。

查询 6.2　//A//B[C]//D。

查询 6.3　//A[B//C][.//D]//E/F。

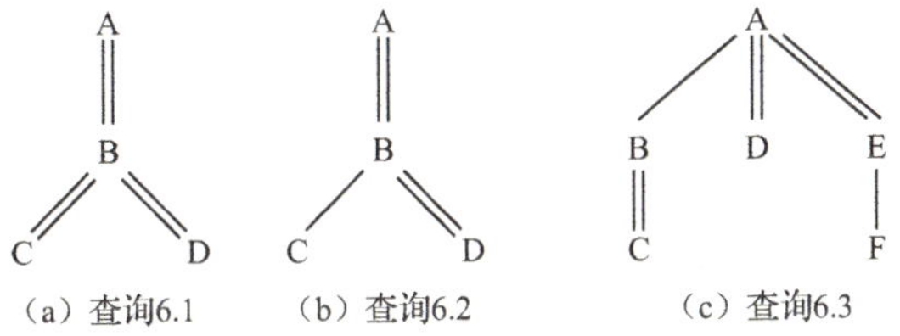

图 6.6　小枝模式匹配图

图 6.7 给出了图 6.6（a）的小枝模式查询在一个 XML 文档树实例中的匹配情况。在给定的 XML 文档树中，有两个小枝模式查询的实例被匹配出来。

模式匹配方法有两种：一是基于树遍历的模式匹配方法；二是基于集合的匹配方法。基于树遍历的匹配方法需要对 XML 文档树进行遍历，每一个 XML 文档树结点都需要被访问一次，因此可能出现许多没有必要的遍历扫描，特别是当“//”出现时。基于集合的匹配方法首先通过标记索引获得小枝模式中出现的每一个标记的结点集合，然后根据小枝模式的边对结点集合进行结构连接，如图 6.8 所示。

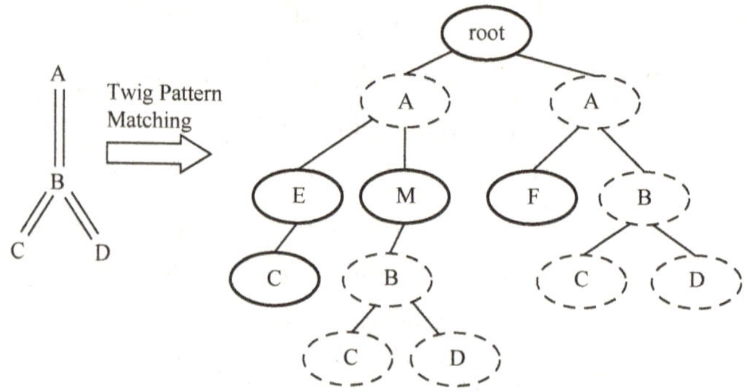

图 6.7　小枝模式匹配图

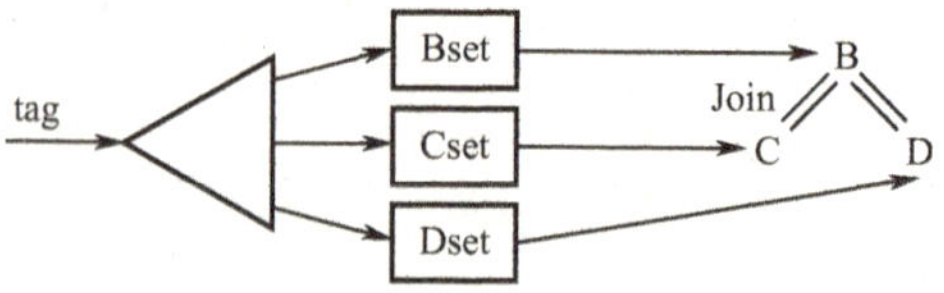

图 6.8　小枝模式匹配方法

目前，已经提出的基于集合的匹配方法有 Holistic Twig 连接[12]和 Twig 分解[1]两种。Holistic Twig 连接方法通过维护多个栈并将它们连接起来，按流水线的方式实现小枝模式的所有结构连接。Twig 分解方法则是将小枝模式分解成一个序列的结构连接，并且采用基于代价的优化方法来决定这些结构连接的执行顺序。本书后面介绍的 XML 近似查询采用的结构连接算法是在 Holistic Twig 算法基础上实现的。

6.4　本 章 小 结

本章主要介绍了 XML 数据模型和查询技术，主要包括 XML 文档和相关编制，XML 编码方案和基于 Xpath 的 XML 数据查询技术。本章内容是 XML 的重要理论基础，也是第 7 章将要介绍的 XML 数据近似查询方法所采用的主要技术。

6.5　参 考 文 献

[1] Gottlob G, Koch C, Pichler R. Efficient Algorithms for Processing XPath Queries. Proceedings of the 28th VLDB International Conference on Very Large Database, 2002: 95-106.

[2] Bray T, Paoli J, Sperberg-Mc Queen C M. Extensible Markup Language (XML) 1.0 Specification. W3C Recommendation. February 10, 1998，http://www.w3.org/TR/1998/REC-xml-19980210.

[3] Carey M, Florescu D, Ives Z. XPERANTO: Publishing object-relational data as XML.

Proceedings of the 3th WebDB International Workshop on the Web and database, 2000: 105-110.

[4] Carey M, Kiernan J, Shanmugasundaram J. XPERANTO: A middleware for publishing object-relational data as XML documents. Proceedings of the 26th VLDB International Conference on Very Large Database, 2000: 646-648.

[5] Shanmugasundaram J, Kiernan J, Shekita E J. Querying XML views of relational data. Proceedings of the 6 27th VLDB International Conference on Very Large Database, 2001: 261-270.

[6] McHugh J and Widom J. Query optimization for XML. Proceedings of the 25th VLDB International Conference on Very Large Database, 1999: 315-326.

[7] Grahhe G and Thomo A. An optimization technique for answering regular path queries. Proceedings of the 3th WebDB International Workshop on the Web and Databases, 2001: 215-225.

[8] Aboulnaga A,Alameldeen A R,Naughton J F. Estimating the selectivity of XML Path expressions for Internet scale applications. Proceedings of the 27th VLDB International Conference on Very Large Database, 2001: 591-600.

[9] Lim L, Wang M, Padmanabhan S. XPathLearner: An on-line self-tuning markov histogram for XML Path selectivity estimation. Proceedings of the 28th VLDB International Conference on Very Large Database, 2002: 442-453.

[10] Li Q Z, Moon B. Indexing and querying XML data for regular path expressions. Proceedings of the 27th International Conference on Very Large Data Bases, 2001: 361-370.

[11] Miklau G and Suciu D. Containment and equivalence for a fragment of XPath. Journal of the ACM, 2004: 51 (1): 2-45.

[12] Cooper B F, Samplel N, Franklin M J, Hjaltason G R, Shadmon M. A fast index for semistructured data. Proceedings of the 27th International Conference on Very Large Data Bases, 2001: 341-350.

[13] Zhang C. Relational databases for XML indexing. Wisconsin: University of Wisconsin-Madison, 2002.

第 7 章　XML 数据近似查询方法

内容关键词

- XML 近似查询
- 近似函数依赖关系
- 属性单元松弛

7.1 引　　言

传统的 XML 查询机制假定用户能够准确表达自己的查询需求，返回的查询结果也严格满足所提出的查询要求。然而在实际应用中，大量的普通用户由于对 XML 文档的内容和结构不是很了解，所提出的查询要求往往是对其查询意图的部分描述或近似描述，相应地，除了与查询要求完全匹配的查询结果之外，一些与查询要求相近的查询结果也可能是他们所需要的。

例如，在一个存储雇员信息的 XML 文档中，假设用户想要查找月收入大约$1000、教育程度为大学、金融相关专业的女性雇员，可能会输入下面的 XPath 查询语句：

/adult/employee[@employeenum>"3"][wage>1000$]/education-info/ [school-info="college"][common-info/sex="female"][work-info/work-field="finance"].

语句中，基于内容的查询约束在 XPath 中用谓词的形式来表示。此时，传统的 XML 查询机制将返回与查询条件完全匹配的查询结果。然而，对于月收入为$950 的女性理财投资人员，虽然也可能是用户希望看到的结果，但是用户在当前查询条件下无法得到这样的结果。为获得更多与查询要求近似的信息，用户将不得不多次修改查询要求（如调整与 work-field 和 finance 相关的查询范围），直到获得满意的查询结果或丧失耐心放弃尝试为止。由此可见，对于那些希望不用手工多次调整查询条件就能从大规模 XML 文档中一次性获取更多满足用户查询要求的大量普通用户来说，XML 近似查询机制的研究具有非常重要的意义。

当前，有关 XML 的近似查询正受到研究者的关注[1-6]。文献[1, 2]通过本体实现 XML 文档的柔性查询，其查询重写依赖于领域专家参与建立的本体知识库和相应的映射规则。文献[3]提出了一种高效的 XML 近似查询结构匹配算法——TreeSketch，该方法通过在精确 TreeSkech 上构建有限大小的 TreeSketch 概要和描述用于处理通用 XML 小枝查询模式来快速提供近似的查询结果。TreeSketch 概要能够有效地捕获底层 XML 数据库的完全树结构，并能够快速评估 XML 数据集上子结构之间的相似性，然后将它们与当前 XML 查询的结构进行相似性匹配，从而快速提供与真正的查询结果集相似的查询结果。文献[4]提出的近似查询方法，是在一个基本 XML 模式中，首先对提交的查询的结构进行匹配处理，鉴定与其他相关的模式的结构相似性，然后在查询处理阶段使用它们来自动重写当前查询，使其与其他相关

XML 模式兼容，从而找到更多匹配信息。文献[5]提出了一个在线的 XML 探测系统——AQAX，它基于精确的 XML 数据概要实现快速的大规模数据集探测，为有效地支持近似的半结构化查询回答，AQAX 使用了两层体系结构：第一层，在 XML 聚类（XCluster）框架基础上，查询处理器为复杂 XML 查询生成近似结果；第二层，导航客户端提供可视化操作，在 XML 聚类上提供分类树，从而进行有效的查询探测。文献[6]使用受限的基本变异操作把用户原始查询树改写成系列变异查询树，在此基础上通过考虑基本变异操作代价和嵌入代价，得到重写的查询树，从而实现近似查询。对于 XML 文档中函数依赖关系的研究，文献[7]提出使用强满足（strong satisfaction）方法将不完全关系中的函数依赖概念扩展到 XML 半结构化数据中，用来发现标准 XML 文档中的强函数依赖（strong functional dependencies）关系。

XML 近似查询方法的意义在于现实中用户给出的查询要求往往是对其查询意图部分或近似的描述。用户给出的查询要求虽然是对其查询意图部分或近似的描述，但是所得到的近似满足用户给定查询要求的结果应当与用户提出的查询要求有十分密切的关系。现有的 XML 近似查询方法仅考虑了查询结构的近似匹配，没有考虑查询内容的近似匹配，而实际上用户更多关注的是结果与查询内容之间的相关性。本章在第 6 章内容的基础上，结合 XML 文档查询多谓词松弛技术，描述了一种基于 Twig 模式结构连接算法的属性单元松弛查询方法，能够将初始查询条件进行松弛，用于返回更多可满足用户查询意图的近似查询结果，从而实现 XML 近似查询。

7.2　XML 近似查询相关定义和框架

7.2.1　XML 近似查询相关定义

定义 7.1　属性单元：XML 文档中的属性结点和叶结点统称为属性单元。属性结点在解析的过程中被记录下来，对应每个属性结点的属性单元的名字是该属性结点的名字，值是该属性结点的取值。如果不同元素的属性结点名称相同，那么属性单元的名称的形式为<元素名称-属性结点名称>。叶结点在解析的过程中被记录下来，对应每个叶结点的属性单元的名字是该叶结点的名字，值是该叶结点的取值。

定义 7.2　XML 文档的属性单元划分：设 X 为属性单元子集，R 是所有抽取的属性单元集合上的一个近似关系，t 是一条包含了所有抽取的属性单元的 XML 数据记录，所有数据记录 t 的集合是 r。如果对于 $X \subseteq R$，$t \in r$，$[t]_x = \{t' \in r \mid t[A] = t'[A], \forall A \in X\}$，则 $[t]_x$ 是 X 的一个基本等价类。X 在 R 上的一个属性单元划分表示为 $X^* = \{[t]_x \mid t \in r\}$。如果对于属性单元划分 X^* 中的一个等价类只有一个记录，则在 r 中就没有与它在 X 上一致的其他记录。因此，定义属性单元集 X 的带状划分 $\overline{X} = \{c \in X \mid |c| > 1\}$。带状等价类划分是寻找近似函数依赖中减少匹配代价的基础。

定义 7.3　近似函数依赖：设 R 是一个 XML 文档上的近似关系模式，对于在 R 上的函数依赖 $X \to A$，如果它对于 R 中的绝大多数记录成立而在一个给定阈值内的记录集上不成立，则称 $X \to A$ 是 R 上的近似函数依赖。误差阈值 $T_{err} \in (0,1)$，衡量了不满足 $X \to A$ 关系的依赖在

R 上记录总数中所占的比率，当且仅当 error($X \rightarrow A$)$\leqslant T_{err}$，$X \rightarrow A$ 是一个 R 上的近似函数依赖。

定义 7.4　近似关键字：对于属性集 $X \subset R$，如果在抽取的记录集 R 上不存在两个不同的记录在 X 集合上一致，那么 X 是一个在记录集 R 上的关键字。如果 X 的唯一性不包括 R 中阈值内的记录集，那么 X 就是一个近似关键字。形式化表示为 error($X \rightarrow A$)$\leqslant T_{err}$，$T_{err} \in (0,1)$，error(X)衡量了要使 X 成为一个关键字需要从关系 R 中移除的最小的记录集的比率。近似关键字的提取是在最小非平凡函数依赖关系基础上进行的。

7.2.2　XML 近似查询框架

基于 XML 文档属性单元松弛的近似查询方法主要包括以下三个步骤。

（1）属性单元重要程度排序：首先从 XML 文档中提取属性单元集合，在属性单元集合中挖掘近似函数依赖关系，进而提取近似关键字；然后，根据最小近似函数依赖关系的支持度对属性单元按重要程度进行排序。

（2）原始查询条件松弛：根据知识库中存储的 XML 文档中元素的相关度和属性单元重要程度，对初始查询条件进行松弛。松弛按照属性单元的重要程度排序，最先松弛的是最不重要的属性单元。

（3）查询实现：在 XML 文档上执行松弛后的查询条件，返回近似查询结果。

各步骤的实现算法分别在第 7.3 节和第 7.4 节给出。图 7.1 给出了 XML 近似查询整体框架图。

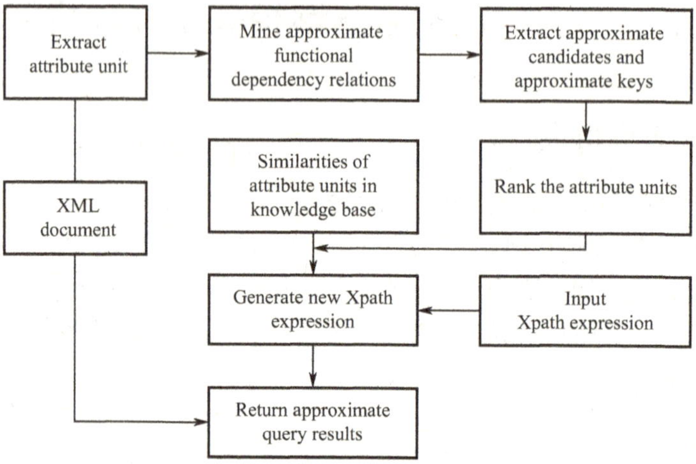

图 7.1　XML 近似查询框架图

7.3　属性单元重要程度排序

利用函数依赖可以确定属性单元的重要程度，本章采用了一种高效的提取近似函数依赖集的算法，用它来寻找 AFDs（Approximate Function Dependences，近似函数依赖）和 AKeys（Approximate Keys，近似关键字）。AFDs 和 AKeys 的误差在一个利用提取数据记录对近似候选码的支持度计算出的阈值之下。根据近似函数依赖关系，找到所有的近似候选码，并在其中选择有最大支持度的近似候选码作为近似关键字。近似关键字将属性单元集划分为决定集和依赖集，组成近似关键字的所有属性单元作为决定集的成员，剩下的属性单元作为依赖集的成员。对每一个属性单元，根据最小近似函数依赖关系的支持度计算其重要程度。根据属性单元重要程度，分别在依赖集和决定集中排出属性单元重要程度的顺序。依赖集中所有属性单元在决定集之前松弛，从而保证最不重要的属性单元最先松弛。

7.3.1　挖掘函数依赖关系

在本章中，对近似函数依赖关系的提取使用了文献[8]提出的方法，该方法基于一致集（Agree Set，AG）的概念[9]，根据一致集导出最大集（maximal set），然后生成最小非平凡函数依赖集。

设 R 是一个 XML 文档上的近似关系模式，r 是 R 的一个实例。用 dep(r)表示 r 中成立的所有函数依赖集，即 dep(r)=$\{X\rightarrow A \mid X \cup A \subseteq R, r \mid = X\rightarrow A\}$。在此基础上，定义一致集、最大集及其补集。

定义 7.5　一致集： 设 $t, t' \in r$，$X \subseteq R$，若 $t[X] = t'[X]$，则称 t 和 t'在 X 上一致。t 和 t'的一致集（agree set）定义为 ag $(t, t') = \{A\in R \mid t[A] = t'[A]\}$。

定义 7.6　最大集： 设 $A\in R$，属性单元集 A 的最大集是 r 中不能决定 A 的最大属性单元集 X 的集合。即，max (dep(r), A) = $\{X\subseteq R \mid r \neq X\rightarrow A$ and $\forall Y\subseteq R, X\subset Y, r \mid = Y\rightarrow A\}$。

定义 7.7　最大集的补集： cmax (dep(r), A) = $\{R-X \mid X \in$ max (dep(r), A)$\}$，其中 $A\in R$。

定义 7.8　函数依赖集左部： 设属性单元集 $A\in R$，r 中函数依赖集(dep (r)的左部集定义为 lhs (dep(r), A) = $\{A \subseteq R \mid r \mid = X\rightarrow A$ and $\forall X' \subset Y, r \mid \neq X' \rightarrow A\}$。

根据文献[7]中关于 dep (r)的定义可知，$\{X \rightarrow A \mid X \in$ lhs (dep(r), A), $A\in R\}$与 dep(r)等价。

为计算函数依赖集左部 lhs (dep(r), A)，引进超图（hypergraph）概念。

定义 7.9　超图： R 的属性单元集构成一个简单的超图 H，H 中的属性单元集称为超图的边，每个属性单元称为超图的顶点。H 的一个横截（transversal）T 是 R 的一个属性单元集，它与 H 的每一条边都相交。H 的一个最小横截 T 满足：T 是 H 的一个横截，$\forall T' \subset T$，T'不是 H 的横截。H 的所有最小横截集记为 T_r (H)。把 cmax (dep(r), A) 看成一个超图，则有如下结论：

$$(c\text{max}\ (\text{dep}\ (r), A)) = \text{lhs}\ (\text{dep}\ (r), A)$$

基于超图，给出计算 lhs (dep(r), A)的算法（算法 7.1）。

算法 7.1　求解近似函数依赖左部算法
输入： cmax (dep (r))
输出： 最小函数依赖集的左部 lhs (dep (r))
1. for $\forall A\in R$ do
2.　begin $i = 1$;
3.　　$L_i = \{\{B\} \mid B \in X, X\in$ cmax (dep (r), A)$\}$;
4.　　　while $L_i \neq \phi$ do
5.　　　　begin

```
        lhs_i [A] = {l ∈ L_i | l ∩ X ≠ φ, ∀ X ∈ cmax (dep (r), A)};
        L_i = L_i - lhs_i [A];
        L_i+1 = {l' | |l'| = i+1 and ∀l ⊂ l', |l| = i ⇒ l ∈ L_i};
        i = i+1;
    end
    lhs (dep (r), A) = ∪ lhs_i [A];
end
```

在 adult.xml 数据集上应用上述算法，计算出 lhs (dep (r), A)= $\{A, BCD, BCE, BCG, BDE, BDG, BEG\}$, lhs (dep ($r$), B)= $\{A, B\}$, lhs (dep (r), C) = $\{A, C, E, BG\}$, lhs (dep (r), D) = $\{A, D, BF, BG, CF, CG, EF, EG\}$, lhs (dep ($r$), E) = $\{A, E, BC, BG, CG\}$, lhs (dep (r), F) = $\{A, F, G, BCD, BCE, BDE\}$, lhs (dep ($r$), G) = $\{A, G, EF, BCD, BCF, BDE\}$。因此，得到最小函数依赖集如下。

$BCD \to A$，$BCE \to A$，$BCG \to A$，$BDE \to A$，$BDG \to A$，$BEG \to A$；

$A \to B$；

$A \to C$，$E \to C$，$BG \to C$；

$A \to D$，$BF \to D$，$BG \to D$，$CF \to D$，$CG \to D$，$EF \to D$，$EG \to D$；

$A \to E$，$BC \to E$，$BG \to E$，$CG \to E$；

$A \to F$，$G \to F$，$BCD \to F$，$BCE \to F$，$BDE \to F$；

$A \to G$，$EF \to G$，$BCD \to G$，$BCF \to G$，$BDE \to G$。

至此，完成了整个函数依赖关系的提取。在实际的 adult.xml 文档中，由于这些函数依赖关系并不是对所有的记录都完全成立的，会随着更多的记录而呈现不同的支持度，因此需要用一个阈值来衡量函数依赖关系。

7.3.2　求近似候选码

对于关系模式 R 中的属性单元集 U，对其做出如下划分：U_L 表示仅在函数依赖集中各依赖关系式左边出现的属性单元的集合，U_R 表示仅在函数依赖集中各依赖关系式右边出现的属性单元的集合。令 $U_B=U-U_L-U_R$，当 $U_B=\phi$ 时，它表示函数依赖关系式左右两边都出现属性单元的集合。例如，从上面给出的函数依赖关系可以得出，$U_L=\{AC\}$，$U_R=\{BD\}$，$U_B=\phi$。根据文献[7]，可得出如下结论。

- 设有关系模式 $R<U, F>$，$X\in U$，若 $X^+ = U$，则 X 中必定包含关系模式 R 的一个候选码。
- 设有关系模式 $R<U, F>$，若 U_L 非空，则 U_L 中任一属性单元必包含在关系模式 R 的候选码中。
- 设有关系模式 $R<U, F>$，若 U_R 非空，则 U_R 中的任一属性单元必定不包含在关系模式 R 的任一候选码中。
- 设有关系模式 $R<U, F>$，若 U_L 非空，且 $U_L^+ = U$，则 U_L 为关系模式 R 的唯一候选码。

根据上面的结论，可得出如下求解候选码的具体步骤。

（1）求关系模式 $R<U, F>$的最小函数依赖集 F。

（2）按照上面的定义，分别计算出 U_L，U_R，U_B。

（3）若 $U_L^+ = U$，则 U_L 为 R 的唯一候选码，算法结束；若 $U_L^+ \neq U$，转到（4）步，若 $U_L = \phi$，转到（5）步。

（4）将 U_L 依次与 U_B 中的一个、两个……直到所有的属性单元组合成新的属性单元集，利用上述结论判断该属性单元组合是否是候选码，找出所有的候选码后，算法结束。

（5）对 U_B 中的属性单元及属性单元组合利用上述结论依次进行判断，找出所有的候选码后，算法结束。

在实际求解过程中，对于算法中步骤（4）和步骤（5），最多重复 2^n-1 次，其中 n 为 U_B 中属性单元个数。若 $U_B \neq \phi$，则为最坏的情况，采用下面三个原则进行判断。

（1）在关系模式 R 中，若 A 为码，且 $A \leftrightarrow B$，则 B 必为码；

（2）在关系模式 R 中，若 A 不为码，且 $A \leftrightarrow B$，则 B 必不为码；

（3）在关系模式 $R<U, F>$ 中，若 K 为码，$W \subseteq U$，且 W 中不包含 K 的任一属性单元，则 KW 必不为码，而是超码。

所有的候选码集合是 $\{A, BC, BE, BG, BDF, BDG\}$。在候选码中，计算所有候选码的支持度（见式（7.1））及其误差（见式（7.2）），得到最后的近似关键字：

$$\text{support}\ (X \to Y) = \frac{|T(X \cup Y)|}{|T|} \tag{7.1}$$

$$T_{\text{err}}\ (X \to A) = 1 - \text{support}\ (X \to A)/|r| \tag{7.2}$$

在 adult.xml 文档中，总共有 48 000 条属性单元，根据每个候选码支持度计算出的误差分别是：

$$T_{\text{err}}(A \to BCDEFG) = 0.108\,19$$

$$T_{\text{err}}(BC \to ADEFG) = 0.153\,87$$

$$T_{\text{err}}(BE \to ACDFG) = 0.215\,71$$

$$T_{\text{err}}(BG \to ACDEF) = 0.238\,56$$

$$T_{\text{err}}(BDF \to ACEG) = 0.203\,63$$

这里取中间的误差作为衡量候选码是否为所有 adult.xml 文档中数据记录的函数依赖关系的阈值 T'_{err}。因此，可以得到真正成立的近似候选码是 A，BDF，BC。为找到近似关键字，在所有的近似候选码中，取支持度最高的候选码作为近似关键字，这里 support(A)最大，所以 A 是近似关键字。根据近似关键字，可确定属性单元排序算法的初始条件。

根据依赖集和决定集，给出属性单元重要程度排序算法 AUEO 算法（算法 7.2）。

算法 7.2　属性单元重要程度排序算法（AUEO 算法）

输入： 关系 R，数据集 r，误差阈值 T'_{err}

输出： 属性单元重要程度排序序列

SAFD = $\{x | x \in \text{GetAFDs}(R, r), T_{\text{err}}(x) < T'_{\text{err}}\}$;

SAK = $\{x \mid x \in \text{GetAKeys}(R, r), T_{\text{err}}(x) < T'_{\text{err}}\}$;

$AK = \{k | k \in \text{SAK}, \forall k' \in \text{SAK}, \text{support}(k) \geqslant \text{support}(k')\}$;

$\overline{AK} = \{k | k \in R - AK\}$;

$\forall\ k \in AK$

$W_{t_{\text{decides}}}(k) = \sum \frac{\text{support}(\hat{A} \to k')}{\text{size}(\hat{A})}$, where $k \in \hat{A} \subset R, k' \in R - \hat{A}$;

$W_{t_{AK}} = W_{t_{AK}} \cup [k, W_{t_{\text{decides}}}(k)]$;

$\forall\ j \in \overline{AK}$

9. $W_{t_{\text{depends}}}(j) = \sum \frac{\text{support}(\hat{A} \to j)}{\text{size}(\hat{A})}$;

10. $W_{t_{\overline{AK}}} = W_{t_{\overline{AK}}} \cup [j, W_{t_{\text{depends}}}(j)]$;

11. return $[\text{sort}(W_{t_{AK}}), \text{sort}(W_{t_{\overline{AK}}})]$;

在 adult.xml 文档上提取 48 000 条数据记录，然后执行 AUEO 算法，得到所有的属性单元重要程度分别为：

$$W_{\text{depends}}(A \to ABCDEFG) = 0.891\ 81;$$

$$W_{t_{\text{depends}}}(B) = 0.532\ 95;$$

$$W_{t_{\text{depends}}}(C) = 0.638\ 21;$$

$$W_{t_{\text{depends}}}(D) = 0.432\ 17;$$

$$W_{t_{\text{depends}}}(E) = 0.792\ 69;$$

$$W_{t_{\text{depends}}}(F) = 0.714\ 53;$$

$$W_{t_{\text{depends}}}(G) = 0.817\ 96。$$

因此，依赖集中的属性单元按照依赖程度的排序是（G, E, F, C, B, D），依赖集中属性单元重要程度的最后排序是（D, B, C, F, E, G），则所有的属性单元重要性序列为（A, D, B, C, F, E, G），即 employeenum>sex>school-info>major>work-degree>work-field>wage。

7.4 XML 近似查询方法

XML 近似查询的基本思想是根据属性单元的重要程度对初始查询条件进行松弛，最不重要的属性单元最先松弛。

7.4.1 属性单元内容相关度知识库

为了对初始查询条件进行松弛，需要用到一个预先生成的知识库，知识库中存储属性单元的值之间的相关度。知识库如表 7.1 所示，其中 Att-Name 表示属性单元名称，Value1 和 Value2 分别表示同一属性单元的不同取值，Sim 表示同一属性单元中值 Value1 和 Value2 之间的相关度。知识库中，属性单元值之间的相关度既可由专家给定，也可根据数据分布情况计算得出，这里略去了计算过程。

表 7.1　属性单元内容相关度知识库

Att-Name	Value1	Value2	Sim
work-field	finance	bank	0.853 29
wage	351	500	0.702
work-field	finance	investment	0.8432
work-field	finance	business	0.3369
…	…	…	…

根据知识库，可以对初始查询中的谓词条件进行松弛。例如，对引言部分初始查询中的谓词条件 employee/[work-field="finace"]进行属性单元松弛。假设阈值λ=0.8，根据知识库表中 Sim 的值，可得松弛后的查询条件为(employee/[work-field="bank"]，employee/[work-field="investment"]…)。然后，使用松弛后的查询条件对 XML 文档进行查询，就能得到与初始查询近似的查询结果。对于近似查询结果，按照它们对初始查询条件的接近程度进行排序。

7.4.2　查询匹配方法

对于查询匹配，文献[11]提出了两种 Holistic Twig 结构连接算法：PathStack 算法和 TwigStack 算法。TwigStack 算法是在 PathStack 算法的基础上提出的，利用了 PathStack 算法中的相关函数，而且比 PathStack 函数的查询代价小。这里使用了基于 TwigStack 的查询条件结构匹配方法。

考虑小枝模式查询 q（小枝模式查询对应的流和栈如图 7.2 所示），其查询匹配方法如下。首先，将小枝模式查询 q 分解为多个从根结点 q 到每一个叶结点的路径模式查询 q_1，q_2，q_3，…，q_m，例如，对于查询条件 adult/employee [@employeenum>3][wage>1000$]，首先将它分解为两个路径模式查询：adult/employee [@employeenum>3]和 adult/employee[wage>1000$]；然后，采用 PathStack 算法，单独得到每一个路径模式查询 q_i 的局部匹配结果；最后，将多个路径模式查询 q_i 的局部匹配结果进行归并，得到小枝模式查询 q 的最终匹配结果。

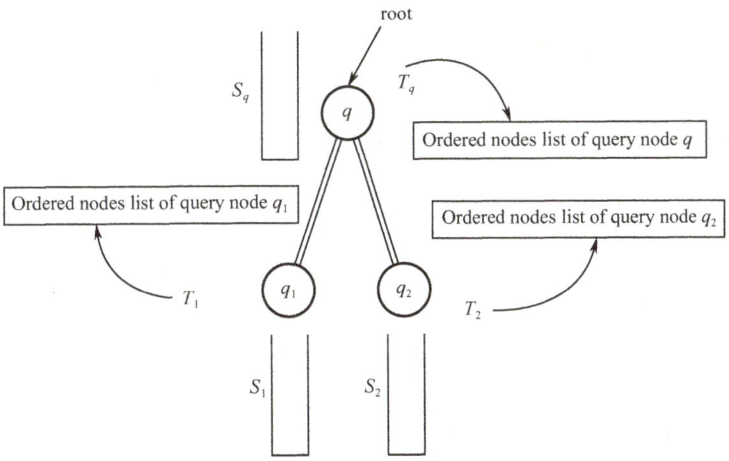

图 7.2　小枝模式查询对应的流和栈

这种匹配方法的缺点与二元结构连接匹配方法的缺点一样，需要多次对中间匹配结果进行存取。这就涉及查询的中间连接代价问题。为了从整体上解决小枝模式查询的不足，文献[11]中提出了 Holistic Twig 结构连接算法 TwigStack 算法（算法 7.3）。

算法 7.3　Holistic Twig 结构连接算法 TwigStack (q, T_1,…,T_n)
输入： 小枝模式查询 q，以及它的 n 个查询结点的流 T_1, T_2,…, T_n，这里 n 为查询 q 的查询结点数量 **输出：** 小枝模式查询 q 的匹配结果，它是按从叶到根有序的（即后裔有序）
1.　while (not end (q))　　//当查询 q 没有结束时，执行循环

```
2.   q_act = getNext(q);                                    //取下一个查询条件
3.    if (not isRoot (q_act))                               //如果 q_act 不是根
4.        cleanStack (Sparent (q_act), nextBegin (T_q_act));   //下一个要查询的结点入栈
5.    if (isRoot (q_act) or (not empty (Sparent (q_act))))  //如果 q_act 是根的时候或者 q_act 的父亲不是空
6.      cleanStack (S_q_act, nextBegin (T_q_act));          //将 q_act 的要匹配结点流中 begin 最小的放到 Sq_act 中
7.      moveStreamToStack (T_q_act, S_q_act, pointer to top (Sparent(q_act)));
8.      If (isLeaf (q_act))                                 //如果 q_act 是叶子
9.          showSolutions (q_act, 1);
10.         pop (Sq_act);
11.     else advance (Tq_act);
12. mergeAllPathsolutions ();
子函数：cleanStack (S, actBegin)
1.  while (not empty (S) and topEnd (S) < actBegin)
2.       pop (S);
子函数：getNext (q)
1.  if (is Leaf (q)) return q;
2.  for (every q_i in children (q))
3.     n_i = getNext (q_i);
4.     if(n_i != q_i)   return n_i;
5.  nmin = minarg_{n_i}{nextBegin (T_ni)};
6.  nmax = maxarg_ni{nextBegin (T_ni)};
7.  while (nextEnd (T_q)) < nextBegin (T_nmax))
8.     advance (T_q);
9.  if (nextBegin (T_q) < nextBegin(T_nmin)) return q;
10. else return nmin;
子函数：showSolutions (SN,SP)
/*假设路径模式查询 q 中从根到叶子的 n 个查询结点的栈编号为 1, …, n。同时，假设通过数据 index [1,…, n]存储正在生成的匹配结果在各个栈中的位置，即 index[i]表示正在生成的匹配结果 n 元组中第 i 个数据结点在第 i 个栈中的位置。这里，1 代表栈底位置，SN，SP 分别表示当前正在处理栈的编号及栈中当前正在处理数据结点的位置。*/
1. index[SN] = SP;
2. if (SN = = 1)                                            //当前正在处理根栈
3    output (index[n],…, index[1]);                         //输出来自栈链的已经生成的匹配结果 n 元组
4  else   //递归调用
5.  for (i = 1 to index[SN].pointer) index[SN].pointer      //表示 index[SN]所指向结点在双亲栈中的位置
6.       showSolutions(SN-1, i);
```

TwigStack 算法中的 showSolutions 子函数只适合于路径模式查询 q 中仅包含“//”边的情况。对于“/”边，还需要利用 level 信息进行判断，这仅需要将 showSolutions 函数的 5～6 行改为：

```
5. if(index[SN].level= =index[SN].point.level+1)
6.      showSolutions(SN-1,index[SN].pointer);
```

此时，仅需要一次递归调用即可。

7.4.3　XML 近似查询 TwigAE 算法

利用 TwigStack 算法，运行一遍查询条件，得到精确匹配的查询结果，如果用户不满意，则执行查询松弛，属性单元松弛顺序是 $q_1', q_2', q_3', q_4',\cdots, q_m'$ $(m < n)$。采用表 7.1 中的知识，使 q_i'与原来的属性单元 q_i 的相关度大于给定的阈值，所有 q_i'按相关度由大到小的顺序进行松弛查询。

根据用户的查询条件，从知识库中找到所有相关度大于 0.8 的属性单元值，组成新的 XPath 表达式；根据松弛的查询条件，使用 TwigStack 算法重新进行匹配。在属性单元松弛过程中，采用以下算法（称之为 TwigAE 算法）：

（1）在当前 XML 文档中，使用 TwigStack 算法进行精确匹配，返回 k 个查询结果；

（2）如果 k 小于用户要求的返回结果数目 count，则对查询条件中的属性单元进行松弛；

（3）根据已经排好序的 XML 文档中的所有属性单元的排序 $q[n]$，得到当前查询条件中属性单元排序 $q'[m]$ $(m<n)$，作为要松弛的属性单元组；

（4）对于 $q'[m]$中的每一个属性单元，分别按序到知识库中找到所有相关度大于给定阈值λ的松弛的属性单元集合 $e[m][u]$，u 为 $q[i]$ $(i < (m-1))$ 对应的松弛个数，对每个 $q[i]$有不同的取值。$e[m][i]$按相关度从高到低排序。

（5）根据属性单元松弛顺序，对每个待松弛的原子查询条件 j，$j\in(1,\cdots, m)$，保持其他原子查询条件不变，进行 $e[j][u]$的松弛，得到松弛的原子查询条件 $q'[j][1],\cdots, q'[j][u]$。

（6）利用 TwigStack 算法对每个松弛的查询条件重新进行查询，并对所有的查询结果进行去重处理后输出。

7.5　实验测试及分析

7.5.1　实验环境和测试数据

实验是在 Intel(R) Core(TM)2 CPU 6300 @1.86GHz、1GB 内存、120GB&7200rpm 硬盘和 Microsoft Windows XP 操作系统下进行的，使用 SAX2 解析 XML 文档，用 Java 编程语言和 eclipse 3.0 编译工具开发实验系统，测试文档由 IBM XML data generator[12]产生。

（1）Adult 数据库

从美国的 Adult 数据库中提取属性单元，建立 adult.dtd 文档，利用 Xgenerator 产生不同大小的 XML 文档，实验所用 adult.xml 文件的初始数据集为 800 个 employee 元素。

（2）DBLP XML 数据集

数据集 DBLP[13]中包含了书籍、论文、参考文献等有关信息，其特点是数据结构相对简单，数据分布也较均匀。抽取的 DBLP 数据集大小为 110MB，其中包含 2 786 805 个元素。

7.5.2　属性单元松弛过程性能测试

该实验的目的是测试属性重要程度排序算法（AUEO 算法）的执行时间和属性单元重要

程度排序的稳定性。

首先给出属性单元重要程度排序算法（AUEO 算法）执行时间。分别在包含 48 000 个 employee 元素的 Adult 数据集上和包含 26 000 个 book 元素和 27 000 个 inproceedings 元素的 DBLP 数据集上进行属性单元重要程度排序。AUEO 算法在 Adult 和 DBLP 数据集上的执行时间分别为 3.2min 和 2.5min。可以看出，虽然 DBLP 数据集比较小，但由于它的数据组成比 Adult 数据复杂，一个 book 可以引用多个 inproceedings，因此在 DBLP 数据集上提取近似函数依赖关系所花费的时间也不短。

对于属性单元重要程度排序的稳定性，主要看是否受文档大小变化的影响，根据依赖集中的属性单元对近似关键字的依赖度来评价，即计算近似关键字对每个依赖集属性的支持度随文档大小的变化，这可以衡量近似关键字和依赖集属性单元两方面的稳定性。对于 Adult 数据集，文档大小分别取 5 000，10 000，20 000 和 40 000。对于属性单元序列：(1:sex,2: school-info,3:major,4:work-degree,5:work-field,6:wage)，计算出的近似关键字对依赖集中的各属性单元支持度的变化（如图 7.3 所示）。

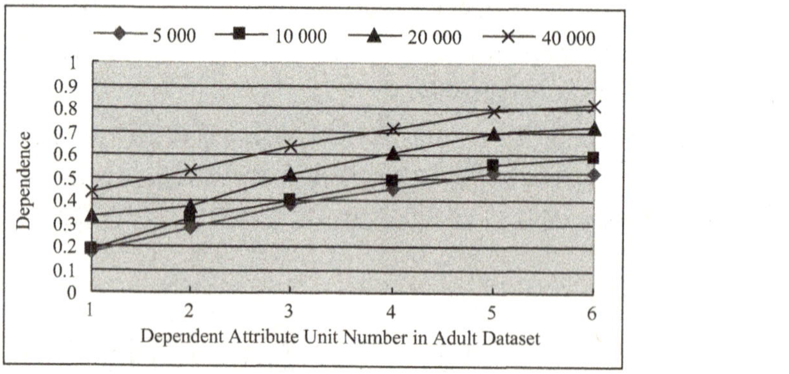

图 7.3　Adult 数据集属性单元重要程度排序的稳定性

对于 DBLP 数据集，由于属性单元个数较多，这里仅给出 book 元素和 inproceedings 元素分别取 4 000，8 000，16 000 和 32 000，以及属性单元序列(1: title, 2: book-author, 3: publisher, 4: book-year, 5: isbn, 6: inproceedings-key, 7: pages, 8: booktitle, 9: inproceedings-year, 10: inproceedings-author,11:url)情况下得到的近似关键字对依赖集中的各属性单元支持度的变化情况（如图 7.4 所示）。

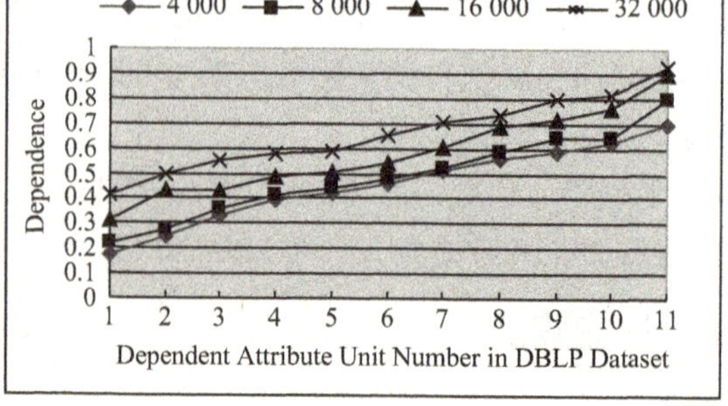

图 7.4　DBLP 数据集属性单元重要程度排序的稳定性

7.5.3　TwigAE 与 TwigStack 的查询结果对比

该实验的目的是通过对属性单元松弛近似查询下的结果与精确查询下的结果进行对比，找到影响属性单元松弛近似查询结果的因素。为测试在不同查询条件下 TwigAE 和 TwigStack 分别得到的查询结果，对 Adult 数据集设计了 8 个测试查询（如表 7.2 所示），这些查询条件在结构上代表了 XML 的典型查询，在内容上包含了关于数值型和文本型内容的谓词表达式。

表 7.2　数据集 Adult 的 XPath 测试查询条件

Query ID	XPath expression
Q1	//employeenum[wage="402"]
Q2	//employee[work-field="bank"][work-degree="junior"]
Q3	//employee[school-info="bachelor"][wage<"300"]
Q4	/adult/employee/common-info[contains(name,"Zhang")]
Q5	/adult/employee[.//school-info="college"][.//work-field="management"]
Q6	//employee[.//major="computer"][.//wage<"500"]
Q7	/adult/employee[.//work-field="finance"][.//major="computer"]
Q8	/adult/employee[@empoyeenum<"enum200"][wage>"782"]

在包含 4 000 个 employee 元素的 XML 文档上，给定属性单元精确条件和松弛条件的相关度下限 Sim(value1,value2) = 0.8，即属性单元的松弛值与原始查询条件指定的属性单元值之间的相关度在[0.8, 1)之间的属性单元才用来构建新的查询条件。松弛查询和精确查询返回元素个数对比结果如表 7.3 所示。

表 7.3　固定 Adult 数据集的 XPath 的测试查询结果

Query ID	The number of query results of TwigStack	The number of query results of TwigAE
Q1.1	4	36
Q1.2	12	12
Q1.3	3	32
Q1.4	14	18
Q1.5	5	20
Q1.6	12	12
Q1.7	12	12
Q1.8	5	15

由表 7.3 可见，TwigAE 算法获得了比 TwigStack 算法多的查询结果，通过观察 TwigAE 得到的查询结果，可发现它们都与原始查询条件在语义上接近，因此 TwigAE 算法具有较高的查全率。通过改变查询文档的元素个数（100～10 000 个 Adult 元素），得到的查询结果如表 7.4 所示。其中，(P, E)结果对表示精确查询和松弛近似查询下得到的元素结果个数对比，N 表示 Adult 元素个数，Q 表示查询条件。由表 7.4 可以看出，对于 Adult 数据集，随着文档大小的增加，数值型查询条件 Q1.1，Q1.3，Q1.6，Q1.8 比文本型查询条件 Q1.2，Q1.4，

Q1.5，Q1.7 的松弛效果好。因此，属性单元查询松弛的效果与查询条件的类型有关。

表 7.4　不同大小的 Adult 数据集 XPath 测试查询结果

(P,E)　N / Q	100	200	500	800	1000	2000	4000	10 000
Q1.1	(0,6)	(0,8)	(2,10)	(3,12)	(3,20)	(4,26)	(4,36)	(8,52)
Q1.2	(0,2)	(2,4)	(3,6)	(5,9)	(7,11)	(10,10)	(12,12)	(15,15)
Q1.3	(0,1)	(0,8)	(0,12)	(1,15)	(1,19)	(2,25)	(3,32)	(5,45)
Q1.4	(2,4)	(4,6)	(5,8)	(7,9)	(10,12)	(12,16)	(14,18)	(16,20)
Q1.5	(0,2)	(0,4)	(0,8)	(1,11)	(2,14)	(3,17)	(5,20)	(6,25)
Q1.6	(0,4)	(1,7)	(2,10)	(3,18)	(6,24)	(10,10)	(12,12)	(16,16)
Q1.7	(1,3)	(2,6)	(3,9)	(5,12)	(7,15)	(9,20)	(12,12)	(15,15)
Q1.8	(1,4)	(3,9)	(5,15)	(5,15)	(5,15)	(5,15)	(5,15)	(5,15)

为更好地说明问题，给出 DBLP 数据集的实验测试情况。在 DBLP 数据集中，总共提取了 13 个属性单元，为尽可能多地考查 DBLP 中的属性单元信息，对 DBLP 设计了 10 个 XPath 测试查询（见表 7.5）。这些查询条件一方面考虑了结构的包含关系（Q1）、文档位置关系（Q10）；另一方面也考虑了数值（Q4）、文本约束（Q6）、等值（Q1）、非等值查询（Q7，Q8）等因素。

表 7.5　数据集 DBLP 的 XPath 测试查询条件

Query ID	XPath expression
Q1	//book[author="David Maier"]
Q2	//book[contans(title,"XML approximate")][year>"2005"]
Q3	//book[publisher="Benjamin/Cummings"][year<"1965"]
Q4	/dblp/inproceedings[booktitle="VLDB"][count(author)<=2][year>"2006"]
Q5	/dblp/book[contains(label,"VLDB")][year>"2007"]
Q6	/dblp/book[contains(author,"Gray"]
Q7	/dblp/inprocedings[pages="12 to 25"][year="2003"]
Q8	/dblp/inproceedings[contains(author,"Maier")][year="2002"]
Q9	//book[year="1999"][contains(label,"SIGMOD")]
Q10	//book/[contains(title,"XML approximate")]/follow-siblling::inproceedings[contains(author,"Gray")]

同样，对 DBLP 的元素 book 的个数由 100～10 000 改变，由于 DBLP 的数据属性单元差异比较大，有的属性单元（如 year）是连续分布的，数据基数大，数据比较敏感，因此对 year 的相关度取 0.96，有的属性单元数据基数小（如 pages），因此对 pages 的相关度取 0.8，其他查询条件的相关度取 0.9，得到的查询结果如表 7.6 所示。

表 7.6　不同数据集大小的 DBLP 的 XPath 测试查询结果

(P,E) N / Q	100	200	500	800	1000	2000	4000	10 000
Q1	(1,3)	(1,4)	(2,7)	(4,12)	(6,14)	(8,17)	(9,20)	(12,12)
Q2	(0,1)	(0,3)	(0,6)	(1,8)	(1,10)	(2,16)	(2,24)	(4,32)
Q3	(6,10)	(6,12)	(8,15)	(9,20)	(10,10)	(12,12)	(14,14)	(16,16)
Q4	(1,10)	(1,15)	(2,20)	(2,37)	(2,50)	(2,62)	(3,74)	(4,86)
Q5	(7,12)	(9,14)	(10,10)	(11,11)	(14,14)	(17,17)	(20,20)	(25,25)
Q6	(8,14)	(10,10)	(12,12)	(18,18)	(24,24)	(40,40)	(52,52)	(86,86)
Q7	(1,2)	(1,2)	(1,2)	(1,3)	(1,3)	(1,4)	(1,5)	(1,6)
Q8	(0,1)	(1,1)	(2,3)	(2,4)	(2,5)	(2,6)	(3,7)	(3,9)
Q9	(5,14)	(7,19)	(9,25)	(15,15)	(20,20)	(31,31)	(39,39)	(52,52)
Q10	(0,2)	(0,3)	(0,3)	(0,4)	(0,5)	(0,6)	(0,6)	(1,6)

从该例可以看出，对于数据敏感程度高的数据集，属性单元松弛的效果很明显，并且对相关度要求比较高，相关度的改变对结果的影响很大（如 Q4）。由于 Adult 数据集数值型的数据 wage 取值不连续，差别比 year 大，因此相关度要适当取小些，才能得到较好的查询结果；而对于 DBLP 这种数据差别细微的数据集，取较高的相关度才能得到较满意的结果。

7.6　本 章 小 结

本章基于 XML 文档的内容提取与查询条件相关的属性单元；挖掘近似函数依赖关系，得到近似关键字；根据属性单元在 XML 文档内容中的权重，得到属性单元排列顺序算法；对权重小的属性单元先松弛，近似关键字中的属性单元后松弛；利用松弛后的查询条件，和原来的 XML 文档进行匹配，得到近似查询结果。实验结果表明，基于属性单元松弛的 XML 文档近似查询比精确查询有更好的查询效果。近似关键字对依赖集中的属性单元的支持度随文档的增大而增加，同时属性单元重要程度排序算法也具有较好的稳定性。

7.7　参 考 文 献

[1] Kanza Y and Sagiv Y. Flexible queries over semi-structured data. Proceedings of the 20th ACM SIGACT-SIGMOD-SIGART Symposium on Principles of Database Systems, 2001: 40-51.

[2] 王真星，顾宁，施伯乐. 基于本体的半结构化数据的柔性查询. 计算机研究与发展，2003, 40 (11): 1571-1578.

[3] Polyzotis N, Garofalakis M and Ioannidis Y. Approximate XML query answers. Proceedings of the 2004 ACM SIGMOD International Conference on. Management of Data,

2004: 263-274.

[4] Mandreoli F, Martoglia R，Tiberio P. Approximate query answering for a heterogeneous XML document base. Proceedings of the International Conference on Web Information Systems Engineering, 2004: 337-351.

[5] Spiegel J, Pontikakis E D, Budalakoti S，Polyzotis N. AQAX: a system for approximate XML query answers. Proceedings of the 32nd International Conference on Very Large Data Bases, 2006: 1159-1162.

[6] 衡星辰，覃征，邵利平，曹玉辉，高洪江. 基于两阶段查询重写的 XML 近似查询算法. 电子学报，2007, 35 (7): 1271-1278.

[7] Millist W V, Liu J X, Liu C F. Strong functional dependencies and their application to normal forms in XML. ACM Transactions on Database Systems, 2004, 29 (3): 445-462.

[8] 张守志，施伯乐. 一种发现函数依赖集的方法及应用. 软件学报，2003, 14 (10): 1692-1696.

[9] Beeri C, Dowd M, Fagin R，Statman R. On the structure of Armstrong relations for functional dependencies. Journal of the ACM, 1984, 31(1): 30-46.

[10] Gasterland T. Cooperative Answering through Controlled Query Relaxation. IEEE Expert: Intelligent Systems and Their Applications, 1997, 12(5): 48-59.

[11] Bruno N, Koudas N, Srivastava D. Holistic twig joins: Optimal XML pattern matching. Proceedings of the 2002 ACM SIGMOD Conference on Management of Data, 2002: 310-321.

[12] IBM Corporation XML data generator. http://www.alphaworks.ibm.com/tech/xmlgenerator.

[13] DBLP Bibliography in XML. http://dblp.uni-trier.de/xml/dblp.xml.

第三部分

第 8 章 空间关键字查询方法

内容关键词

- 空间数据库
- 空间索引结构、R-tree
- 空间和文本混合索引、IR-tree
- 空间和语义混合索引、SIR-tree

8.1 空间数据库查询

随着移动网络的普遍应用，Web 上出现了越来越多的空间 Web 对象（Spatial Web Object）。一个空间对象 o 包含空间信息和文本信息两部分，空间信息通常由经纬度表示，文本信息是对空间对象的文本描述。一个空间关键字查询 q 的形式为：$q(\text{loc}, \text{keywords}, k, \alpha)$，其中 q.loc 代表查询位置，q.keywords 是查询关键字集合，k 是指定返回的结果个数，$\alpha\in[0, 1]$是一个权重系数。目前，普遍采用的空间对象 o 与查询 q 的相关度计算方法如下。

$$\text{Score}(o,q)=\alpha\cdot\text{Sim}_{\text{spatial}}(o.\text{loc},q.\text{loc})+(1-\alpha)\cdot\text{Sim}_{\text{textual}}(o.\text{doc},q.\text{keywords}) \tag{8.1}$$

式中，$\text{Sim}_{\text{spatial}}$ 和 $\text{Sim}_{\text{textual}}$ 分别代表 o 与 q 之间归一化的位置接近度和文本相关度。

空间对象存储在空间数据库中，空间数据库的查询方法主要涉及两个方面的问题：一是空间关键字查询处理模式，二是空间数据库的索引结构建立。

对于空间关键字的查询处理模式，现有方法主要可分为如下 4 类。①布尔范围查询：该查询模式返回那些地理位置在查询区域内且文本描述包含所有查询关键字的兴趣点；②布尔 k 近邻（kNN）查询：该查询模式返回那些文本描述包含所有查询关键字且地理位置与查询点最近的前 k 个兴趣点；③Top-k 范围查询：该查询模式返回那些地理位置在查询区域内且文本描述与查询关键字具有较高相关性的前 k 个兴趣点；④Top-k k 近邻查询：该查询模式同时考虑了兴趣点与查询的位置相关性和文本相关性，即检索结果是那些同时具有较高位置相关和文本相关的兴趣点。上述 4 类方法呈递进式发展，后者是对前者的补充。布尔范围查询的缺点是不能控制查询结果规模，并且查询结果没有进行排序；布尔 k 近邻查询根据兴趣点与查询点之间的距离对查询结果排序，距离查询点的位置越近，兴趣点排序越靠前。上述两种方法都需要兴趣点的文本描述中包含所有查询关键字，这很可能导致空或少量查询结果问题，或者得到的查询结果距离查询点的位置很远。为了解决这一问题，Top-k 范围查询和 Top-k k 近邻查询不要求兴趣点的描述信息包含所有的查询关键字，仅包含部分查询关键字也可作为查询结果返回。然而，Top-k 范围查询的排序方法仅考虑了兴趣点的文本相关性而没有考虑位置相近性，Top-k k 近邻查询同时考虑了兴趣点与查询的位置相近性和文本相关性。

8.2　空间索引结构

8.2.1　空间索引结构概述

空间数据库的索引技术主要有 R-tree[1]、R*-tree[2]和四分树（quad tree）[3]等，其中 R-tree 是最基本的空间索引结构。当前主要的空间数据库混合索引结构可归结为几类，如表 8.1 所示。

表 8.1　空间数据库混合索引结构介绍及对比

索引结构	组合模式	Tree 结点信息	优缺点
两阶段索引[4]	R-tree，Inverted file	R-tree 结点包含（Minimum Bounding Rectangle，MBR，最小边界矩形），倒排文件结点包含关键字信息	优点：结构简单 缺点：存储代价高，无法确定第一阶段产生的候选对象个数
IR2-tree[5]	R-tree+ Signature	结点的 MBR，结点中文本信息的签名文件	优点：存储代价低、搜索效率高 缺点：查询关键字必须严格匹配
IR-tree[6,7]	R-tree+ Inverted file	结点的 MBR，结点中文本信息对应的倒排文件	优点：存储空间小，提高了搜索效率，允许查询关键字部分匹配 缺点：未考虑查询的语义相关性
bR*-tree[8]	R*-tree+ Bitmap	结点的 MBR、结点中所有关键字的位图和关键字 MBR	优点：存储空间小，关键字匹配效率高 缺点：关键字多，I/O 代价高
Light-Weighted 索引[9]	R*-tree 和 Inverted file 分开存储	R*-tree 结点包含 MBR 和结点到根结点路径的 Label，倒排结点包含标记位置组成	优点：可扩展性较强，搜索效率高 缺点：存储代价高，频繁插入操作的计算代价过高
Quadtree 索引[3]	Quadtree+ Inverted file	结点的 MBR，结点中文本信息对应的倒排文件	优点：区域搜索效率高 缺点：树结构不平衡，存储代价较高
G-index 索引[10]	聚类标准+聚类操作	通过聚类操作，可泛化成上述各类索引结构	优点：通用性强 缺点：存储代价高，泛化计算代价高

下面对 R-tree 空间索引结构进行详细介绍。

8.2.2　空间索引 R-Tree

8.2.2.1　R-tree 结构

Guttman 在 1984 年最早提出了一种动态空间索引结构 R-Tree[1]。R 树是一种高度平衡树，由非叶子结点和叶结点组成，空间对象的最小外接矩形（Minimum Bounding Rectangle，MBR）存储在叶结点中，非叶子结点通过聚合其孩子结点的外接矩形而形成，根结点包含了所有这些外接矩形。

例如，图 8.1（a）中的 *D*1、*D*2 和 *D*3 是二维坐标下一个空间对象构成的不规则形状，*R*8、*R*9 和 *R*10 分别是它们的最小外接矩形；图 8.1（b）是一个根据图 8.1（a）构建的 R-tree，根结点是 *N*1，中间结点是 *N*2 和 *N*3，叶结点是 *N*4、*N*5、*N*6、*N*7、*N*8。

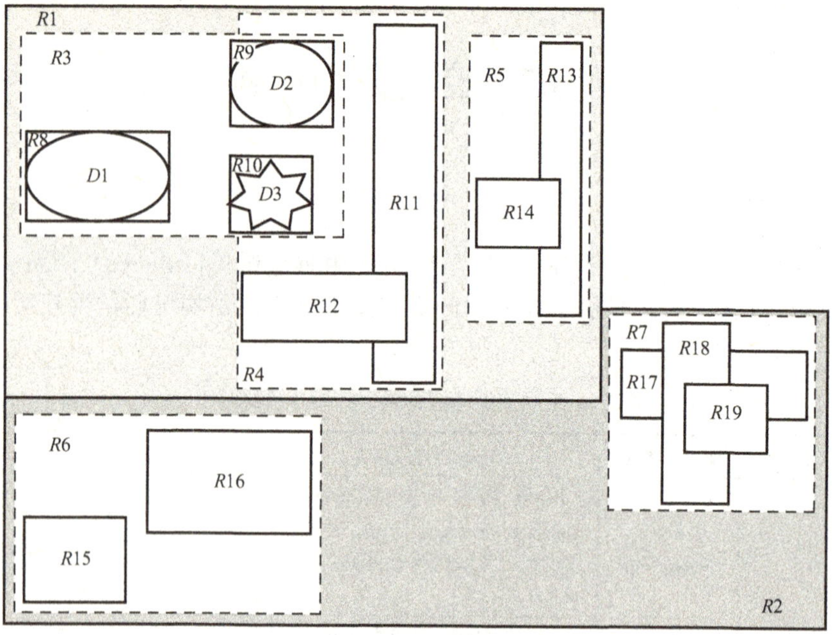

（a）最小外接矩形

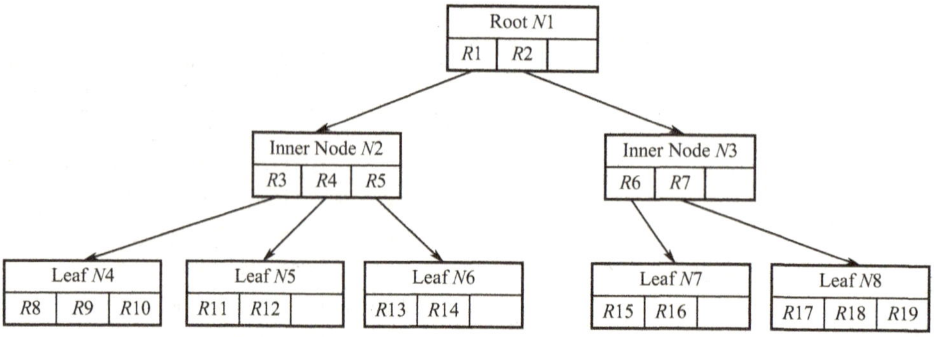

（b）R-tree

图 8.1　最小外接矩形和 R-tree 实例

R-tree 中每个非叶子结点和叶结点都可能包含多个条目（如 *N*2 中包含 3 个条目，分别是 *R*3、*R*4 和 *R*5）。对于叶结点，它当中的每个条目由一个二元组构成，形式为<*O*, Rect>，其中 *O* 代表该条目指向的空间对象，Rect 代表该对象的最小外接矩形 MBR，例如叶结点 *N*4 中的条目 *R*8，可表示为<*D*1, *R*8>；对于非叶子结点，它当中的每个条目也由一个二元组构成，形式为<*pN*, Rect>，其中，*pN* 是一个指针（即该条目所指向的孩子结点 *N* 的地址），Rect 是该条目所指向的孩子结点所覆盖区域的 MBR。

R-tree 是 B 树在 *k* 维空间上的自然扩展，它将空间对象按范围划分，每个结点都对应一个区域和一个磁盘页，非叶子结点的磁盘页中存储其所有子结点的区域范围，叶结点的磁盘页中存储其区域范围之内的所有空间对象的外接矩形。每个非叶子结点所能拥有的子结点数目有上、下限，下限保证对磁盘空间的有效利用，上限保证每个结点对应一个磁盘页，当某个非叶子结点要插入新孩子结点时导致该结点要求的空间大于一个磁盘页时，则该结点一分为二。R-tree 是一种动态索引结构，即：它的查询可与插入或删除同时进行，并且不需要定期地对树结构进行重新组织。

R-tree 的性质如下。

（1）除根结点以外，所有叶结点包含 m 至 M 个条目，作为根结点的叶结点所具有的条目个数可以少于 m。通常情况下，$m=M/2$。

（2）每一个非叶子结点拥有 m 至 M 个条目，除非它是根结点。

（3）所有叶结点都位于同一层，因此 R 树为平衡树。

R-Tree 的构造有两个评价标准：

（1）位置上相邻的结点尽量在树中聚集为一个父结点；

（2）同一层中各兄弟结点相交部分比例尽量小。

R-Tree 索引结构的作用在于，进行一个空间查询时，只需遍历少数几个中间结点即可定位到要找的空间对象（也就是逐渐缩小到某个区域去进行查询）。例如，图 8.2 给出利用 R-tree 索引逐步定位到空间对象 D1、D2 和 D3 的过程。

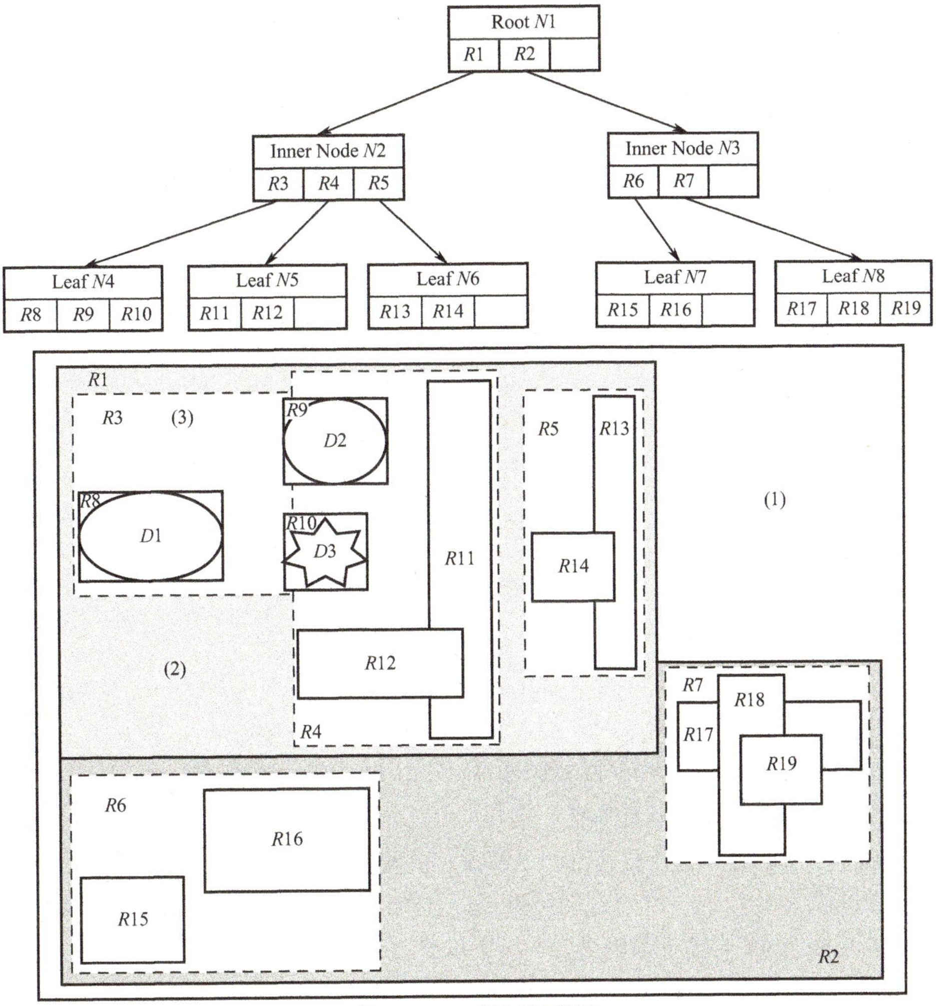

图 8.2　利用 R-tree 索引定位到特定空间对象的实例

R-tree 主要包含 3 种操作：查询、插入和删除，下面结合实例进行介绍。

8.2.2.2　R-tree 查询操作

给定一个查询条件为矩形 *S*，令 R-tree 的根结点为 *T*，利用 R-tree 索引找到与 *S* 匹配的叶结点的查询过程如下。

（1）如果 *T* 是非叶子结点，则检查 *T* 中所有条目 *E* 的矩形（即 *E*.Rect）是否包含 *S*，对于所有包含 *S* 的条目，以其指向的孩子结点为根（此时 *T* 为该树的根结点）进一步执行查询操作。

（2）如果 *T* 是叶结点，则检查 *T* 中每个条目 *E* 的矩形（即 *E*.Rect）是否包含 *S*，如果包含，则该条目就是一个结果。

8.2.2.3　R-tree 插入操作

R-tree 的插入分为 3 种情况：一是有足够空间插入的情况，二是需要增大 MBR 的插入情况，三是需要进行结点分裂的插入情况。

（1）有足够空间插入的情况

图 8.3 给出了有足够空间插入的情况。在图 8.3 中，假设待插入区域是 *X*，R-tree 中每个非叶子结点的孩子结点数上限是 4。如图 8.3 所示，*X* 的区域面积（即 MBR）位于 *R*2 之内，并且区域 *R*2 对应的结点有足够的空间容纳条目 *X*，所以 *X* 拥有足够的插入空间，可以直接插入到 *R*2 的孩子结点 *N*4 中。

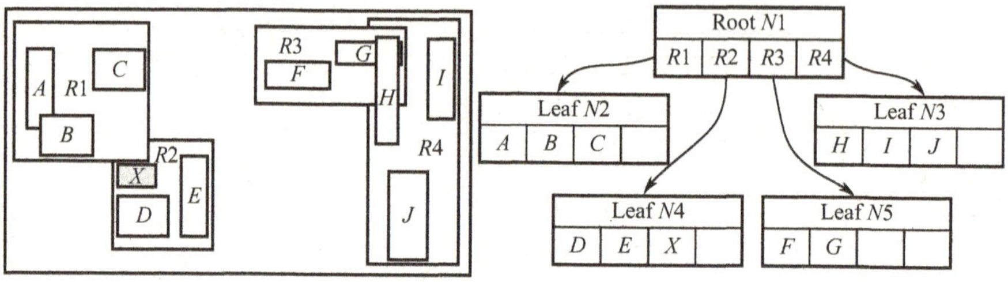

图 8.3　有足够的空间插入的情况

（2）需要增大 MBR 的插入情况

图 8.4（a）给出了需要增大 MBR 的插入情况。假设待插入区域是 *Y*，从图中可以看出 *R*2 对应的结点有足够空间容纳条目 *Y*，但 *Y* 的区域面积（即 MBR）并不完全包含于 *R*2 区域之内，此时插入区域 *Y* 后会导致 *R*2 区域的相应扩大，扩大后的情况如图 8.4（b）所示。

（3）需要进行结点分裂的插入情况

图 8.5 给出了需要进行结点分裂的插入情况。假设待插入区域是 *W*，从图 8.5（a）可以看出，*W* 落在区域 *R*1 中，但 *R*1 对应的结点已经容纳了 4 个孩子，也就是说没有足够空间容纳条目 *W*，如果插入 *W* 则孩子数将变为 5，所以要对 *R*1 对应的结点进行分裂进而保证树的平衡性。

采用分裂算法对 *R*1 对应的结点进行分裂，使其分裂成 *R*1（包含区域 *A*、*B*）和 *R*5（包含区域 *C*、*K*、*W*）两个结点，并且需要向上传递这种分裂。分裂之后，使得原来根结点由

[*R*1，*R*2，*R*3，*R*4] 变成了 [*R*1，*R*2，*R*3，*R*4，*R*5]，进而导致根结点的孩子数由 4 变成了 5，所以根结点也要进行分裂，分裂成 *T*1（包含区域 *R*1、*R*5、*R*2）和 *T*2（包含区域 *R*3、*R*4）两个结点，由于此时分裂已经传递到根结点，所以生成新的根结点条目 *T*1、*T*2。

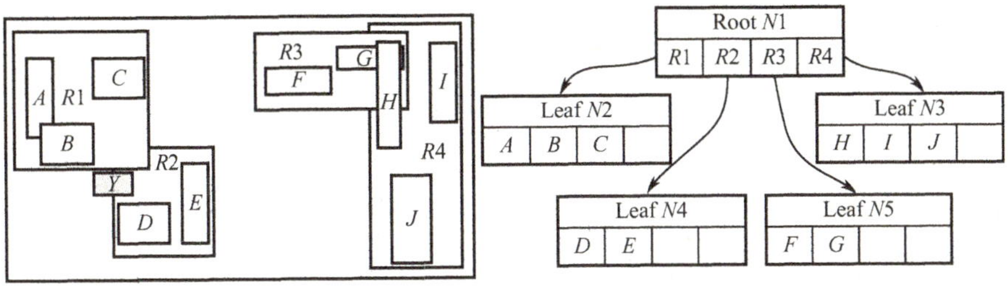

（a）插入*Y*

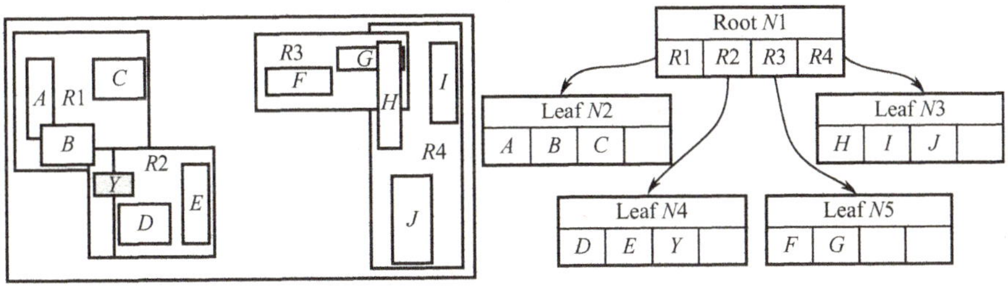

（b）扩大*P*2的MBR

图 8.4　需要增大 MBR 的插入情况

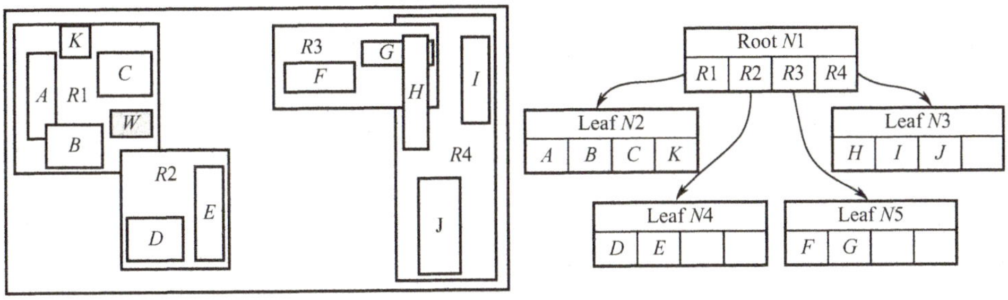

（a）插入*W*

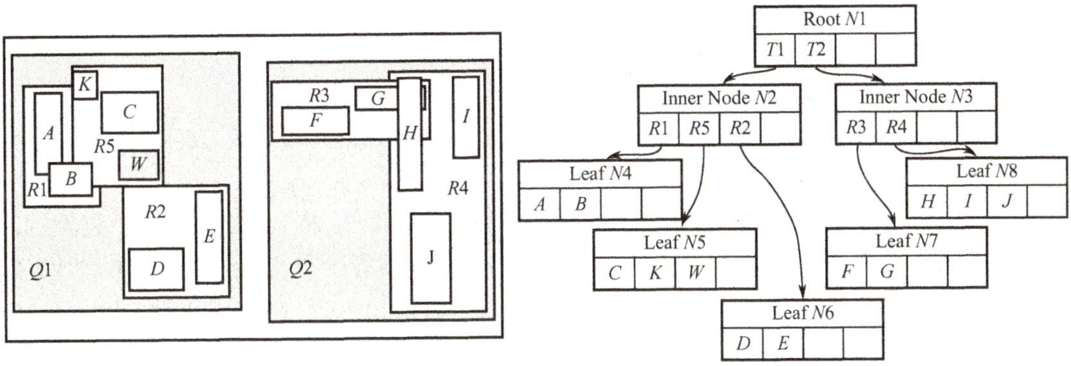

（b）分裂节点

图 8.5　需要进行结点分裂的插入情况

结点分裂方法有平面扫描、线性分裂、平方分裂和指数分裂等多种，这里采用 Quadratic（平方分裂）方案，对于待分裂结点包含的所有条目（Entries）中的每一对条目 $E1$ 和 $E2$，计算出它们的最小外接矩形 J=MBR($E1$, $E2$)，然后计算增量 d= J-$E1$-$E2$，所有对条目的增量计算结束后，选择增量 d 最大的一对条目作为种子，这是因为如果 d 较大，说明挑选出来的一对条目基于对角线离得比较远，这样将使结点分裂后产生的两个区域可以尽量不重叠。图 8.6 给出了使用最大增量和不使用最大增量方法进行结点分裂后产生的两个区域重叠情况。

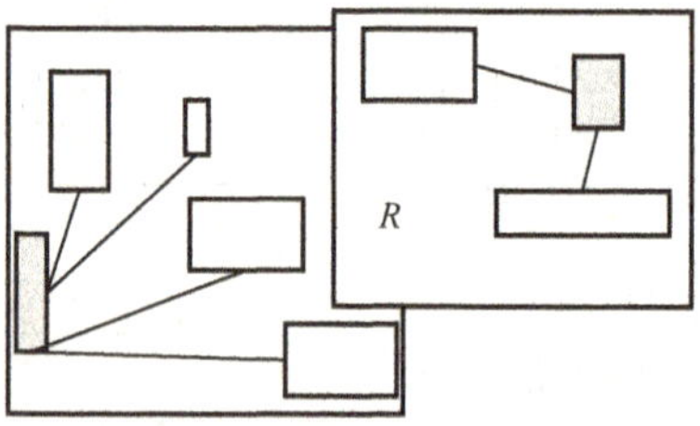

（a）使用最大增量法挑选出来的条目进行分裂后区域的重叠情况

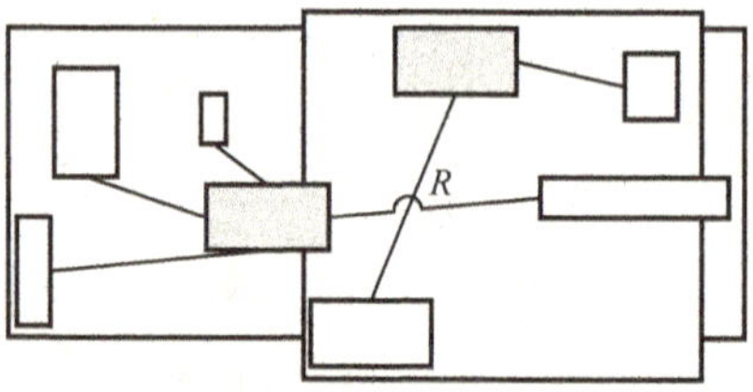

（b）未使用最大增量法挑选出来的条目进行分裂后区域的重叠情况

图 8.6　不同方法对结点分裂后产生的区域重叠情况

挑选出种子条目后，需要将待分裂结点中剩下的条目分别分到这两个条目所在的组。分配原则就是离谁比较“近”就和谁一组，这里的“近”的计算方法是：

（1）计算任一剩余条目 E 分别与种子条目 seed1 和种子条目 seed2 的最小外接矩形，即 $J1$=MBR(E，seed1)和 $J2$=MBR(E，seed2)；

（2）计算增量 $d1$=$J1$-E-seed1，$d2$=$J2$-E-seed2；

（3）比较 $d1$ 和 $d2$，哪个值小就说明条目 E 离哪个种子近（即 E 与哪个种子条目产生的 MBR 面积增量最小，就离谁比较近）。

8.2.2.4　R-tree 删除操作

下面用例子描述 R-tree 的删除操作。假设 R-tree 的结点最大条目数 M=4，最小条目数 m=2。在图 8.7 中，假设 c 为待删除对象。删除 c 的操作步骤为：

（1）通过给定 R-tree 自顶向下找到对象 c 所属的叶结点，即 $R11$。当 c 从 $R11$ 删除后，$R11$ 就只剩下一个指向对象 d 的条目，也就是说 $R11$ 的条目数少于 2，出现下溢，此时需要调整树的结构。c 被删除，$R11$ 中剩余的条目 d 被插入链表 List 中（如图 8.7（a）所示），进而 $R11$ 被删除，然后向上一层传递进行此操作。

（2）$R11$ 的下溢进一步导致 $R4$ 出现下溢，需要将 $R4$ 中的剩余条目 $R12$ 插入链表 List（如图 8.7（b）所示），进而 $R4$ 被删除。

（3）$R4$ 的下溢进一步导致 $R1$ 出现下溢，需要将 $R1$ 中的剩余条目 $R3$ 插入到链表 List

（如图 8.7（c）所示），进而 $R1$ 被删除，这样根结点只剩下了 $R2$。

（4）插入 $R3$、$R12$、d 至原来所处的层（如图 8.7（d）所示），删除根结点 $R2$，其孩子结点（即 $R5$、$R6$、$R7$、$R3$）所在的结点被置为根结点（如图 8.7（e）所示），删除操作完成。

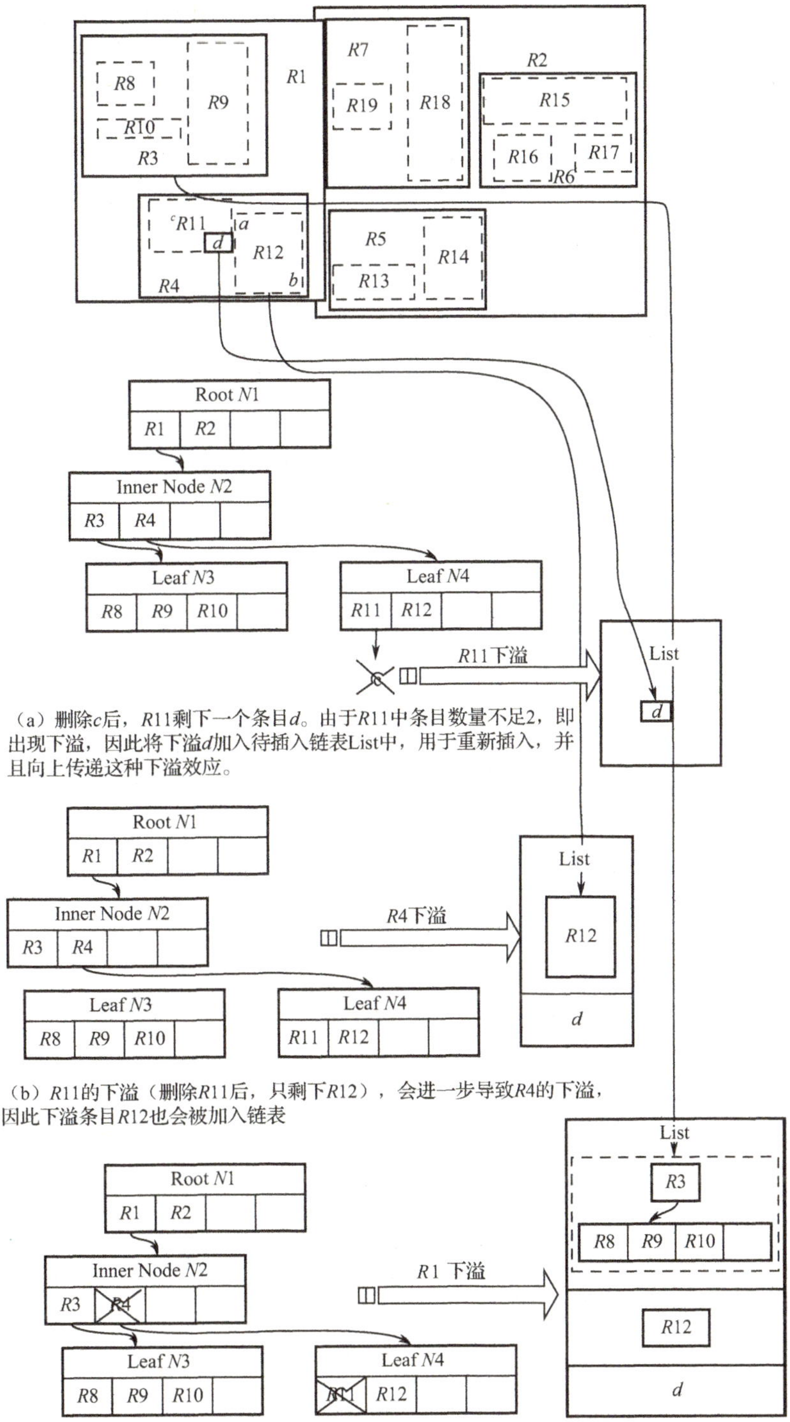

（a）删除c后，R11剩下一个条目d。由于R11中条目数量不足2，即出现下溢，因此将下溢d加入待插入链表List中，用于重新插入，并且向上传递这种下溢效应。

（b）R11的下溢（删除R11后，只剩下R12），会进一步导致R4的下溢，因此下溢条目R12也会被加入链表

（c）R4的下溢会进一步导致R1的下溢，因此下溢条目R3也会被加入链表

图 8.7　R-tree 删除操作实例

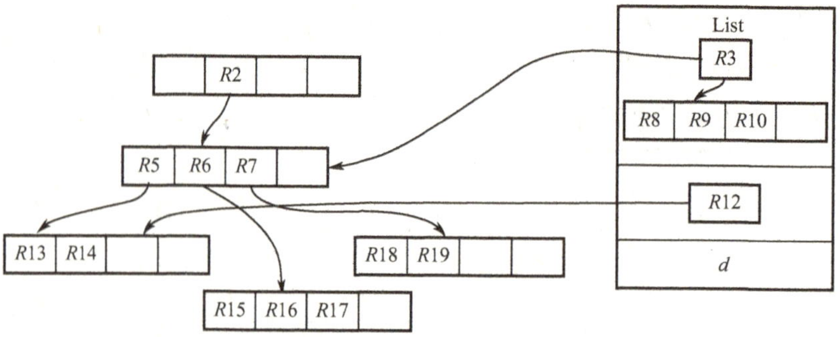

（d）插入R3、R12、d至它原来所处的层（对象d插入R12中）

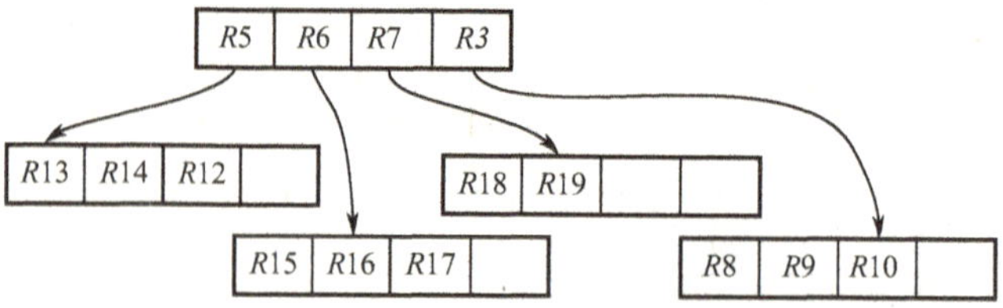

（e）删除根结点R2，生成最终的R-tree

图 8.7　R-tree 删除操作实例（续）

8.3　文本索引结构

文本搜索的索引技术主要有倒排文件（inverted file）[11]、签名文件（signature file）[12]和位图索引（bitmap）[13]等，由于这些文本索引方法已经非常成熟和常见，这里不再赘述。空间关键字查询通常需要将空间索引和文本索引结合来构建混合索引结构，从而实现高效的空间对象检索。空间与文本混合索引结构中，使用最多的是 IR-tree 索引及其改进，该索引结构是把倒排文件索引与 R-tree 相结合。

8.4　空间关键字语义近似查询

空间关键字语义近似查询的问题描述为：给定一组空间对象 $O=\{o_1, o_2, \cdots, o_{|O|}\}$，其中任一对象 $o\in O$ 包含空间位置信息 o.loc 和文本信息 o.doc，空间信息 o.loc 为二维空间内的地理位置点(x, y)，文本信息 o.doc 是一组关键词集合，每个关键词都有一个权重 $w(t|o.\text{doc})$，权重的计算方法采用如下传统的 TF-IDF 权重计算方法：

$$w(t\mid o.\text{doc})=tf(t\mid o.\text{doc})\cdot \text{idf}(t,O) \tag{8.2}$$

式中，$tf(t\mid o.\text{doc})=\dfrac{f(t,o.\text{doc})}{\text{MaxFrequency}}$，$f(t,o.\text{doc})$表示 t 在 o.doc 中出现的次数，MaxFrequency 表示 o.doc 中关键词的最多出现次数；$\text{idf}(t,O)=\log\dfrac{|O|}{f(t\mid o.\text{doc})+1}$，$|O|$表示空间对象的个数。

一个空间关键字查询表示为：q=(loc，keywords，k，α)，其中 q.loc 代表查询位置，

q.keywords 是查询关键字集合，k 是指定返回的结果个数，$\alpha\in[0,1]$是一个权重系数，用来调节语义与空间的相对重要程度。空间关键字的语义近似查询匹配过程需要考虑两个方面，即位置相近性和语义相关性，将两个相关性进行线性组合，可以得到查询 q 与空间对象 o 之间的综合相关性：

$$\mathrm{Score}(o,q)=\alpha\cdot \mathrm{Sim}_{\mathrm{spatial}}(o.\mathrm{loc},q.\mathrm{loc})+(1-\alpha)\cdot \mathrm{Sim}_{\mathrm{semantic}}(o.\mathrm{doc},q.\mathrm{keywords}) \tag{8.3}$$

式（8.3）中的位置相近性计算方法采用空间对象 o.loc 与查询位置 q.loc 之间的欧氏距离进行计算，即

$$\mathrm{Sim}(q,o)=1-\frac{\mathrm{dist}(q.\mathrm{loc},o.\mathrm{loc})}{\mathrm{MaxDist}} \tag{8.4}$$

式中，MaxDist 是全局可能出现的最大距离，目的是将 o 和 q 之间的距离规范到区间[0, 1]。

式（8.3）中的语义相关性计算方法采用下式计算：

$$\mathrm{Sim}_{\mathrm{semantic}}(q,o)=\frac{P(q.\mathrm{keywords}\mid o.\mathrm{doc})}{\mathrm{Max}P} \tag{8.5}$$

式中，$P(q.\mathrm{keywords}\mid o.\mathrm{doc})=\prod\limits_{t\in q.\mathrm{keywords}} w(t\mid o.\mathrm{doc})\prod\limits_{u\in\{u'|\mathrm{sim}(u',t)\geqslant\theta\}}\begin{cases}\mathrm{sim}(u,t),\mathrm{if}\ u\neq\phi\\ 1,\quad \mathrm{if}\ u=\phi\end{cases}$

$$\mathrm{Max}P=\prod_{t\in q.\mathrm{keywords}}\mathrm{Max}_{o'\in O}w(t\mid o'.\mathrm{doc})\prod_{u\in\{u'|\mathrm{sim}(u',t)\geqslant\theta\}}\begin{cases}\mathrm{sim}(u,t),\mathrm{if}\ u\neq\phi\\ 1,\quad \mathrm{if}\ u=\phi\end{cases}$$

sim(u, t)代表关键词 t 和词条 u 之间的语义相关度，θ是一个最低相关度阈值（可由专家给定），相关度计算方法在下面（8.4.1 节）进行阐述。

8.4.1　文本词条之间的语义相关度评估

空间对象中的文本描述信息由若干词条构成，用户输入的查询关键字通常是其中某个或多个词条。若要实现空间关键字的语义查询，需要量化文本词条之间的语义相关关系。这里介绍了一种量化词条语义相关度方法，先将文本信息进行词条抽取和结构化处理，即将空间对象的文本描述信息转换成<属性：词条>的形式，例如酒店的文本描述信息可包括“<设施：WiFi>，<设施：电视>等”。文本信息的词条抽取和规范化处理利用了文本分析工具（英文的如 AlchemyAPI 和 Wikipedia，中文的如 FudanNLP 等），处理后的词条信息可用关系表来存储。例如，表 8.2 给出了 Hotel 的词条信息表。

表 8.2　Hotel 词条信息表

名　称	城　市	价　格	房　型	设　施
如家（静安店）	上海	365，371，428	标准间、大床房	电视、有线宽带
七天（首都机场店）	北京	342，225，368	大床房、标准间	电视、有线宽带
如家（火车站店）	上海	419，425，398	标准间、大床房、商务间	WiFi、电视、有线宽带
七天（东直门店）	北京	385，365，379	标准间、大床房、商务间	WiFi、电视、有线宽带
锦江之星（西直门店）	北京	342，225，368	标准间、大床房、商务间	WiFi、电视、有线宽带

词条之间语义相关度评估方法的基本思想是：对于同一属性下的两个值，如果它们在同一属性值域中出现的次数（或者发生频率）类似，则表示这两个值具有相关性，这反映了一

个属性中不同属性值之间的内耦合关系（intra-coupling relationship）。空间对象的文本信息被转换成<属性，值>形式的关系元组，因此可使用属性值的出现频率来计算同一属性下不同值之间的内耦合相关度。具体来讲，对于包含 n 个空间对象的空间数据集 O，首先将所有空间对象的文本描述信息转换成一个具有 m 个属性$\{A_1, A_2,\cdots, A_m\}$和 n 条元组$\{t_1, t_2,\cdots, t_n\}$的关系表。在此基础上，属性 A_j 中的一对属性值 x 和 y 的内耦合相关度（Intra-similarity）计算方法如下：

$$\mathrm{IaS}_{A_j}(x,y)=\frac{N_{A_j}(x)\cdot N_{A_j}(y)}{N_{A_j}(x)+N_{A_j}(y)+N_{A_j}(x)\cdot N_{A_j}(y)} \tag{8.6}$$

式中，$N_{A_j}(x)$ 和 $N_{A_j}(y)$ 分别表示属性 A_j 中包含属性值 x 和 y 的元组个数。从式（8.6）可以看出，如果两个属性值在同一值域中的出现频率越高，则它们之间的内耦合相关度越大。

同一属性上的两个属性值之间除了具有内耦合关系外，它们的相关度还受到其他属性的影响，这里称之为间耦合相关度。属性值之间的间耦合相关度评估的基本思想是：对于属性 A_j 中的两个属性值 x 和 y，假设 U 是 x 和 y 在其他属性 A_k 上共同出现的属性值的交集。如果 U 非空，则称 x 和 y 在属性 A_k 上相关。

基于上述思想，属性值 x 和 y 在属性 A_k 上的间耦合相关度定义为：

$$\delta^{IS}_{A_j|A_k}(x,y)=\sum\nolimits_{u\in U}\min\{P_{A_k|A_j}(u\,|\,x),P_{A_k|A_j}(u\,|\,y)\} \tag{8.7}$$

式中，U 是 x 和 y 在属性 A_k 上的交集，u 是 U 的一个元素（即，u 与 x 和 y 在相同元组中共同出现过），$P_{A_k|A_j}(u\,|\,x)$（以及 $P_{A_k|A_j}(u\,|\,y)$）是 u 关于 x（和 y）的信息条件概率（Information Conditional Probability，ICP），计算方法如下：

$$P_{A_k|A_j}(u\,|\,x)=\frac{|T_{A_k}(u)\cap T_{A_j}(x)|}{|T_{A_j}(x)|} \tag{8.8}$$

式中，$T_{A_j}(x)$表示 D 中包含 A_j=x 的元组集合，$T_{A_k}(u)$表示 D 中包含 A_k=u 的元组集合。也就是说，u 对于 x 的 ICP 是指当 x 在关系表中出现时，u 与 x 共同出现的概率。可以看出，对于同一个属性的两个值，如果它们在其他属性上的 ICP 越高，那么这两个值的间耦合相关度就越高。

式（8.9）给出了属性值<x, y>在所有其他属性上的间耦合相关度计算方法：

$$\mathrm{IeS}_{A_j}(x,y)=\sum\nolimits_{k=1,k\neq j}^{m} w_k\delta^{IS}_{A_j|A_k}(x,y) \tag{8.9}$$

式中，$\delta^{IS}_{A_j|A_k}(x,y)$ 已在式（8.7）中定义，$\sum\nolimits_{k=1,k\neq j}^{m} w_k=1$。注意，如果 A_k（k=1,⋯,m, k≠j)是一个数值属性，需首先将其值域划分为若干数值区间，每个区间都作为一个文本值看待，然后再用式（8.9）进行计算。

接下来，把属性值 x 和 y 之间的内耦合和间耦合相关度进行结合，即可得到它们之间的语义相关度：

$$S\_\mathrm{Sim}_{A_j}(x,y)=\beta*\mathrm{IaS}_{A_j}(x,y)+(1-\beta)*\mathrm{IeS}_{A_j}(x,y) \tag{8.10}$$

式中，β（$\beta\in[0,1]$）是一个调节参数，用来调整内耦合和间耦合相关度在最终的语义相关度中的作用。

利用式（8.10）可以计算出相同属性下不同属性值之间的语义相关度，将其存储在词条语义相关度表中，表的结构为{属性值 1，属性值 2，相关度}，这些值为混合索引结构中建立语义相关度文件提供知识支持。

8.4.2　空间和语义相结合的索引结构

现有的空间关键字混合索引结构（如 IR-tree）在文本搜索方面主要利用全文索引方式从形式上匹配查询关键字，把查询关键字看成文本处理而没有考虑其语义。实际上，有些空间对象虽然没有显式包含查询关键字，但其在语义上可能十分相关，现有的索引结构不能检索到这些对象。本章将在 IR-tree 基础上，介绍一种支持空间关键字语义近似查询的混合索引结构。

1．SIR-tree 结构和 Top-*k* 查询

本节介绍的索引结构以 IR-tree 为基础，在其上增加语义匹配功能，称之为 SIR-tree（Semantic IR-tree），如图 8.8 所示。

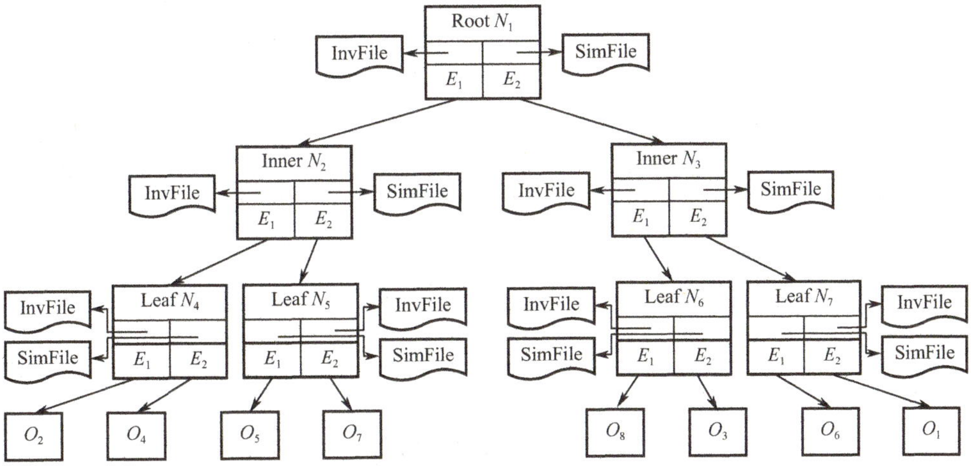

图 8.8　SIR-tree 混合索引结构

SIR-tree 的每个结点记录了以该结点为根的子树中所有对象的空间信息、文本信息概要（从结点文本信息中抽取的关键字集合）及指针。SIR-tree 每个结点的信息分为三个部分：前两部分是两个指针，分别指向包含该结点所有关键字的倒排文件（InvFile）和语义相关度文件（SimFile），Simfile 的信息可从 8.4.1 节介绍的词条语义相关度表中得到，第三部分是该结点中的条目集合（Entries）。每个非叶子结点和叶结点都可能包含多个条目（Entry，如图 8.8 中的 E_1、E_2），对于叶结点，它当中的每个条目由一个三元组构成，形式为<*O*, Rect, *O*.tid>，其中 *O* 代表空间对象，Rect 代表该对象的最小外接矩形，*O*.tid 是该对象的文本信息标识符；对于非叶子结点，它当中的每个条目也由一个三元组构成，形式为<*pN*, Rect, *N*.pid>，其中，*pN* 是该条目指向的孩子结点 *N* 的地址，Rect 是该条目所对应的孩子结点所覆盖区域的 MBR，*N*.pid 是该条目对应孩子结点的文档标识符，文档包含了该条目对应的孩子结点的文本信息概要。

下面给出一个实例对 SIR-tree 进行说明。图 8.9（a）给出了一个空间对象集合和查询实例，图 8.9（b）是基于该空间对象集合构建的 SIR-tree。

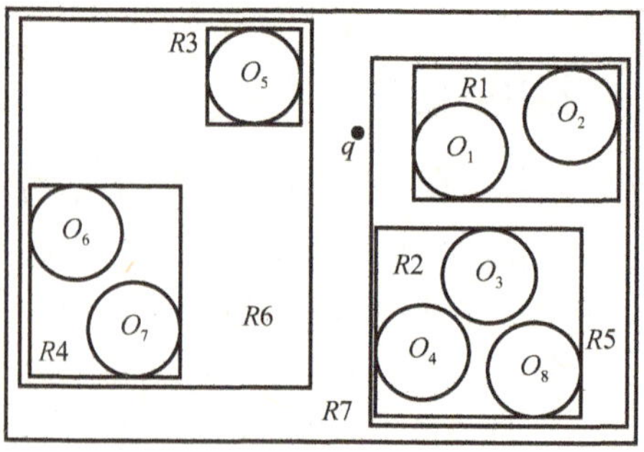

（a）空间对象集合和查询实例

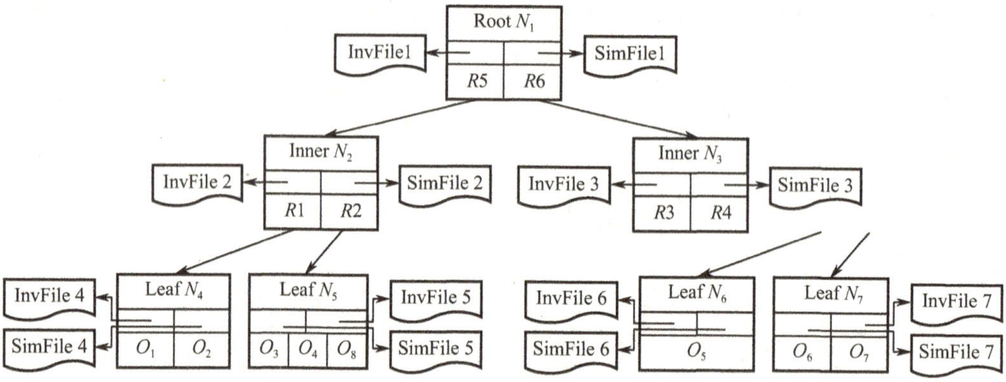

（b）SIR-tree

图 8.9　空间对象集合和查询、SIR-tree 实例

在图 8.9（a）中，假设所有空间对象包含的关键字集合为 $T=\{t_1, t_2, t_3, t_4\}$，这些关键字在不同空间对象文档中的出现频次如表 8.3 所示。

表 8.3　关键字在不同空间对象文档中的出现频次

	O_1.doc	O_2.doc	O_3.doc	O_4.doc	O_5.doc	O_6.doc	O_7.doc	O_8.doc
t_1	4	0	6	0	3	0	1	0
t_2	0	3	0	1	0	5	2	4
t_3	5	4	1	6	4	4	5	4
t_4	0	0	2	5	0	0	1	0

根据表 8.3，给出图 8.9（b）SIR-tree 中每个叶结点和非叶子结点的倒排文件 InvFile 和相关度文件 SimFile 的具体内容。

表 8.4　叶结点中的 InvFile 和 SimFile 的文件内容

Terms	InvFile 4	SimFile 4	InvFile 5	SimFile 5	InvFile 6	SimFile 6	InvFile 7	SimFile 7
t_1	<O_1.doc,4>		<O_3.doc, 6>		<O_5.doc, 3>		<O_7.doc, 1>	
t_2	<O_2.doc,5>		<O_4.doc,1> <O_8.doc, 4>			<t_1, 0.65> <t_4, 0.53>	<O_6.doc, 5> <O_7.doc, 2>	

续表

Terms	InvFile 4	SimFile 4	InvFile 5	SimFile 5	InvFile 6	SimFile 6	InvFile 7	SimFile 7
t_3	<O_1.doc,5> <O_2.doc,4>		<O_3.doc,1> <O_4.doc,6> <O_8.doc, 4>		<O_5.doc, 4>		<O_6.doc, 4> <O_7.doc, 5>	
t_4		<t_1, 0.48> <t_2, 0.35>	<O_3.doc,2> <O_4.doc, 5>			<t_1, 0.48> <t_2, 0.53>	<O_7.doc, 1>	

表 8.5　非叶子结点中的 InvFile 和 SimFile 的文件内容

Terms	InvFile 2	SimFile 2	InvFile 3	SimFile 3	InvFile 1	SimFile 1
t_1	<*R*1.doc, 4> <*R*2.doc, 6>		<*R*3.doc, 3> <*R*4.doc, 1>		<*R*5.doc, 6> <*R*6.doc, 1>	
t_2	<*R*1.doc, 5> <*R*2.doc, 4>		<*R*4.doc, 5>		<*R*5.doc, 5> <*R*6.doc, 5>	
t_3	<*R*1.doc, 5> <*R*2.doc, 6>		< *R*3.doc, 4> < *R*4.doc, 5>		<*R*5.doc, 6> <*R*6.doc, 5>	
t_4	<*R*2.doc, 5>		<*R*4.doc, 1>		<*R*5.doc, 5> <*R*6.doc, 1>	

需要注意的是，如果某个结点已经包含了空间数据库中的所有关键字，那么该结点的 SimFile 文件内容为空，只根据其 InvFile 来计算结点与查询之间的语义相关度即可；如果某个结点包含了空间数据库中的部分关键字，则 SimFile 的内容是该结点未包含的关键字与已包含关键字之间的语义相关度，如 SimFile 4 中的 t_4。SimFile 文件中的相关度信息从 8.4.1 节构建的词条语义相关度信息表中抽取。查询 q 与结点 N 之间的语义相关度计算方法如下。

$$\text{Score}(q,N)=\alpha\cdot\left(1-\frac{\text{dist}(q.\text{loc},N.\text{Re}ct)}{\text{MaxDist}}\right)+(1-\alpha)\cdot\frac{P(q.\text{keywords}\mid N.\text{doc})}{\text{Max}P} \tag{8.11}$$

式中，MaxDist 和 Max$P$ 的定义与式（8.4）和式（8.5）相同，N.Rect 代表结点 N 的 MBR，N.doc 代表结点 N 包含的所有关键字。

利用 SIR-tree 进行 Top-k 空间对象的查询方法为：

（1）先初始化一个优先队列，作为 Top-k 结果的存储队列。

（2）从 SIR-tree 的根结点开始入列，采用“best-first”遍历算法，从所有未被访问的结点中找出综合相关度最大的结点入列作为下次访问的结点（结点与查询相关度用式（8.11）计算），根结点出列，被选中的结点入列；当到达叶结点时，利用式（8.3）计算对象与查询之间的综合相关度，选出相关度最大的对象入列。

（3）重复执行上述过程，直到 k 个空间对象被选出为止。

下面结合图 8.9 的实例，举例说明基于 SIR-tree 的 Top-k 选取过程，假设查询 q.keywords=$\{t_1, t_3\}$，表 8.6 给出了查询 q 与所有对象和所有非叶子结点的位置相近度和语义相关度。

表 8.6　查询 q 与所有对象和所有非叶子结点的综合相关度

Objects	Distance	Score(q, o)	Rectangles	Distance	Score(q, N)
O_1	2	0.76	$R1$	2	0.76
O_2	5	0.49	$R2$	2	0.90
O_3	6	0.52	$R3$	4	0.63
O_4	7	0.48	$R4$	5	0.58
O_5	3	0.47	$R5$	0.5	0.95
O_6	9	0.42	$R6$	1	0.73
O_7	8	0.45	$R7$	0	0
O_8	8	0.31			

假设要求返回 1 个最为相关的对象，Top-k 算法的执行过程如下。

（1）根结点 $R7$ 入列 L；

（2）$R7$ 出列，$R5$、$R6$ 入列，L：{($R5$, 0.95), ($R6$, 0.73)}；

（3）$R5$ 出列，$R1$、$R2$ 入列，L：{($R2$, 0.90), ($R1$, 0.76), ($R6$, 0.73)}；

（4）$R2$ 出列，O_3、O_4、O_8 入列，L：{($R1$, 0.76), ($R6$, 0.73), (O_3, 0.52), (O_2, 0.49), (O_4, 0.48), (O_8, 0.31)}；

（5）$R1$ 出列，O_1、O_2 入列，L：{(O_1, 0.76), ($R6$, 0.73), (O_3, 0.52), (O_2, 0.49), (O_4, 0.48), (O_8, 0.31)}；

（6）O_1 出列，作为 q 的 Top-1 查询结果。

下面是参照文献[1]对 R-tree 的插入、删除操作，给出了 SIR-tree 的插入、删除操作伪代码。

2．SIR-tree 插入操作

根据 R-tree 的插入操作原理，给出了 SIR-tree 插入操作的伪代码。

算法 8.1　将新的条目 E 插入到给定的 SIR-tree：Insert(E, InvFile, SimFile)

```
L←ChooseLeaf(E)    //利用给定的 SIR-tree 找到一个合适的叶结点 L
if 叶结点 L 有足够空间插入 E   then
    将 E 插入到 L 中，并更新 L 及其父结点的倒排文件 InvFile 和语义相关度文件 SimFile
else
    调用函数 L.SplitNode()将结点 L 分裂成两个结点 L 和 LL，这两个结点包含了原叶结点 L 中的所有条目和新条目 E
    对结点 L 和 LL 分别执行 AdjustTree()操作，更新所有相关结点的 InvFile 和 SimFile
    if 结点分裂向上传递导致根结点的分裂   then
        创建一个新的根结点，其孩子为原根结点分裂后的两个结点，并更新相关结点的 InvFile 和 SimFile
```

函数：选择叶结点以放置新条目 E：ChooseLeaf(MBR)

```
设 N 为根结点
if N 是叶结点 then
    return 结点 N
else
```

5.　遍历 N 中的孩子结点，找出添加 E 后增量最小的结点，并把该结点定义为 F；如果增量相同的结点不止一个，那么选择面积最小的结点。
6. 将 N 设为 F，转到第 2 步

函数： 调整树结构 AdjustTree(L)

```
1. N←L    //L 赋给 N
2. if N 是根结点 then
3.    停止操作
4. else
5.    设 P 为 N 的父结点，EN 为 P 中指向孩子结点 N 的条目
6.    调整条目 EN 中的变量 Rect，确保 Rect 的 MBR 包含了 N 中的所有矩形
7.    if 结点 N 被分裂产生了一个新结点 NN then
8.        创建一个指向结点 NN 的条目 ENN，ENN 中的 Rect 包含了 NN 中的所有矩形
9.        if P 有空间存放条目 ENN then
10.            添加 ENN 到 P 中，并更新相关结点的倒排文件 InvFile 和语义相关度文件 SimFile
11.        else
12.            对 P 进行分裂操作，得到结点 P 和 PP，并更新相关结点的 InvFile 和 SimFile
13.    N←P    //将 P 赋给 N
14.    if P 发生了分裂 then
15.        NN←PP    //PP 赋给 NN
16.    转到第 2 步
```

3. SIR-tree 删除操作

根据 R-tree 的删除操作原理，给出了 SIR-tree 删除操作的伪代码。

算法 8.2　SIR- tree 删除操作:delete(E)

```
1. 调用 FindLeaf()函数查找包含条目 E 的叶结点 L
2. if 没有匹配条目 then
3.    break
4. else
5.    从 L 中删除条目 E，并更新 L 及其父结点的倒排文件 InvFile 和语义相关度文件 SimFile
6.    对 L 进行 CondenseTree( )操作
7.    if 根结点仅包含一个孩子结点 then
8.        将该孩子结点设置为根结点
```

函数： 找包含条目 E 的叶结点函数：FindLeaf(E)

```
1:if T 不是叶结点 then    //设 SIR-tree 的根结点为 T
2:    检查 T 中的每个条目，找出所有与 E 对应的矩形相重合的条目 F
3:    for 每个满足条件的 F
4.        以其指向的孩子结点为根进行 Findleaf()操作
5.        if 找到 E then
6.            break
7.else
8.    检查 T 中的每个条目的矩形是否与 E 的矩形重合
9.    如果有则返回 T
```

函数：CondenseTree(*L*)
1. *N*← *L*
2. 初始化链表 List，用于存储被删除结点包含的条目
3. if *N* 是根，转到第 11 步
4. else
5. 　令 *P* 为 *N* 的父结点，令 *EN* 为 *P* 中指向结点 *N* 的条目
6. 　if *N* 包含的条目数少于 *m* then
7. 　　从 *P* 中删除 *EN*，更新所有相关结点的倒排文件 InvFile 和语义相关度文件 SimFile，把 *N* 加入到链表 List 中
else
9. 　　调整 *EN* 中的 Rect 参数，使其 MBR 能够恰好覆盖 *N* 中所有条目对应的矩形，更新所有相关结点的 InvFile 和 SimFile
10. 　　*N*← *P*，转到 3
11. 　　链表 List 中的所有结点中的条目需要重新插入。原来属于叶结点的条目使用 Insert 操作进行重新插入，并更新所有相关结点的 InvFile 和 SimFile，那些属于非叶子结点的条目必须插入到其删除之前所在的层次，从而确保它们所指向的子树还处在相同的层，插入的同时更新相关结点的 InvFile 和 SimFile。

CondenseTree 函数的功能是：*L* 为包含被删除条目的叶结点，如果 *L* 的条目数过少（小于 *m*），则必须将该叶结点 *L* 从树中删除。经过这一删除操作，*L* 中的剩余条目必须重新插入树中。此操作将一直重复直至到达根结点。同样，调整在此修改树的过程所经过的路径上的所有结点对应的矩形大小。

8.5 本 章 小 结

本章介绍了空间数据库的基本概念，详细描述了空间索引结构 R-tree（包括 R-tree 结构、插入操作和删除操作），在 R-tree 基础上介绍了一种空间与语义混合的索引结构 SIR-tree，描述了属性值之间语义相关度的评估方法和混合索引结构模型，给出了 SIR-tree 的插入操作、删除操作的伪代码，描述了利用 SIR-tree 进行空间关键字语义近似检索的方法。

空间对象存在位置关系，但使用空间对象的人之间具有社会关系，在进行空间关键字查询之后，会返回多个空间对象作为查询结果，这些结果对象之间具有紧密的位置和社会关系，对这种关系进行挖掘和分析会更加清晰地反映出空间对象之间的耦合关系，从而为市场营销、城市规划提供决策支持。下一章将介绍空间对象的地理社会关系分析方法。

8.6 参 考 文 献

[1] Guttman A. R-Trees: A dynamic index structure for spatial searching. SIGMOD 1984: 47-57.

[2] Beckmann N, Kriegel H P, Schneider R. The R*-tree: An efficient and robust access method for points and rectangles. SIGMOD 1990: 322-331.

[3] Zhang C Y, Zhang Y, Zhang W J, Lin X M. Inverted linear quadtree: efficient top kspatial keyword search. IEEE TKDE, 2016, 28(7): 1706-1721.

[4] Zhou Y H, Xie X, Wang C. Hybrid index structures for location-based Web search. CIKM, 2005: 155-162.

[5] De Felipe I, Hristidis V, Rishe N. Keyword search on spatial databases. ICDE 2008: 656-665.

[6] Cong G, Jensen C S, Wu D M. Efficient retrieval of the top-k most relevant spatial web objects. PVLDB, 2009, 2(1): 337-348.

[7] Li Z, Lee K, Zheng B, Lee W, Lee D, Wang X. IR-Tree: An efficient index for geographicdocument search. IEEE TKDE, 2011, 23(4): 585-599.

[8] Zhang D X, Chee Y M, Mondal A. Keyword search in spatial databases: Towards searching by document. ICDE 2009: 688-699.

[9] Zhang D X, Ooi B C, Tung A K H. Locating mapped resources in Web 2.0. ICDE 2010: 521-532.

[10] Kwon H Y, Wang H X, Whang K Y. G-index model: a generic model of index schemes for top-k spatial-keyword queries. WWW Journal, 2015, 18(4): 969-995.

[11] Zobel J and Moffat A. Inverted files for text search engines. ACM Computer Survey, 2006, 38(2): 56-60.

[12] Zobel J, Moffat A Ramamohanarao K. Inverted files versus signature files for text indexing. ACM TODS, 1998, 23(4): 453-490.

[13] Zhou Y, Xie X, Wang C. Hybrid index structures for location-based web search. Proceedings of the ACM Conference on Information and Knowledge Management, 2005: 155-162.

第 9 章　空间兴趣点聚类分析方法

内容关键词

- 空间兴趣点
- 地理-社会关系模型
- 空间聚类分析

9.1　引　　言

空间聚类分析与兴趣点推荐是空间数据挖掘领域的研究热点，目前在诸多领域（如城市规划、市场营销、社区发现等）都展开了深入研究和应用尝试[1,2]。在城市规划方面，现有方法通常根据空间对象（即兴趣点，Point of Interest）在位置上的相近性进行聚类，而实际上，空间对象的相关性不仅体现在位置方面，更重要的是它们之间的社会联系。例如，大学生经常去科技馆、图书馆、大型商场、超市和餐馆等地方，那么可将这些在地理位置相近且社会联系密切的地点聚成一个大区域，识别出这些区域并对其进行聚类，对于管理者进行城市规划有着重要的参考作用。在市场营销方面，通过综合考虑空间对象的位置和社会关系对空间对象进行聚类，可以得到拥有相似客户群体的地点，这意味着客户在前往该聚类中的一个地点的同时可能顺便访问该聚类的其他地点。因此，在同一聚类中的商家可通过联合开展促销活动来达到共同盈利的目的。由此可见，综合考虑地理和社会关系的空间聚类方法具有重要的理论意义和应用价值。

空间聚类大致可分为 3 类：基于划分的聚类、基于层次的聚类和基于密度的聚类[3]。其中，基于划分的聚类主要有 k-means、k-medoids、CLARANS[4]等，上述方法适用于中小型数据集的球形聚类；基于层次的聚类算法主要有 BIRCH[5]、Chameleon[6]、CURE[7]等，其原理是基于某种方法对数据集进行层次分解，直到满足某种条件为止，按分类原理的不同可分为凝聚和分裂两种方法；基于密度的分类算法主要有 DBSCAN[8]和 OPTICS[9]，以数据集在空间上的稠密程度进行聚类，无须事先设定聚类个数。基于密度的聚类[8]可用于将大量的空间对象划分为几个密度较大的区域，最适合低纬度的空间点的划分。然而，传统的 DBSCAN 模型只考虑了空间对象的位置特征，而没有考虑它们之间的社会关系，因此只能得到地理空间上密度较大的聚集区域。

在空间对象的位置关系与社会关系之间的联系方面，一些社会学家进行了深入的研究。例如，Guo 等人[10]基于移动网络提出了一种新的研究用户行为与地理位置、社会关系之间的联系。Backstorm 等人[11]通过一组用户位置数据集，利用用户的位置与用户的社交关系预测某个用户的位置。Wang 等人[12]通过研究发现两个人之间的行为相似性与他们在社交网络中的相关性有很强的联系。本文从地理-社会网络的角度出发，根据空间对象之间的位置和社会关系进行聚类，分析各个空间对象之间的相似/相关性。其他关于地理社会网络的研究，Yang 等人提出了一个社会-空间群组查询（SSGQ）[13]用来获取一组有一定社会相关度且空间距离之和最小的用户群体；Scellato 等人[14]在地理社会网络上针对用户的社会-空间属性做了定量研究。此外，Shi[15]等人提出了基于密度的地理社会网络空间聚类算法。相比之下，本章的聚类算法更加深入量化了空间对象之间的社会关系，使得聚类结果更加细致可控，聚类内部地点的社会联系更加紧密；并且，不同于该算法使用的哈希索引，本章介绍的邻接表索引节省了进行聚类时的地点和用户索引，提高了算法的执行效率，更适合于实时在线聚类和查询。

9.2　基本概念和解决方案

9.2.1　基本概念

将移动网络的社交软件签到记录作为数据分析来源，在此基础上对社会网络、地点集合和签到记录进行定义。

定义 9.1　（社会网络）：设 $G=(U,E)$ 为一个无向图，表示社会网络，其中 U 表示所有用户的集合，边 $(u_i,u_j)\in E$ 表示用户 u_i 和 u_j 具有朋友关系（这里的朋友关系是指用户双方互为登记在对方社交软件的好友列表里，或者他们是亲属、同事等关系），其中 $u_i,u_j\in U$。

定义 9.2　（地点集合）：令 P 为用户访问的地点集合，用<纬度值,经度值>表示某地点 $p(p\in P)$的空间位置。

定义 9.3　（签到记录）：设 $CK=\{<u_i,p_k,t_r>|u_i\in U,p_k\in P\}$ 是所有属于 U 的用户的签到记录，表示用户 u_i 在时间 t_r 时访问了地点 p_k。对于地点 p_k，访问该地点的用户集合定义为 $U_{p_k}=\{u_i|<u_i,\ p_k,*>\in CK\}$，其中*表示任意时间。

9.2.2　解决方案

基于地理-社会关系的空间聚类方法主要分为两个处理阶段。

（1）数据准备阶段：首先，整理原始数据，将地点信息、用户信息分别存入邻接表；然后，基于邻接表索引，使用用户社会关系量化方法计算所有用户之间的社会关系，将计算结果记录在一个 $n\times n$（假设用户数量为 n）的矩阵中，将该矩阵存成数据文件。

（2）聚类阶段：在已有邻接表索引基础上，通过调用数据文件中已有的用户社会关系，使用空间对象社会关系量化方法计算空间对象之间的社会关系，结合空间对象之间的地理位置关系，采用地理-社会关系模型进行空间对象的聚类。最后，将用户选定区域的聚类结果显示出来，反馈给用户。

9.3　空间对象的地理-社会关系模型

根据空间对象之间的位置关系和社会关系，首先介绍空间对象的地理-社会关系模型，然后描述社会关系紧密度的量化方法。

9.3.1 地理–社会关系模型

对于地理–社会网络内的点 p_i 和 p_j，令 $D_p(p_i,p_j)$ 代表地点 p_i 和 p_j 的地理距离，计算方法如下：

$$D_p(p_i,p_j)=E(p_i,p_j)/\max D \tag{9.1}$$

式中，$E(p_i,p_j)$ 表示地点 p_i 和 p_j 的欧氏距离，$\max D$ 是所有点 p_i 和 p_j 之间的最大欧式距离。因此，$D_p(p_i,p_j)$ 取值范围在[0, 1]之间。

令 $D_s(p_i,p_j)$ 代表地点 p_i 和 p_j 的社会距离，$N_\epsilon(p_i)$ 表示地理社会 ϵ –邻域，该邻域包括了所有地点 p_j，使得 $D_{gs}(p_i,p_j)\leqslant\epsilon, D_s(p_i,p_j)\leqslant\tau, E(p_i,p_j)\leqslant\max D$，其中 ϵ、τ、$\max D$ 为可调整的参数。根据地点 p_i 和 p_j 之间的地理距离和社会距离，地理–社会距离 $D_{gs}(p_i,p_j)$ 计算方法如下：

$$D_{gs}(p_i,p_j)=\omega\cdot D_p(p_i,p_j)+(1-\omega)\cdot D_s(p_i,p_j) \tag{9.2}$$

式中，参数ω是一个权重系数，当ω=0 时，表示仅考虑社会距离；当ω=1 时，表示仅考虑地理距离。

9.3.2 社会关系紧密度评估

空间对象的社会距离如果仅考虑直接朋友关系（如文献[15]），计算方法如下：

$$D_s(p_i,p_j)=1-\frac{|CU_{ij}|}{|U_{p_i}\cup U_{p_j}|} \tag{9.3}$$

式中，

$$CU_{ij}=\{u_a\in U_{p_i}|u_a\in U_{p_j}\text{或}u_b\in U_{p_j},(u_a,u_b)\in E\}\cup\{u_a\in U_{p_j}|u_a\in U_{p_i}\text{或}u_b\in U_{p_i},(u_a,u_b)\in E\} \tag{9.4}$$

式中，$(u_a,u_b)\in E$ 是指用户 u_a 和 u_b 具有直接联系，而不包括间接联系（例如 u_a 与 u_b 是朋友，u_b 与 u_c 是朋友，那么 u_a 与 u_c 具有间接联系）。

然而，上述计算社会距离的方法并不完全合理。假如有 3 个用户 A、B 和 C，A 去过地点 p_i，B、C 去过地点 p_j，其中 A 与 B 是亲近的好友关系，经常一起外出游玩，而 A 与 C 只是普通的同事关系，只有工作上的联系而没有密切的私人交流，很少共同出去游玩。然而，这时若按式（9.4）计算 CU_{ij}，那么 $|CU_{ij}|$ 将忽略 A 与 B、A 与 C 之间的社会关系差别，直接使各自的 $|CU_{ij}|$ 数值增加 1。这显然体现不了用户之间亲密关系的差异性，从而使得空间对象之间社会关系的评估欠缺合理性。为此，介绍一种新的社会距离评估方法，该方法体现了用户之间的亲密度，计算方法如下：

$$D_s(p_i,p_j)'=1-\frac{CU'_{ij}}{|U_{p_i}\cup U_{p_j}|} \tag{9.5}$$

式中，

prediction with social and spatial proximity. Proceedings of the 19th International Conference on World Wide Web, 2010: 61-70.

[12] Wang D, Pedreschi D, Song C, et al. Human mobility, social ties, and link prediction. Proceedings of the 17th ACM SIGKDD International Conference on Knowledge Discovery and Data Mining, 2011: 1100-1108.

[13] Yang D N, Shen C Y, Lee W C. On socio-spatial group query for location-based social networks. Proceedings of the ACM SIGKDD International Conference on Knowledge Discovery and Data Mining, 2012: 949-957.

[14] Scellato S, Noulas A, Lambiotte R, et al. Socio-spatial properties of online location-Based social networks. Proceedings of International Conference on Weblogs and Social Media, 2011: 11-20.

[15] Shi J M, Mamoulis N, Wu D M, et al. Density-based place clustering in geo-social networks. Proceedings of ACM SIGMOD Conference on Data Management, 2014: 99-110.

[16] Leskovec J, Lang K J, and Mahoney M W. Empirical comparison of algorithms for network community detection. Proceedings of the 19th International Conference on World Wide Web, 2010: 631-640.

9.6 本章小结

基于密度的地理社会模型聚类算法可以得到普通基于密度的聚类算法所得不到的结果，并使得到的聚类内部地点拥有一定的社会联系。本章描述了空间对象的地理-社会关系模型，在此基础上，进一步深入量化了地点之间的社会联系。实验结果显示，本章聚类算法得到的聚类结果更加细致可控，聚类内部地点之间的社会联系更加紧密。

9.7 参考文献

[1] Zhang Y J, Hao J F, and Song J. The CO2, emission efficiency, reduction potential and spatial clustering in China's industry: Evidence from the regional level. Applied Energy, 2016, 174: 213-223.

[2] Huang Q, Wong D W S. Activity patterns, socioeconomic status and urban spatial structure: what can social media data tell us? [J]. International Journal of Geographical Information Science, 2016, 30(9): 1873-1898.

[3] Han J, Kamber M. Data mining: concepts and techniques. Data Mining Concepts Models Methods & Algorithms Second Edition, 2000, 5(4): 1-18.

[4] Ng R T and Han J. Efficient and effective clustering methods for spatial data mining. Proceedings of the International Conference on Very Large Data Bases, 1994: 144-155.

[5] Zhang T, Ramakrishnan R, and Livny M. Birch: An efficient data clustering method for very large databases [C]. Proceedings of the 1996 ACM SIGMOD International Conference on Management of Data,1996: 103-114.

[6] Ankerst M, Breunig M M, Kriegel H P. Optics: Ordering points to identify the clustering structure. Proceedings of ACM SIGMOD International Conference on Management of Data, 1999: 49-60.

[7] Guha S, Rastogi R, and Shim K. Cure: An efficient clustering algorithm for large databases. Proceedings of ACM SIGMOD International Conference on Management of Data, 1998: 73-84.

[8] Ester M, Kriegel H P, Sander J. A density-based algorithm for discovering clusters in large spatial databases with noise. Proceedings of the International Conference on Knowledge Discovery and Data Mining, 1996: 226-231.

[9] Karypis G, Han E H, Kumar V. Chameleon: Hierarchical clustering using dynamic modeling. Computer, 1999, 32(8):68-75.

[10] Guo B, Liang Y, Yu Z, et al. From mobile phone sensing to human geo-social behavior understanding. Computational Intelligence, 2016, 32(2): 240-258.

[11] Backstrom L, Sun E, and Marlow C. Find me if you can: Improving geographical

对所得的聚类内部地点的社会联系紧密度进行评估。其中，内密度定义如下：

$$I = 1 - m_{U_{PC}} / (|U_{pc}|(|U_{pc}|-1)/2) \tag{9.10}$$

式中，$m_{U_{PC}} = |\{(u,v)|u \in U_{pc}, v \in U_{pc}\}|$，$U_{pc}$ 为访问过聚类 pc 中地点的用户集合。传导率定义如下：

$$T = OU_{PC} / (2m_{U_{PC}} + OU_{PC}) \tag{9.11}$$

式中，$OU_{PC} = |\{(u,v)|u \in U_{pc}, v \notin U_{pc}\}|$。

由文献[16]可知，上述两项评价标准对应的数值越低，反映聚类内部地点的社会性（social quality）越好，即社会关系越密切。实验结果如图 9.6 所示。

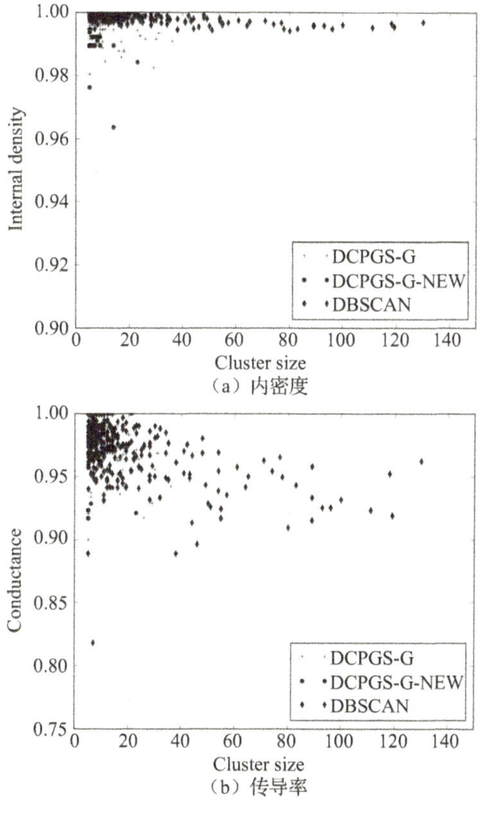

图 9.6　聚类结果社会性评估图

图 9.6（a）表示了在 $\max D = 350, \omega = 0.7, \epsilon = 0.70, \tau = 0.90, \text{MinPts} = 5$ 情况下，各个算法所得的聚类随着聚类规模的增大而变化的情况。从图中可以看出，DBSCAN 的内密度最高，DCPGS-G 次之，DCPGS-G-NEW 最低。图 9.6（b）显示了在同样参数下，3 种算法的传导率随着聚类规模的增长而变化的情况，DBSCAN 的传导率最高，DCPGS-G 次之，DCPGS-G-NEW 最低。因此，DCPGS-G-NEW 所得到的聚类结果的社会性最好，DCPGS-G 的社会性稍弱些，DBSCAN 最弱。

间对象之间社会联系的交叉性，这是与现实情况相一致的。但需要指出的是，相比于 DCPGS-G 算法，本章算法进一步深入量化了各个地点之间的社会联系，使得聚类结果更加细致可控，两种算法的聚类结果渐变图如图 9.4 和图 9.5 所示。

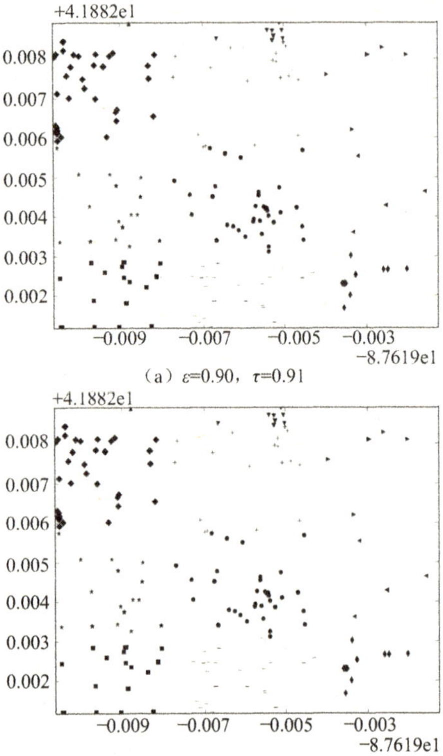

（a）ε=0.90，τ=0.91

（b）ε=0.98，τ=0.99

图 9.4　DCPGS-G 聚类结果渐变图

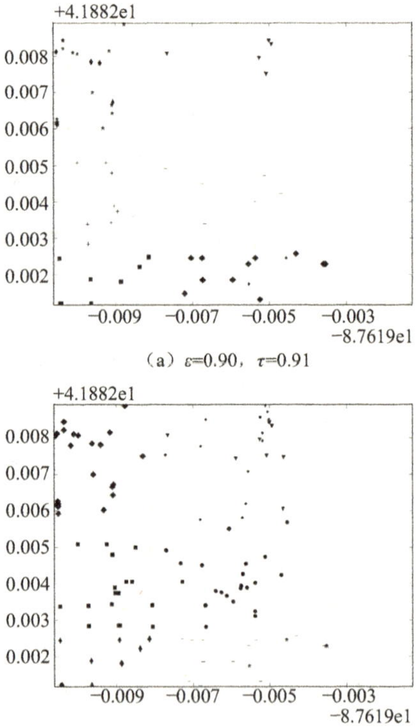

（a）ε=0.90，τ=0.91

（b）ε=0.98，τ=0.99

图 9.5　DCPGS-G-NEW 聚类结果渐变图

图 9.4 和图 9.5 分别显示了 DCPGS-G 算法和 DCPGS-G-NEW 算法在 $\max D = 350, \omega = 0.7, \epsilon = 0.90, \tau = 0.91, \text{MinPts} = 5$ 的情况下，ϵ、τ 以 0.01 步长逐渐递增所得到的聚类结果。由于篇幅所限，图 9.4 只显示了 DCPGS-G 算法在 $\epsilon = 0.90, \tau = 0.91$ 和 $\epsilon = 0.98, \tau = 0.99$ 下所得到的聚类结果，其他在参数渐变区间内的结果也大致与上述两图类似。从图 9.4 可以看出，当参数发生变化时，DCPGS-G 算法生成的聚类结果变化并不明显，这说明 DCPGS-G 算法在计算空间对象的社会距离时使用的方法比较简单（仅考虑具有直接联系的朋友关系，没有深入分析朋友关系的差异性），使得细致的参数调整对聚类结果的影响不明显。相比之下，图 9.5 显示了本章聚类算法在不同参数下所得到的聚类结果，可以看出这些聚类结果随着参数的微调呈现出明显变化，这是因为空间对象的社会关系使得用户之间关系的亲密度得以细致区分，因此参数的微调将会导致聚类结果发生变化，更能反映出不同条件下空间对象之间社会关系的微妙变化。

9.5.2　社会关系效果评估

该实验采用 Leskovec 等人[16]所提出内密度（internal density）和传导率（conductance）

一为步长逐渐调整参数进行实验，比较实验结果后选取合适的区间再进行进一步的细化实验，直得取到期望结果为止。例如，ω以 0.1 为步长在 0～1 之间变化，通过比较实验结果可知ω取值在 0.6～0.8 之间时效果最好，接着将 0.6～0.8 十等分，继续实验直到取到合适的参数为止。聚类效果如图 9.3 所示。

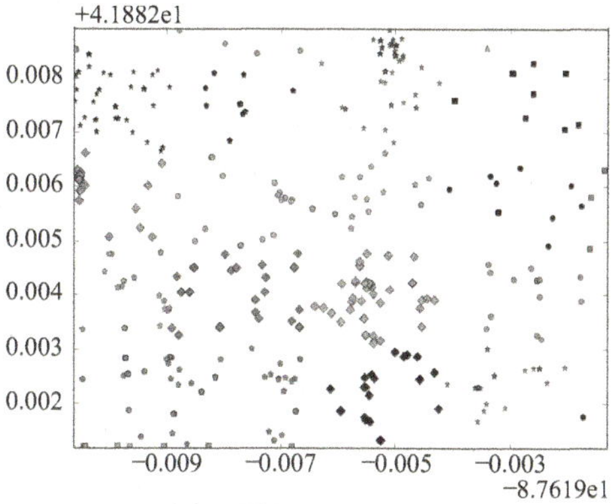

（a）DBSCAN：eps=100m

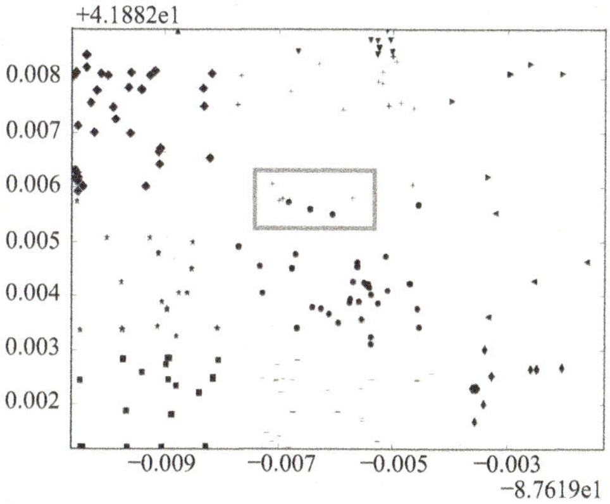

（b）DCPGS-G：maxD=300，ω=0.7，ε=0.90，τ=0.98，MinPts=5

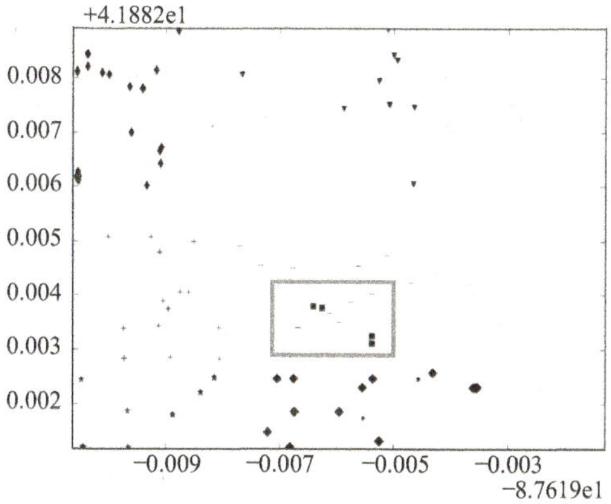

（c）DCPGS-G-NEW：maxD=350，ω=0.7，ε=0.90，τ=0.98，MinPts=5

图 9.3　聚类结果对比图

相比图 9.3（a）用 DBSCAN 所得的聚类结果，本章算法所得的聚类边界（如图 9.3（c）所示）并不十分明确。例如，图 9.3（c）中的矩形框内，聚类的地点相互渗入，这反映了空

```
                        Q.push( p_m )
if sign=1 then
   cid=cid+1
```

其中，地点 p 未经处理是指其 N_ϵ 邻域内地点的数目仍未确认是否大于阈值 MinPts。

上述算法采用邻接表索引实现（如图 9.2 所示），以用户 ID、地点 ID 各自建立顶点数组 $U[\ ]$、$P[\ ]$，以用户 ID 和地点 ID 在该数组的位置坐标作为唯一标识，以替代地点信息数据、用户信息数据中用户 ID 和地点 ID，在此基础上重新编码用户数据、地点数据，从而建立邻接表，并将其存储为新的数据文件。不像是传统的索引方法在计算聚类过程中检索用户、地点信息时逐个遍历用户、地点数据进行检索（即使是哈希索引也只不过是减少索引所需要的遍历数目而已），而是利用邻接表结构进行索引，直接定位到特定的用户信息和地点信息。例如，要查找 User1，在图 9.2 中 User1 的 ID 在邻接表文件中用“1”表示，依据邻接表可以直接定位到用户“1”的信息 $UM[1][...]$，由此可见利用邻接表减少了遍历所花费的时间。

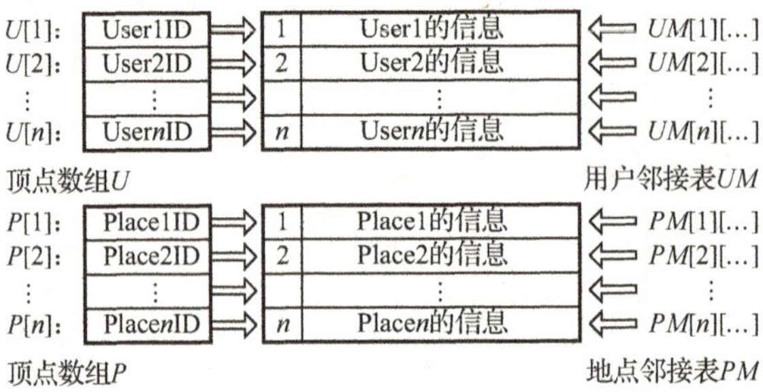

图 9.2　邻接表结构图

9.5　效果与性能实验分析

实验数据来自移动互联网应用软件 Gowalla 和 Brightkite 的用户签到记录。该数据主要分为两部分：一部分为用户签到记录，包括了用户 id、签到时间、签到地点 id、签到地点的经纬度值，其中 Gowalla 记录了 6 442 890 条签到记录，Brightkite 记录了 4 491 143 条签到记录；另一部分为用户的朋友关系网络图，其中 Gowalla 的关系图包含了 196 591 个顶点、950 327 条边，Brightkite 包含了 58 228 个顶点、214 078 条边。这些数据可以在 Stanford Large Network Dataset Collection 处下载得到。由于用户签到地点过于广泛，遍及欧美各地，而聚类结果只能在小范围内体现效果，因此本实验选取美国芝加哥作为聚类示范点，实验结果见下文。

9.5.1　聚类效果测试

该实验将聚类算法（简称 DCPGS-G-NEW）与文献[15]提出的聚类算法 DCPGS-G 和传统的 DBSCAN 聚类算法进行聚类效果对比。实验参数 eps、maxD 在 0～1000 之间取值，ω、ϵ、τ 在 0～1 之间取值，MinPts 在 0～20 之间取值，各参数确定先以取值区间的十分之

参 考 文 献

[1] 康华光. 电子技术基础. 5 版. 北京：高等教育出版社，2005.
[2] 华成英. 模拟电子技术基本教程. 北京：清华大学出版社，2005.
[3] 谢嘉奎. 电子线路（线性部分）. 4 版. 北京：高等教育出版社，1999.
[4] 王文辉，刘淑英. 电路与电子学. 3 版. 北京：电子工业出版社，2005.
[5] 方维，高荔. 电路与电子学基础. 2 版. 北京：科学出版社，2005.
[6] 夏应清. 模拟电子技术基础. 北京：科学出版社，2006.
[7] 麻寿光. 电路与电子学. 北京：高等教育出版社，2005.
[8] 刘京南. 电子电路基础. 北京：电子工业出版社，2003.
[9] 马积勋. 模拟电子技术重点难点及典型题精解. 西安：西安交通大学出版社，2001.
[10] 卫行萼，李森生. 模拟电子技术基础. 北京：电子工业出版社，2005.
[11] 毕满清. 模拟电子技术基础学习指导及习题详解. 北京：电子工业出版社，2011.
[12] 毕满清. 模拟电子技术基础. 北京：电子工业出版社，2008.
[13] 吴援明，唐军. 模拟电路分析与设计基础. 北京：科学出版社，2006.
[14] 王保均. 电子技术基础及解题指导. 北京：中国人事出版社，1999.
[15] 童诗白，华成英. 模拟电子技术基础. 北京：高等教育出版社，2001.
[16] 陈大钦. 模拟电子技术基础问答·例题·试题. 武汉：华中理工大学出版社，1999.
[17] 吴立新. 实用电子技术手册. 北京：机械工业出版社，2002.
[18] 解月珍，谢沅清. 电子电路学习指导与解题指南. 北京：北京邮电大学出版社，2006.
[19] 杨素行. 模拟电子技术基础简明教程. 3 版. 北京：高等教育出版社，2006.
[20] 周淑阁，付文红，硕力更，吴少琴. 模拟电子技术基础. 北京：高等教育出版社，2004.
[21] 周连贵. 电子技术基础学习指导（非电类）. 北京：机械工业出版社，2003.
[22] Robert T. Paynter，B. J. Toby Boydell. 电子技术（从交、直流电路到分立器件及运算放大电路）. 姚建红，张秀艳，译. 北京：科学出版社，2008.
[23] Thomas L. Fload. 电子器件（从原理分析到故障检修及系统应用）. 杨栈云，李世文，王俊惠，曾鸿祥，译. 北京：科学出版社，2008.
[24] 劳五一，劳佳. 模拟电子学导论. 北京：清华大学出版社，2011.
[25] 杨欣，胡文锦，张延强. 实例解读模拟电子技术完全学习与应用. 北京：电子工业出版社，2013.
[26] 黄智伟. 基于 NI Multisim 的电子电路计算机仿真设计与分析. 北京：电子工业出版社，2011.